JN415051

학교폭력의 예방과 대책

정종진 · 문은식 · 신봉섭 · 이근배 · 조영종

태영출판사

머리말_ Preface

이 책은 2013년에 교원양성대학의 교직과목으로 새롭게 개설된 '학교폭력의 예방 및 대책'의 교재용으로 개발되었다. '학교폭력의 예방 및 대책'이라는 교과는 최근 학교폭력이 난무하고 있는 일선 학교현장에서 발생하고 있는 여러 가지 문제에 대해 예비교사들의 관심을 집중시키고, 이러한 문제에 대한 실제적인 대처 역량을 키우기 위해 개설된 강좌이다.

학교폭력은 어제 오늘의 문제는 아니지만 근래에 들어서서 그 양상이 학생으로서의 도가 지나칠 정도로 잔인해지고 흉포해지고 있으며 전국적으로 확산되고 있어 우리 사회의 심각한 교육문제로 부상하고 있다. 2011년 12월 20일 동급생들의 폭력에 못이겨 한 중학생이 자살한 이후 그 동안 수면 아래 숨겨져 왔던 학교폭력 사례들이 봇물 터지듯 계속해서 불거져 나오고 있다. 각종 조사결과에 따르면, 학교폭력 피해건수는 해마다 늘어나고 있으며 청소년 자살률도 증가하고 있다. 더욱 심각한 것은 폭력의 양상이 갈수록 잔인해지고 흉포해진다는 점이다. 신체적인 폭력뿐만 아니라 정신적 · 언어적으로 상대방을 괴롭히고, 괴롭히던 피해학생이 다른 학교로 전학을 가면 사이비 공간에까지 쫓아가 괴롭힌다. 한 마디로 지금의 학교폭력은 아동 · 청소년의 탈선이란 수준을 넘어 신체적 · 인격적 살인 수준으로 치닫고 있다.

학교폭력을 당한 피해학생은 따돌림과 괴롭힘을 비롯한 폭력이 두려워 불안, 우울, 정신적 충격에 시달리고, 정신과 치료까지 받고, 심지어 자살하기도 한다. 이로 인해 피해자 가족들은 말로 형언할 수 없는 마음의 상처와 고통을 겪게 된다. 지금의 피해학생이 또 다른 피해를 당하지 않기 위해서 가해학생으로 바뀌고, 훗날 가정과 사회의 폭력 가해자가 되기도 한다. 폭력적 환경에 노출된 학생은 폭력적 행동에 무감각해지고 폭력을 자신이 직면한 문제해결의 수단으로 간주하게 되는 경향을 보인다. 이처럼 폭력은 재생산되는 문제를 갖고 있다.

이에 정부에서는 학교폭력 피해학생에 대한 보호조치를 강화하였다. 가해학생에 대해서는 학교생활기록부에 학교폭력대책자치위원회의 조치사항을 기재하도록 법제화하여 가해학생이 진학과 취업에 있어 불이익을 받도록 보다 실질적인 대책을 마련하였다. 또한 전문상담교사를 대폭 확충하여 학교폭력 피해학생, 가해학생 및 전체 학생에 대한 예방 교육 및 상담 기능을 강화하였다. 그리고 교육대학과 사범대학 및 일반대학의 교직과정에 교직소양과목으로 '학교폭력의 예방 및 대책'이라는 교과를 개설하여 교원양성 단계에서부터 예비교사들이 학교폭력에 대한 전문적 지식을 넓히고 그 예방과 대처를 위한 실제적인 역량을 기를 수 있도록 하였다.

이 책은 교원양성대학에 있는 예비교사들의 학교폭력에 대한 예방과 대처를 위한 실제적이고 전문적인 역량을 키우는 데에 도움이 되기 위해 학교폭력 피해학생, 가해학생, 전체 학생을 지도할 수 있는 학교 현장에 맞춘 지식과 기술을 배우고, 학교폭력이 발생했을 때 사안에 따라 잘 처리할 수 있는 매뉴얼이 되며, 학교폭력 예방과 대책을 위해 활용할 수 있는 교육 프로그램과 상담 방법을 제공하는 데에 초점을 두고 집필하였다. 이 책은 크게 제1부 ≪학교폭력의 이해≫와 제2부 ≪학교폭력의 실제≫로 구성되어 있으며, 제1부는 3개의 장(1~3장; 1, 2장은 정종진, 3장은 문은식 집필) 그리고 제2부는 4개의 장(4~7장; 4, 5장은 조영종, 6장은 이근배, 7장은 신붕섭 집필)으로 이루어져 있다.

제1장 '학교폭력의 특성'에서는 학교폭력이란 무엇인지 개념적 정의와 유형에 대해 살펴본 다음, 최근 학교폭력의 실태와 특징에 대해서 다루었다. 제2장 '학교폭력의 원인'에서는 학교폭력이 일어나는 원인에 대한 몇 가지 이론적 관점과 생태학적 측면에서 학교폭력에 영향을 미치는 요인에 대해서 설명하였다. 제3장 '학교폭력의 심리'에서는 청소년과 공격성, 가해학생과 피해학생 및 목격학생의 심리 · 행동적 특성과 그 징후, 그리고 학교폭력이 그들과 부모에게 미치는 영향에 대해서 다루었다. 제4장 '학교폭력 예방과 대책을 위한 학교의 노력'에서는 일선 학교현장에서 학교폭력 예방을 위한 시스템을 어떻게 구축해야 하고, 실제 학교폭력이 발생했을 때 처리 시스템을 어떻게 구축해야 하며, 학교폭력 힐링을 위한 프로그램의 운영 실제에 대해서 제시하였다. 제5장 '학교폭력 예방과 개입을 위한 전략'에서는 학교폭력 예방을 위해 교사가 어떠한 역할을 해야 하며, 학교폭력 발생 시 학교에서 중재와 분쟁을 위해 어떻게 개입해야 하는지 그 전략에 대해서 제안하였다. 제6장 '학교폭력 상담'에서는 학교폭력 상담의 특징과 필요성, 구체적인 학교폭력 상담의 기술과 전략, 그리고 학교폭력 상담 대상에 따른 상담실제에 대해서 제공하였다. 끝으로 제7장 '학교폭력 예방과 대책 프로그램'에서는 학교폭력 예방과 대책을 위해 우리나라에서 어떤 프로그램들이 마련되어 운영되고 있고, 미국과 노르웨이 및 핀란드 사례를 중심으로 외국에서는 어떤 프로그램들이 운영되고 있는가를 살펴보았다.

학교폭력은 한 가지 요인에 의한 것이 아닌 개인, 가정, 학교, 사회관련 요인 등 여러 가지 요인이 복합적으로 작용하여 나타나는 병리적 현상이다. 그리고 교사와 학교만의 노력으로 결코 해결될 수도 없는 사안이다. 그렇지만 교육의 질이 교사의 질을 능가할 수 없듯이 학교폭력 예방과 대책을 위해 어느 누구보다도 교사의 노력과 의지가 중요하다. 학생들이 더 이상 신체적 ·

인격적 · 정서적 · 정신적으로 피폐되지 않도록 학교와 교육을 바로 세우고, 폭력 없는 평화롭고 행복한 학교 가꾸기에 교사들이 앞장서야 한다. 이 책을 통해 교원양성과정에 있는 예비교사들은 물론 일선학교의 현직교사들이 학교폭력에 대한 예방과 대책을 위한 실제적인 지식과 학교폭력 사안에 대한 대처 역량을 함양할 수 있기를 기대한다. 막상 탈고하고 보니 아쉽고 부족한 면이 많다. 이 점은 앞으로 계속해서 수정하고 보완해 나갈 것을 독자들께 약속드린다. 끝으로 이 책의 출판을 독려하고 편집 업무의 수고를 해 주신 태영출판사 김현태 사장님과 관계 직원들께 감사드린다.

2014년 1월

저자 일동

차례_ Contents

제1부 학교폭력의 이해 …

제2부 학교폭력의 실제 …

제1부

학교폭력의 이해

제 1 장

학교폭력의 특성

1. 학교폭력의 개념
2. 학교폭력의 실태
3. 학교폭력의 특징

제1장에서는 학교폭력이란 무엇인지 개념적 정의와 유형에 대해 살펴본 다음, 최근 학교폭력의 실태와 특징에 대해서 알아보기로 한다.

1. 학교폭력의 개념[1]

1) 학교폭력의 정의

학교폭력(school violence)이라는 단어는 '학교(school)'와 '폭력(violence)'이라는 두 단어의 합성어다. 따라서 학교폭력이란 학교에서 일어나는 폭력 혹은 학교와 연관된 폭력이라고 간단히 말할 수 있다. 그러나 학교폭력이란 개념은 관점과 적용범위에 따라, 대상의 주체와 객체에 따라 교내폭력, 학교주변폭력, 또래폭력, 청소년폭력, 학생폭력 등의 용어와 혼용되고 있다(Olweus, 1993). 즉, 학교폭력이 발생하는 장소, 가해와 피해의 대상, 학교폭력의 내용에 따라 연구자마다 학교폭력의 정의에 대한 시각이 조금씩 상이하다(정종진, 2013).

첫째, 폭력이 일어나는 장소이다. 학생들이 학교에서 경험하는 폭력뿐만 아니라 가정이나 학교 밖에서 일어나는 폭력도 그것이 학생들에게 영향을 미치는 것이라면 학교폭력으로 보아야 한다는 광의의 입장이 있는가 하면, 학교폭력의 범위를 학교 내에서 발생하는 폭력이나 학교주변과 등하교 길에서 발생하는 폭력으로 한정시켜야 한다는 협의의 입장도 있다(Astor et al., 1997).

둘째, 학교폭력의 주체가 되는 가해자와 피해자이다. 우리나라보다 학교폭력 문제가 더욱 심각한 미국의 경우에는 학생들 간의 폭력뿐만 아니라 교직원

1) 이 글은 필자인 정종진(2013)의 '학교폭력의 개념'(한국초등상담교육학회 편, 학교폭력의 예방 및 대책, pp. 52-61) 내용을 일부 수정 보완한 것임.

들에 대한 학생의 폭력도 학교폭력의 범위에 포함시키는 경향이 있지만(Michael et al., 1996), 우리나라의 경우에는 교사에 대한 학생의 폭력빈도가 상대적으로 적기 때문에 학교폭력에 관한 대부분의 연구에서는 이를 포함시키지 않고 있다. 그러나 최근에 들어서면서 학생에 대한 교사의 폭력을 학교폭력의 유형에 포함시키는 경우도 있다.

셋째, 어떤 행위를 학교폭력으로 간주할 것인가의 문제이다. 일반적으로 폭력은 타인 또는 타인의 재산에 해를 입히기 위한 물리적인 힘의 행사(Archer & Browne, 1989), 또는 타인에게 극심한 신체적인 고통이나 상해를 가할 의도나 그러한 의도를 인식하고 행해진 행위(Berkowitz, 1974)라고 정의되고 있지만, 학교폭력의 경우에는 가해자가 타인에게 해를 끼치려는 의도를 가진 어떠한 행동도 폭력으로 간주될 수 있다.

이처럼 학교폭력에 대한 개념 정의는 상당한 논란이 있어 왔고, 연구자에 따라 다양하게 정의되고 있다. 학교폭력이란 신체적 · 심리적 상해나 재산상의 피해를 가져오는 의도적이고 부주의한 행동(Astor & Meyer, 2001; Thomas, 2006)으로 정의되기도 하고, 학습을 방해하거나 학교의 환경을 저해하는 모든 범죄적 행동과 공격적 행동(Furlong, 2000)으로 정의되기도 하며, 학교를 중심으로 발생하는 것으로서 정신적 · 신체적으로 나약하여 외부의 압력에 대해 스스로를 방어할 능력이 없는 아동에 대하여 힘이 강한 개인이나 집단이 고의적으로 단기간 또는 장기간에 걸쳐 가하는 물리적 및 심리적 공격(김종미, 1997) 혹은 학교 교내, 주변, 등하굣길, 집 주변, 학원 주변 등 물리적인 장소는 물론이고 교육과 관련된 장소 및 현장에서 부모와 교사를 제외한 모든 사람이 학생에게 행사한 정도가 심각한 유형무형의 모든 폭력(김준호, 2006; 노순규, 2012)으로 정의되기도 한다.

과거 우리나라 청소년폭력예방재단(청예단)에서는 학교폭력을 학교 안이나 학교 밖에서 학생이라는 인격체가 중심이 되어 개인적으로 집단적으로 경험하고 있는 신체적 폭력(폭행, 금품갈취 등) · 정신적 폭력(욕설, 협박, 집단 따돌림 등) · 성적 폭력(성희롱, 성폭행, 강간 등)과 같은 모든 유형 · 무형의 폭력행위라 정의했고, 한국형사정책연구원에서는 자신보다 신체적 · 심리적으로 약한 위치에 있는 학생에게 가하는 유형 · 무형의 폭력이라 정의했으며, 한국청소년교육연구소에서는 자신보다 신체적 · 심리적으로 약한 위치에 있는 학생에게 가해지는 위협 또는 실제 행동 측면에서의 신체적 폭행상태 · 언어적 폭력 · 금품의 갈취 · 성폭행 · 집단적 따돌림으로 정의했다(지승희 외, 2005).

대체로 학교폭력으로 규정할 수 있는 행동에는 고의성(intentional, 실수가 아닌 고의적으로 해를 입히거나 괴롭히는 말과 행동), 반복성(repeated, 어쩌다 한번 일어난 행동이 아니고, 반복적으로 되풀이되는 행동), 힘의 불균형(imbalance, 힘이 더 센 학생이 약한 학생을, 상급생이 하급생을, 다수의 학생이 한두 명 소수의 학생을 괴롭히는 것)의 세 가지 성립 요건이 있다. 그 세 가지 항목 중 하나 이상의 요건이 성립된다면, 그 행동은 학교폭력이라고 볼 수 있다(Coloroso, 2003).

한편, 우리나라에서 법률적으로 규정하고 있는 학교폭력의 정의는 "학교 내외에서 학생을 대상으로 발생한 상해, 폭행, 감금, 협박, 약취 · 유인, 명예훼손 · 모욕, 공갈, 강요 · 강제적인 심부름 및 성폭력, 따돌림, 사이버 따돌림, 정보통신망을 이용한 음란 · 폭력 정보 등에 의하여 신체 · 정신 또는 재산상의 피해를 수반하는 행위"(학교폭력 예방 및 대책에 관한 법률, 제2조 1항)이다. 여기서 학교 외란 학원, 공원, 놀이터, 친구 집 등을 말하고, 따돌림이란 학교 내외에서 2명 이상의 학생들이 특정인이나 특정집단의 학생들을 대상으로 지속적이거나 반복적으로 신체적 또는 심리적 공격을 가하여 상대방이 고통을 느끼도록 하는 일체의 행위를 말하며, 사이버 따돌림이란 인터넷, 휴대전화 등 정보통신기기를 이용하여 학생들이 특정 학생들을 대상으로 지속적, 반복적으로 심리적 공격을 가하거나, 특정 학생과 관련된 개인정보 또는 허위사실을 유포하여 상대방이 고통을 느끼도록 하는 일체의 행위를 말한다. 학교폭력에는 가해학생과 피해학생이 있게 마련인데, 가해학생이란 가해자 중에서 학교폭력을 행사하거나 그 행위에 가담한 학생을 말하고, 피해학생이란 학교폭력으로 인하여 피해를 입은 학생을 말한다.

이상의 학교폭력 개념 규정과 함께 교육부의 학교폭력 사안대응 기본지침(2012a)에서는 학생들의 사소한 괴롭힘이나 학생들이 장난이라고 가장한 행위도 학교폭력으로 분명히 규정하고 있다. 또한 《학교폭력예방 및 대책에 관한 법률》에서 정의된 학교폭력은 폭행, 상해뿐만 아니라 명예훼손, 모욕 등 법률 제2조에서 정한 여러 형태를 포함하는 개념이고, 그 중 강제적인 심부름, 따돌림, 사이버 따돌림을 제외한 나머지 모두는 형법 또는 특별법상 그 자체가 범죄로 규정되어 있다. 따라서 법적으로는 학교폭력의 문제를 단순한 학생들 간의 사소한 다툼이나 갈등으로 이해하는 관용적 태도로 접근할 수 있는 차원의 문제가 아니다. 학교폭력의 개념이 학생 간 폭력에서 학생을 대상으로 한 폭력으로 확대됨에 따라 가해자가 학생이 아니더라도 피해자가 학생인 경우 피해학생에 대한 보호조치를 받을 수 있도록 되어 있다(김다현 · 임성숙 · 정석환, 2013).

이상에서 몇 가지 학교폭력에 대한 정의를 살펴본 것처럼, 학교폭력이란 학생을 대상으로 이루어지는 신체적, 언어적, 정신적 폭력을 의미하며, 학생을 대상으로 발생한 폭력 중에서도 처음에는 신체적인 가해 행위를 학교폭력으로 간주했지만, 이후 심리적 위협과 집단으로부터의 따돌림을 포함한 다양한 형태의 폭력을 포함하는 것으로 학교폭력을 정의하고 있다. 다시 말하면, 힘의 우위에 있는 개인 또는 패거리들이 주위 학생들에 대해 언어적 위협, 놀림, 소지품 은닉, 따돌림, 집단에 의한 무시, 신체적 폭력, 성추행, 금품갈취는 물론 기물손괴 등 행동을 하고, 공포분위기를 조성함으로써 주위 학생들이 심리적인 소외감과 극도의 불안감을 겪고, 신체적인 상처와 물리적인 손해를 감수하고 있는 상태라면 학교폭력이 발생된 것으로 볼 수 있다.

따라서 학교폭력이란 가해자의 신분이나 시간과 장소 구분 없이 학생을 대상으로 이루어지는 부정적인 의도를 지닌 신체적, 언어적, 심리적, 경제적 피해를 주는 모든 행위를 통칭하는 것으로, 한 명 또는 여러 명의 학생들이 힘의 불균형 상황 하에서 자기보다 약한 상대나 집단의 암묵적인 규칙을 어긴 자를 온 · 오프라인에서 따돌리거나 괴롭히는 행위도 포함한다. 대체로 이러한 학교폭력 행위는 반복적으로 발생하며 학생 개개인이 해결하기 어려운 속성을 갖고 있다.

자가진단: 학교폭력 개념의 이해 정도

다음 자가진단표는 법에 근거한 학교폭력 개념을 교사가 어느 정도 이해하고 있는지 살펴보기 위한 것입니다. 내용을 읽어 보시고 학교폭력이라고 생각하면 Y(yes)에, 아니면 No(no)에 체크해 주세요.

	내용	Y	N
1	A와 B가 싸움을 한 후 B가 겉으로 보기에는 멀쩡했으나 정신을 잃음		
2	복도를 걸어가고 있는 학생의 얼굴에 일부러 침을 뱉음		
3	싫다고 하는데도 강제로 손이나 옷을 잡아당김		
4	학생들이 보는 앞에서 단순한 욕('지랄' '재수 없어' '깝치지 마' 등)을 함		
5	동아리 선배가 후배들에게 기합을 준 다음 동아리방의 문을 잠그고 밤 10시까지 나오지 못하게 함		
6	학생들이 보는 앞에서 아무 이유 없이 장난으로 '바보' '생긴 게 역겨워'라고 계속 놀림		
7	A가 B를 툭 치다가 팔에 멍이 살짝 듦		
8	동성에게 포르노 비디오를 보여주면서, 움직이지 못하게 한 후 일부러 손을 만지작거려서 상대방이 창피하다는 생각과 짜증 난다는 기분을 경험하게 함		
9	학생들이 보는 앞에서 '미친년' '개새끼' '병신새끼' '또라이 같은 년'이라고 욕을 함		
10	A가 B에게 돈을 빼앗는 것을 보고 C가 A에게 그 돈을 요구함		
11	30분 동안 기합을 줌		
12	하의를 벗기고 성기를 노출하게 한 후 핸드폰으로 사진을 찍어서 다른 친구들에게 전송함		
13	남학생이 좋아하는 여학생에게 '뽀뽀해 줘'라고 문자를 보내 여학생이 불쾌감을 느낌		

	내용	Y	N
14	화장실로 끌고 가서 때림		
15	친구들끼리 한 학생을 때리기로 한 후, 친구들이 때릴 때 옆에서 망을 봄		
16	집단으로 타 학교 학생들과 싸움을 함		
17	방과 후 같은 반 학생이 노래방에 같이 가자고 해서 갔는데, 다른 학교 학생들이 같이 있었고 노래방에서 폭행을 당함		
18	돈을 요구하고 심부름을 시켜서 하지 않으면 때림		
19	A는 B를 때릴 생각이 없었는데, C가 A에게 'B를 때라지 않으면 너를 죽여 버릴 거야.'라는 말을 하여 A가 B에 대하여 폭력을 행사함		
20	A학생이 자신들의 험담을 했다며 4명 중 3명이 A학생에게 동시에 말을 안 함		

문항	1	2	3	4	5	6	7	8	9	10	11	12	13	14	15	16	17	18	19	20
정답	Y	Y	Y	Y	Y	Y	Y	Y	Y	Y	Y	Y	Y	Y	Y	Y	Y	Y	Y	Y

* 출처: 교육과학기술부(2012b: 38)

2) 학교폭력의 유형

학교폭력은 크게 신체적 폭력과 심리적 폭력의 두 유형으로 구분된다(Rigby, 1996). 신체적 유형에는 때리기, 발로 차기 등이 포함되고, 심리적 유형에는 언어적 학대, 별명 부르기, 위협적인 몸짓, 몰래 따라다니는 행동, 악의적인 전화 걸기, 반복적으로 다른 사람의 물건 감추기, 단체 활동에서 따돌리기, 악의적인 소문을 퍼뜨리기 등이 포함된다. 이것을 다시 〈표 1-1〉과 같이 신체적 폭력, 언어적 폭력, 관계적 폭력의 세 가지 유형으로 구분할 수 있다(Horne, Bartolomucci, & Newman-Carson, 2003).

표 1-1 학교폭력의 세 가지 유형

유형	정의	예
신체적 폭력	신체적으로 해를 가하거나 재산상의 손실을 가져오는 행동	때리기, 발걸기, 밀기, 치기, 찌르기, 침 뱉기, 가혹행위, 옷/물건 망가뜨리기 등
언어적 폭력	말이나 글을 사용하여 심리적인 괴로움을 주는 행동	놀리기, 모함하기, 비난하기, 협박메일 보내기, 욕하기, 고함치기, 모욕하기, 위협하기(말/쪽지/이메일), 거짓 소문 퍼뜨리기 등
관계적 폭력(따돌림)	친구관계를 깨뜨리거나 사회적으로 고립시키는 행동	소외시키기, 거부하기, 무시하기, 대답 안 하기, 째려보기, 비웃기, 코웃음치기 등

한편, 학교폭력의 정의에서 이미 언급한 바와 같이 우리나라 학교폭력예방 및 대책에 관한 법률에서는 학교폭력을 학교 내외에서 학생을 대상으로 발생한 상해, 폭행, 감금, 협박, 약취 · 유인, 명예훼손 · 모욕, 공갈, 강요 · 강제적인 심부름 및 성폭력, 따돌림, 사이버 따돌림, 정보통신망을 이용한 음란 · 폭력 정보 등에 의하여 신체 · 정신 또는 재산상의 피해를 수반하는 행위로 정의하고 있다. 이 법률에 따라 학교폭력의 유형을 구분해 보면 다음과 같다(김용수, 2012; 조대훈 외, 2013).

- 상해: 생리적 기능의 훼손, 즉 건강침해로서 육체적 · 정신적인 병적 상태의 야기와 증가
- 폭행: 사람의 신체에 대한 유형력의 행사(유형력이란 광의의 물리력을 말하므로 무형력을 수단으로 하는 협박죄와는 구별됨)
- 감금: 사람을 일정한 장소 밖으로 나가지 못하게 하여 신체활동의 자유를 장소적으로 제한하는 것(감금된 사람이 감금되었는지를 인식하지 못했다고 하더라도 객관적으로 감금된 사람의 신체적 활동의 자유를 침해한 것으로 볼 수 있다면 감금죄가 성립함)

- 협박: 상대방의 반항을 불가능하게 하거나 현저히 곤란하게 할 정도는 아닐지라도 상대방이 현실적으로 공포심을 느낄 수 있을 정도의 해악을 고지하는 것
- 약취: 폭행 또는 협박으로 사람을 보호받는 상태 내지 자유로운 생활관계로부터 자기 또는 제3자의 실력적 지배하에 옮기는 것
- 유인: 허위의 사실을 가지고 상대방을 착오에 빠뜨리게 하거나 감언이설(甘言利說)로 상대방을 현혹시켜 판단을 바르게 할 수 없게 하여 사람을 보호받는 상태 내지 자유로운 생활관계로부터 자기 또는 제3자의 실력적 지배하에 옮기는 것
- 명예훼손: 특정 또는 불특정 다수가 인식할 수 있는 상태에서 사실 또는 허위의 사실을 적시하여 사람의 평판이나 사회적 가치를 떨어뜨리는 것
- 모욕: 공연히(불특정 또는 다수인이 인식할 수 있는 상태) 구체적 사실을 적시하지 아니하고 사람의 인격을 경멸하는 추상적 가치판단을 하거나 의사표시를 하는 것(죽일 놈, 망할 년)
- 공갈: 재물을 교부받거나 재산상의 이익을 취득하기 위하여 폭행 또는 협박으로 공포심을 일으키게 하는 것
- 강요: 폭행 또는 협박으로 사람의 권리행사를 방해하거나 의무 없는 일을 하게 하는 것
- 강제적인 심부름: 특정인에게 강제적으로 심부름을 시키는 것으로 학교폭력을 배경으로 탄생한 신조어인 셔틀(Shuttle)을 말함(셔틀은 중 · 고등학교에서 힘센 학생들의 강요에 의해 빵이나 담배 등을 대신 사다주거나 와아파이 등을 제공하는 행위나 대리로 시험을 쳐 주는 행위 자체나 혹은 그 행위를 하는 사람을 뜻함)
- 성폭력: 성욕의 흥분, 자극 또는 만족을 목적으로 하는 행위로서 상대방에게 폭행과 협박을 하면서 신체적인 접촉을 하거나 성행위를 강제로 하는 것
- 따돌림: 학교 내외에서 2명 이상의 학생들이 특정인이나 특정집단의

학생들을 대상으로 지속적이거나 반복적으로 신체적 또는 심리적 공격을 가하여 상대방이 고통을 느끼도록 하는 일체의 행위(집단 따돌림이란 학급에서 복수의 학생들이 한 명 또는 소수의 학생들을 대상으로 의도와 적극성을 가지고 지속적으로 그리고 반복적으로 관계에서 소외시키거나 괴롭히는 일체의 행위)

- 사이버 따돌림: 인터넷, 휴대전화 등 정보통신기기를 이용하여 학생들이 특정 학생들을 대상으로 지속적, 반복적으로 심리적 공격을 가하거나, 특정 학생과 관련된 개인정보 또는 허위사실을 유포하여 상대방이 고통을 느끼도록 하는 일체의 행위
- 정보통신망을 이용한 음란 · 폭력 정보: 인터넷, 휴대전화 등 정보통신기기를 이용하여 음란 · 폭력 정보 등에 의하여 신체 · 정신 또는 재산상의 피해를 수반하는 행위

학교폭력예방 및 대책에 관한 법률에서 나타난 학교폭력의 유형들을 크게 범주화하면 [그림 1-1]과 같이 일곱 가지 유형으로 정리해 볼 수 있다(교육과학기술부, 2012c). 여기서는 이를 중심으로 구체적으로 살펴보기로 한다.

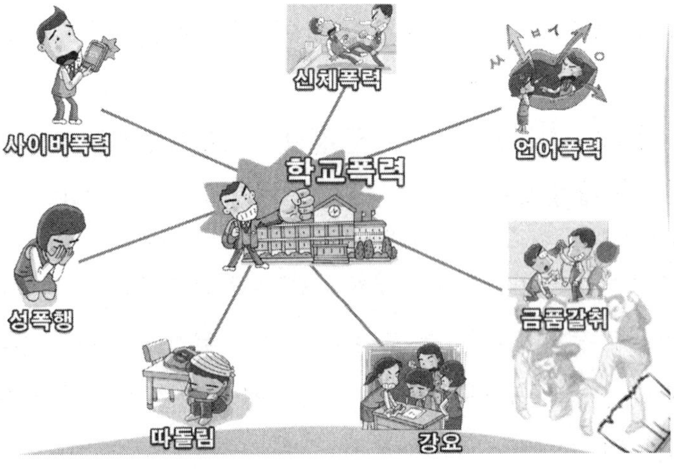

[그림 1-1] 학교폭력의 일곱 가지 유형

(1) 신체폭력

신체폭력은 사람의 신체에 유 · 무형의 물리력을 행사하여 육체적 · 심리적 고통을 가하는 행위로 상해, 폭행, 감금, 약취 · 유인 등이 포함된다. 신체폭력의 예를 들면 다음과 같다.

- 일정한 장소에서 쉽게 나오지 못하게 하는 행위(감금)
- 신체를 손, 발로 때리는 등 고통을 가하는 행위(상해, 폭행)
- 강제(폭행, 협박)로 일정한 장소로 데리고 가는 행위(약취)
- 상대방을 속이거나 유혹해서 일정한 장소로 데리고 가는 행위(유인)

〈사례〉

중학교 2학년생인 A군은 1년 동안 같은 반의 40명 학생들을 수시로 때려 학생들을 두려움에 떨게 했다. 학교에서 가장 싸움을 잘하는 학생을 뜻하는 '일진'으로 불렸던 A군은 친구의 뒤통수를 치거나 다리를 걸어 넘어뜨리는 등 가벼운 폭력은 물론 자신이 시키는 말을 따르지 않는 학생들에 대해서 주먹을 휘두르고 발길질을 해대며 무참히 폭행했다. 같은 반의 한 학생은 A군으로부터 한 달 내내 매일 매를 맞기도 했다.

(2) 언어폭력

언어폭력은 언어를 매개체로 타인에게 모욕감, 공포심, 수치심 등을 느끼게 하는 일련의 행위로 명예훼손, 모욕, 협박 등이 포함된다. 언어폭력의 예를 들면 다음과 같다.

- 여러 사람 앞에서 상대방의 명예를 훼손하는 구체적인 말(성격, 능력, 배경 등)을 하거나 그런 내용의 글을 인터넷, SNS(Social Networking Service, 온라인 인맥 구축을 목적으로 개설된 커뮤니티형 웹사이트로 미국의 트위터, 페이스북, 한국의 싸이월

드와 같은 1인 미디어와 정보공유 등을 포괄하는 개념) 등으로 퍼뜨리는 행위(명예훼손; 내용이 진실이어도 명예훼손죄이고 허위인 경우 가중 처벌을 받음)

- 여러 사람 앞에서 모욕적인 용어(생김새에 대한 놀림, 병신, 바보 등 상대방을 비하하는 내용)를 말하거나 그런 내용의 글을 인터넷, SNS 등으로 퍼뜨리는 행위(모욕).
- 신체 등에 해를 끼칠 듯한 언행('죽을래' 등)과 문자메시지 등으로 겁을 주는 행위(협박)

〈사례〉

중학교 1학년생인 B양이 입학 직후부터 8개월간 집단 따돌림을 당했다. B양이 수학 문제를 푸는 것을 보고 친구 한 명이 "답안지 보고 풀었지? 답안지 베끼는 애"라고 소문을 낸 것이 발단이었다. 이후 다른 친구들도 '커닝 걸', '더럽다', '감염자'라고 계속해 놀려댔다. 괴롭힘은 점점 더 심해져, 학생들은 B양의 머리나 등을 툭툭 쳤고 남학생들은 발로 차기까지 했다. B양은 가해학생을 멀리서 보기만 해도 가슴이 쿵쾅 거렸고 선 채로 오줌을 싸기도 했다. 집단 괴롭힘 폭력이 8개월 지속되던 어느 날 여학생 5명이 B양을 둘러싸고 머리, 등, 발을 수없이 때렸다. 결국 이 상황을 견디지 못한 B양은 한 달여 정신병원 폐쇄 병동에 입원했다.

(3) 금품갈취

금품갈취는 폭행 또는 협박을 수반하거나 말로써 겁을 주어 금품을 빼앗거나 건네받는 행위로 강도, 공갈 등이 포함된다. 금품갈취의 예를 들면 다음과 같다.

- 돌려줄 생각이 없으면서 돈을 요구하는 행위(공갈)
- 옷, 문구류 등을 빌려간 후 되돌려 주지 않는 행위(공갈)
- 칼 등 위험한 물건을 소지하고 겁을 주어 돈을 빼앗는 행위(강도)

• 술이 취해 걸어가는 행인을 폭행하고 소지품(시계, 지갑 등)을 빼앗는 행위 (강도)

〈사례〉

고등학교 2학년에 다니다 중퇴한 C군은 지역의 중 · 고등학생 사이에선 '짱 중의 짱'으로 통했다. C군은 학교를 중퇴한 뒤 지역 일대를 중심으로 중 · 고교 재학생과 자퇴생 등 10여명을 모아 행동대원을 두고, 그 밑에 중 · 고생 50여 명을 조직원으로 삼아 폭력조직의 두목행세를 했다. C군은 지역을 몇 개 구역으로 나눠 행동대원에게 중 · 고생을 상대로 티셔츠, 시계, 아이패드 등을 닥치는 대로 빼앗도록 하고 저항하면 가차 없이 폭력을 휘둘렀다.

(4) 강요

강요는 의무가 없는 사람에게 그 사람의 의사와 상관없이 억지로 어떤 행위를 하게 하는 것으로 강제적 심부름, 강요 등이 포함된다. 강요의 예를 들면 다음과 같다.

• 속칭 빵셔틀, 와이파이셔틀, 과제대행, 게임대행, 심부름 강요 등 의사에 반하는 행동을 강요하는 행위(강제적 심부름).

'빵셔틀'이 그 명령을 거부하면 폭력적인 보복이 뒤따르기 때문에 단순히 빵을 사오는 개념이 아닌 일종의 학교폭력이다. 와이파이셔틀이란 학교 일진 학생들이 괴롭힘의 대상이 된 학생에게 무선데이터 무제한 요금제에 가입하게 한 뒤 스마트폰 '테더링'이나 '핫스팟' 기능을 통해 자신들은 공짜로 인터넷을 사용하는 것을 말한다. 와이파이셔틀이 된 학생은 자신의 의도와는 상관없이 일진들에게 무선 와이파이 인터넷을 제공해야 하고, 어떠한 이유로 와이파이가 끊기게 되면 폭행을 당하기도 한다.

• 폭행 또는 협박으로 상대방의 권리행사를 방해하거나 해야 할 의무가 없는 일을 하게 하는 행위(강요)

<사례>

초등학교 6학년생인 D군은 같은 반 학생 3명에게 강제로 끌려가 황당한 게임을 해야 했다. 일대일로 가위 바위 보를 한 뒤 진 사람은 반드시 담배를 피워야만 하는 게임이었다. D군은 이를 거부했지만, 친구들은 죽을 때까지 때리겠다고 협박했다. 게임은 딱 한 번만 하겠다는 친구들의 약속과는 달리 가위바위보 게임은 D군이 질 때까지 계속됐고, 결국 D군은 원치 않게 담배를 피울 수밖에 없었다. 그 날 이후 가해 학생들은 담배 피운 사실을 부모에게 알리겠다고 협박하며 D군에게 자신들의 숙제를 맡기는 등 심부름꾼으로 만들었다.

(5) 따돌림

따돌림은 특정한 개인을 두고 2인 이상 다중의 사람이 의도적이고 반복적으로 어울리지 못하도록 막거나 방해하여 심리적으로 고립감을 느끼게 하는 행위이다. 따돌림의 예를 들면 다음과 같다.

- 집단적으로 상대방을 의도적이고, 반복적으로 피하는 행위
- 싫어하는 말로 바보취급 등 놀리기, 빈정거림, 면박이나 핀잔주기, 겁주는 행동, 골탕먹이기, 비웃는 행위
- 다른 학생들과 어울리지 못하도록 막는 행위

<사례>

중학생인 E군은 '욕설을 섞어 쓰지 않는다'는 이유로 2011년 2학기부터 같은 반의 친구들로부터 심한 집단 따돌림을 당했다. 가해학생들은 물건을 숨겨두고 E군에게 도둑 누명을 씌우는 장난을 하고, '멍청이'이라고 놀리며, 다른 학생들에게 김군과 놀지 말라고 선동을 했다. 이 사실을 알게 된 E군의 부모가 가해학생을 만나 조용히 타일렀지만 아무 소용없었다. 오히려 가해학생들은 그 이후 스마트폰 채팅에서 "(E군) 부모 별것 아니더라 ㅋㅋ" "너는 안 괴롭힌 걸로 해줄게" 같은 말을 태연히 주고받았다.

(6) 성폭력

성폭력은 폭행과 협박을 수반하여 상대방에게 성적인 수치심, 모멸감 등을 느끼게 하거나 자신의 성적인 만족감을 획득하는 행위로 강체추행, 강간, 성희롱 등이 포함된다. 성폭력의 예를 들면 다음과 같다.

- 폭행, 협박을 하여 강제로 성교를 하는 행위(강간)
- 유사 성행위, 성기 등 신체에 이물질을 삽입하는 등의 행위(강제추행)
- 성적인 말과 행동을 함으로써 성대방이 성적 굴욕감, 수치심을 느끼도록 하는 행위(성희롱)

<사례>

초등학교를 졸업하고 중학교에 입학하여 새로운 친구들과 선생님을 만날 기대에 부풀었던 F군은 이날부터 1년간 끔찍한 경험을 하였다. 바로 같은 반 친구들의 집단 따돌림과 폭행이었다. G군 등 가해학생들은 F군이 머리가 짧다는 이유로 시간마다 '대머리 독수리' 라고 놀렸고, 점심시간에는 F군에게 바닥에서 밥을 먹으라고 강요했으며, 교실에서 F군의 바지를 벗기고 성기를 잡아당기고 성기에 전기충격을 주며 다른 학생들이 지켜보는 가운데 성행위를 흉내내기도 했으며, F군이 성추행을 거부하면 주먹질을 해댔다. 가해학생들은 학교 인근 골목길로 데려가 발로 배를 차는 등 쉬는 시간, 점심 시간, 방과 후까지 임군을 폭행하였다.

(7) 사이버폭력

사이버폭력은 사이버상에서 정보통신망을 이용하여 폭력을 행사함으로써 불안감, 공포심, 성적 수치심 등을 유발하게 하거나 악성댓글 등을 통해 집중적인 공격을 하여 심신을 고통스럽게 하는 것으로 사이버 따돌림, 정보통신망을 이용한 각종 범죄 등이 포함된다. 사이버폭력의 예를 들면 다음과 같다.

- 특정인에 대해 모욕적인 언사나 욕설 등을 인터넷 게시판, 채팅, 카페 등에 올리는 행위(모욕죄에 해당)
- 특정인에 대한 허위 내용의 글이나 사생활에 관한 사실을 인터넷, SNS, 모바일 메신저 등을 통해 불특정 다수에 공개하는 행위(명예훼손죄에 해당)
- 성적 수치심을 주거나 위협하는 내용, 조롱하는 글 · 그림 · 동영상 등을 정보통신망을 통하여 유포하는 행위(정보통신망 관련 범죄에 해당)
- 공포심이나 불안감을 유발하는 문자, 음향, 영상 등을 휴대전화 등 정보통신망을 통해 반복적으로 전송하는 행위(정보통신망 관련 범죄에 해당)

<사례>

초등학교 5학년생인 H양은 귀갓길에 스마트폰으로 문자 메시지를 확인했다가 깜짝 놀라 길거리에서 한참을 울었다. 메시지에 첨부사진이 있어서 무심코 열어 보았더니 피투성이가 돼 쓰러진 시체 사진들이 차례로 열렸기 때문이다. 잠시 뒤 도착한 메시지에는 "ㅎ 까불면 죽는다"라는 글자가 찍혀 있었다. 같은 반 일진이 보낸 메시지였다.

자가진단: 학교폭력 유형의 이해 정도

다음 자가진단표는 학교폭력 유형을 교사가 어느 정도 이해하고 있는지 살펴보기 위한 것입니다. 내용을 읽어 보시고, 선택한 학교폭력 유형의 번호를 적어 주세요.

① 신체폭력 ② 언어폭력 ③ 금품갈취 ④ 강요 ⑤ 따돌림 ⑥ 성폭력 ⑦ 사이버폭력

번호	내용	유형
1	목을 졸라 기절시키고 깨어나면 때리고 다시 기절시키는 행동 반복	
2	아무 이유 없이 자나가면서 머리를 하루에도 몇 번씩 때림	
3	'5만 원 가지고 놀이터로 오지 않으면 죽어.'라고 문자를 보냄	
4	싸움 잘하는 학생이 약한 학생에게 자신의 청소를 대신 시킴	
5	말을 듣지 않으면 끌고 가서 때리겠다고 함	
6	돈을 갚을 확실한 약속 없이 자꾸 빌려 달라고 하고 갚지 않는 경우	
7	'나는 네가 너무 재수 없어.'라는 말을 상대방 학생을 볼 때마다 함	

8	종이에 '죽여 버리겠다.' '몸조심해.'라는 말을 적어 보냄	
9	뒷담화를 했다며, 가서 다짜고짜 때림	
10	'넌 얼굴이 너무 환자같이 생겨서 기분 나빠.'라고 말함	
11	학교 짱이 학생들에게 2천 원씩 일괄적으로 걷어 오라고 시킴	
12	마주칠 때마다 '뻐큐(fuck you)'를 하며, 주먹을 쥐고 무서운 표정을 지음	
13	사이버상에서 자신의 게임 아이템을 상대방에게 대신 키우도록 협박	
14	야한 동영상을 캡처하여 자신이 싫어하는 학생에게 이메일로 보냄	
15	싫은 학생의 운동화에 락스를 부음	
16	지나갈 때마다 부딪히는 척하면서 가슴을 만지는 행동을 2~3번 반복함	
17	조별 숙제를 하면서 같은 반 학생들이 한 학생을 의도적으로 배제시킴	
18	선배가 자신의 생일이라고 비싼 선물을 달라고 해서 운동화를 사 줌	
19	싫어하는 학생의 가방에 여러 번 뱀 모양의 모형을 넣어 두어서 놀라게 함	
20	여러 명이 한 명의 학생이랑 놀지 말자면서 인사도 받지 않음	
21	'쟤네 집은 가난해서 놀이공원도 가지 못할 거야.'라고 소문을 냄	
22	수업 시간에 바로 뒷자리에서 샤프나 볼펜으로 계속 찌름	
23	학교 화장실에서 일진 신고식을 한다며 학생들 뺨을 때림	
24	일부러 소문을 내서 다른 학생들이 피해학생을 싫어하도록 조장함	
25	게임 아이템을 주지 않으면 '가만 두지 않겠다.'고 협박하여 빼앗음	

문항	1	2	3	4	5	6	7	8	9	10	11	12	13
정답	①	①	⑦	④	②	③	②	②	①	②	③	②	④
문항	14	15	16	17	18	19	20	21	22	23	24	25	
정답	①	③	⑥	⑤	③	⑤	⑤	②	①	①	⑤	③	

* 출처: 교육과학기술부(2012b: 40)

2. 학교폭력의 실태

청소년폭력예방재단(2013)의 2012년 전국학교 폭력실태조사 보고서에 따르면, 최근 1년간 학교폭력이 얼마나 자주 일어나는가에 대한 질문에 '일어난다' 26.9%, '자주 일어난다' 8.9%로 35.8%의 학생들이 학교폭력이 일어난다고 응답하였다. 2011년의 조사에서 나타난 24.4%와 비교해 보면 학생들은 2011년에 비해 2012년 학교폭력이 더 많이 발생한다고 인식하였다. 여기서는 교육부에서 실시한 2012년 2차 학교폭력 실태 전수 조사(이하 교육부 조사)와 청소년폭력예방재단의 2012년 전국학교 폭력실태조사(이하 청예단의 조사)를 중심으로 학교폭력의 실태와 현황을 살펴보고자 한다(김다현 · 임성숙 · 정석환, 2013; 조대훈 외, 2013 참조).

1) 학교폭력 피해학생

(1) 피해경험 시기

- 교육부 조사에서 초등학생 11.1%, 중학생 10.0%, 고등학생 4.2%가 피해경험이 있다고 응답하였다.
- 청예단 조사에서 재학 기간 중 학교폭력 경험이 있다고 응답한 학생들 중에서 학교폭력 피해를 처음 당한 시기가 초등학교 5학년 17.8%로 가장 높게 나타났다. 학교급별로 보면 피해를 처음 당한 시기가 초등학교 78.3%(저학년 30.5%, 고학년 47.8%), 중학교 19.8%, 고등학교 1.9%로 분석되었다.
- 따라서 초등학생의 학교폭력 피해가 더 심각함을 알 수 있으며, 학교폭력으로 인한 후유증이 장기화되어 지속적으로 학교생활 적응에 부정적인 영향을 끼칠 수 있기 때문에 초등학교 때부터 학교폭력 예방 및 대책이 시급하다는 것을 시사받을 수 있다.

(2) 피해 유형

- 교육부 조사에서 학교폭력의 피해 유형으로 '심한 욕설이나 놀림'이 33.9%로 가장 많았고, 다음으로 '금품갈취'가 16.2%이었다. 2개 유형 이상 피해 응답 학생은 42.4%이며, '심한 욕설 등 언어폭력'은 57%가 다른 유형의 피해와 함께 발생하였다. 중 · 고등학생은 '강제적 심부름' 피해가 13% 이상으로 초등학생(8.6%)에 비해 높게 나타났으며, 여학생은 '집단 따돌림' 피해가 17.1%로 남학생(8.4%)에 비해 2배 이상 높은 것으로 나타났다.
- 청예단 조사에서는 '욕설이나 모욕적인 말을 들었다'가 27.3%로 가장 많았고, 다음으로 '맞았다'가 18%의 순으로 조사되었다. 그리고 '욕설이나 모욕적인 말을 들었다'와 함께 '말로 협박이나 위협을 당했다'는 응답이 전체의 41.2%로 나타났다.
- 따라서 최근 학생들 사이에 언어를 이용한 욕설과 모욕 등의 학교폭력이 심각함을 알 수 있으며, 신체폭력, 금품갈취, 집단 따돌림, 강제적 심부름 등의 드러난 학교폭력 뿐만 아니라 언어폭력과 같이 보이지 않는 학교폭력에 대한 경각심과 대책 마련이 필요한 실정이다.

(3) 피해 정도

- 교육부 조사에서 학교폭력의 피해 빈도나 지속 정도가 심각한(1주일 1~2회 이상/4개월 이상) 피해가 19.6%에 달하는 것으로 나타났다.

(4) 피해 장소 및 시간

- 교육부 조사에서 학교폭력이 발생한 장소는 학교 밖(20.2%)보다는 학교

안(61.6%)에서 주로 발생하는 것으로 나타났다. 학교 안에서 교실이 41.7%로 가장 많이 발생하는 장소이고, 그 뒤로 화장실 및 복도(7.6%), 운동장(3.4%), 기숙사(0.8%) 순이었다. 사이버 공간인 인터넷과 휴대전화 등을 통한 피해 발생도 5.5%로 나타났다.

- 청예단 조사에서도 학교폭력이 발생한 장소는 학교 밖(19.3%)보다는 학교 안(72.8%)에서 주로 발생하는 것으로 나타났다. 학교 안에서 교실이 50.7%로 가장 많이 발생하는 장소이고, 그 뒤로 복도(11.1%), 화장실(6.1%), 운동장(5.1%) 순이었다. 사이버 공간인 인터넷과 휴대전화 등을 통한 피해 발생도 8.4%로 나타났다.
- 교육부 조사에서 학교폭력이 발생하는 시간은 학교 일과 시간 중이 53.3%로 가장 높게 나타났고, 그 중에서도 교사가 자리를 비우는 쉬는 시간이 37.6%로 가장 높았다. 그 다음으로 점심시간 8.7%, 수업시간 6.9%로 나타났다. 또한 등 · 하교 시간 7.1%, 학교 이후 17.5%로 보고되었다.
- 이상에서 알 수 있듯이 학교폭력은 학교 밖보다는 학교 안에서 일과 시간 중에 발생하고 있어 학교폭력에 대한 학교 자체의 적극적이고 실질적인 예방 및 대책 활동이 무엇보다 필요한 실정이며, 사이버 폭력이 점차 증가하고 있기 때문에 이에 대한 대안도 마련되어야 할 것이다.

(5) 복수 및 자살 생각 정도

- 청예단 조사에서 학교폭력 피해 이후 가해학생에게 복수를 하고 싶은 충동을 느낀 적이 있다고 응답한 비율이 70.7%(10명 중 약 7명)나 되었다. 한편, 학교폭력 피해를 경험한 학생들 중 44.7%(10명 중 약 4.5명)가 폭력의 고통으로 인해 자살을 생각해 본 적이 있는 것으로 밝혀졌다.
- 이러한 조사 결과에 비추어 학교폭력 피해학생들은 모욕감, 분노, 억울

함, 증오 등으로 학교폭력 피해에 대한 보복 심리를 가지고 있는 것으로 추론되며, 이러한 보복 심리는 복수 충동 및 보복 행동으로 이어져 또 다른 학교폭력을 발생시킬 수 있다. 피해의 고통에 시달리고, 복수 충동이나 보복 행동이 해결되지 못했을 경우 우울, 자살 등의 심각한 위기를 초래할 수도 있다. 실제로 최근 자살을 생각하거나 시도하는 하는 학생들이 점차 증가하고 있다는 것에 주목해야 하며, 학교폭력 피해로 인한 자살 사례가 발생하지 않도록 적극적인 사회안정망 확충이 시급히 요구되는 상황이다.

(6) 심리적 고통

- 교육부 조사에서 학교폭력 피해학생의 46.4%(14만 9천 명)가 힘들다고 응답하였고, 여학생(67.5%)이 남학생(39.9%)보다 학교폭력을 더 고통스럽게 느끼는 것으로 나타났다. 고통의 정도는 집단 따돌림이 75.2%로 가장 높게 나타났고, 그 다음으로 사이버 괴롭힘이 65%, 스토킹이 63.5%, 폭행 56.5% 순으로 나타났다.
- 청예단 조사에서 학교폭력 피해 후 고통스럽다고 응답한 경우가 49.3%로 2011년 33.5%에 비해 증가한 것으로 밝혀졌다.
- 학교폭력은 학교생활 만족도로 이어지는데, 교육부 조사에서 피해학생들의 학교생활 불만족 응답 비율이 16.6%로 피해경험이 없는 학생의 응답 비율(4.7%) 보다 3배 이상 높게 나타났다.
- 따라서 학교폭력 피해학생들의 약 50%가 심리적 고통을 경험하고 있다는 것을 알 수 있으며, 이러한 심리적 고통은 심각한 학교폭력 피해 후유증(불안, 외상 후 스트레스 장애 등), 자살, 보복 및 가해행동, 공격성과 범죄 등으로 이어질 수 있기 때문에 피해학생들의 심리치유와 상담을 위한 대책이 강구되어야 하는 실정이다.

(7) 도움 요청을 하지 않는 이유

- 교육부 조사에서 학교폭력 피해 경험 시 가족에게 알리는 경우가 28.5%로 가장 높았고, 그 다음이 친구나 선배(19/1%), 학교(15.3%) 순으로 나타났으며, 피해 사실을 알리지 않는 경우도 25.7%나 되었다.
- 청예단 조사에서 학교폭력 피해학생 중 도움 요청 유무에 대해 '아무런 도움을 요청하지 않았다'가 33.8%로 나타났고, 도움을 요청한 경우 그 대상이 부모님인 경우가 24%, 학교 선생님인 경우가 26.6%로 나타났다. 그리고 도움의 효과성을 묻는 질문에 대해 '그렇다'고 응답한 학생이 27.9%, '그렇지 않다'고 응답한 학생이 41.8%로 밝혀졌다.
- 청예단 조사에서 학교폭력 피해 시 도움을 요청하지 않은 이유를 물어본 결과 '일이 커질 것 같아서'가 29.8%로 가장 높은 반응을 보였고, 그 다음이 '이야기 해도 소용없을 것 같아서'(25.8%), '대단한 일이 아니라고 생각해서'(16.9%), '보복당할 것 같아서'(12.9%), '알려지는 것이 창피해서'(10.1%), '야단맞을 것 같아서'(4.5%)의 순으로 나타났다.
- 이러한 조사 결과에 비추어 학교폭력 피해를 경험하더라도 도움을 요청하지 않은 학생들이 여전히 존재하고(10명 중 약 3명), 도움을 요청하더라도 피해학생들에게 실질적인 도움이 되지 않거나 도움요청을 하는 것에 대하여 피해학생들이 부정적인 인식을 갖고 있음을 알 수 있다. 따라서 피해학생들이 학교폭력으로부터 보호받고 사안이 잘 해결될 수 있도록 부모나 선생님 등 1차적으로 도움을 요청받은 주변 인물들의 적극적인 대처가 필요하고, 또한 도움 요청 및 신고체계에 대해 강한 신뢰감을 가질 수 있도록 사회적인 인식 제고 및 실질적인 방안이 마련될 필요가 있다.

2) 학교폭력 가해학생

(1) 가해경험

- 교육부 조사에서 학교폭력의 가해경험이 있다고 응답한 학생은 초등학교 5.8%, 중학교 4.7%, 고등학교 1.7%의 순으로 나타났으며, 남학생이 4.9%로 여학생 3.3%보다 높게 나타났다.
- 청예단 조사에서 최근 1년간 학교폭력 가해경험을 묻는 질문에 대해 1회 이상 가해를 경험한 경우가 전체 12.6%로 나타났다. 2009년 12.4%, 2010년 11.4%, 2012년 15.7%인 점을 감안하면 우리나라 학교에서 학교폭력 가해율은 과거에 비해 낮지 않은 수준을 보여 여전히 학교폭력이 심각함을 엿볼 수 있다.

(2) 가해유형

- 교육부 조사에서 가해경험 학생들의 폭력유형으로는 집단 따돌림이 30.1%로 가장 많았으며, 욕설과 협박(27.4%), 강제적 심부름(10.3%)의 순으로 나타났다. 가해학생들이 여럿이 함께 가해했다는 보고가 62.6%로 혼자 가해했다는 37.4%보다 월등히 높았다.

(3) 가해이유

- 청예단 조사에서 가해 이유로 '장난' 33.1%가 가장 높았고, 그 다음으로 '오해와 갈등'(18.4%), '상대방이 잘못해서'(17.3%)의 순으로 나타났다.
- 이러한 조사결과에서 가해학생들이 학교폭력이 범죄라는 심각성을 모르고 있고, 또래와의 관계에서 의견 차이로 발생하는 갈등을 적절하게 조율할 수 있는 능력이 부족하다는 것을 엿볼 수 있다.

(4) 가해행동 이후 조치

- 청예단 조사에서 최근 1년 동안 학교폭력 가해 후 일어난 일에 대한 질문에 '피해학생에게 사과했다' 36.4%, '아무 일도 일어나지 않았다' 27.6% 등의 순으로 응답되었다. 학교폭력 가해 이후 아무 일도 일어나지 않은 경우는 2011년도 33.8%와 유사하게 높게 나타났다.
- 청예단 조사에서 폭력서클에 대해 강한 처벌이 필요하다고 생각하는 학생들은 전체의 55.5%로 나타난 반면, '나와 상관없다'고 응답한 학생도 19.3%나 되었다.
- 따라서 학교폭력의 심각성에 대한 인식이 증가하면서 가해학생에 대한 조치가 부각되고 있으나 학교현장에서는 적절한 조치가 이루어지지 않고 있음을 알 수 있으며, 학교폭력 사후관리 · 감독이 강화될 필요가 있다. 또한 학생들은 폭력서클에 대한 강한 처벌이 필요하다고 인식하면서도 '나와 상관 없다'는 무관심적인 태도가 심각하다는 것을 알 수 있다.

(5) 가해행동의 중단 이유

- 청예단 조사에서 최근 1년 동안 학교폭력 가해행동을 그만두게 된 이유로 '스스로 나쁜 행동임을 알게 되어서'가 48.5%로 가장 높게 나타났고, 그 다음으로 '이전과 같이 가해행동을 지속하고 있다'(11.3%), '학교 선생님에게 꾸지람을 들어서'(9.3%), '피해학생과 멀리 떨어져서'(6.9%)의 순으로 나타났다.
- 따라서 '이전과 같이 가해행동을 지속하고 있다'라고 응답한 학생이 전체의 11.3%로 학교폭력의 삼각성을 더해 주고 있지만, 다른 학생을 가해하는 행위가 범죄라는 사실을 체험위주의 활동의 통해 스스로 깨우치도록 하고 학교 선생님의 적극적인 개입이 학교폭력 가행행동의 예방과 대책을 위해 중요하다는 것을 알 수 있다.

3) 학교폭력 목격학생

(1) 목격경험

- 교육부 조사에서 학교폭력을 목격했다고 응답한 학생이 전체의 17.5%(66만 4천 명)로 나타났고, 중학생 20.2%, 초등학생 18.8%, 고등학생 13.4%의 순으로 나타났다. 성별로 살펴보면 남학생이 21.1%로 여학생 13.9%보다 높은 것으로 나타났다.
- 청예단 조사에서 학교폭력을 목격한 적이 있는 학생은 전체의 41.7%로 나타났다.

(2) 목격 후 대응행동

- 교육부 조사에서 학교폭력 목격 후 모르는 척한 학생은 31.3%로 나타났다. 나머지 학생들은 '가족이나 친구에 알린다'(24.8%), '친구를 말린다'(24.2%), '학교나 117에 신고한다'(17%)의 순으로 응답했으며, '나도 같이 다른 학생을 괴롭혔다'(2.7%)는 응답도 있었다.
- 청예단 조사에서 학교폭력을 목격한 적이 있는 학생들 중 모르는 척한 학생은 37.4%로 나타났다. 나머지 학생들은 '학교 선생님께 알렸다'(20.4%), '직접 말렸다'(17%), '피해학생에게 친구가 되어 주었다'(12.7%)의 순으로 응답했다.
- 따라서 학교폭력을 목격하고도 모르는 척하는 방관자가 제일 많다는 것을 알 수 있으며, 이들에게 목격 후 적극적인 대처가 중요함을 인식시켜 줄 필요가 있다.

(3) 목격 후 모른 척하는 이유

- 청예단 조사에서 학교폭력을 목격하고도 모르는 척하는 방관 이유가 무엇인가에 대해 '같이 피해를 당할까봐'가 30.6%로 가장 높게 나타났으며, 그 다음이 '관심이 없어서'(26.9%), '도와줘도 소용이 없을 것 같아서'(23.5%), '어떻게 해야 할지 몰라서'(19%)의 순으로 나타났다.
- 이러한 조사결과에서 학교폭력 방관자들은 보복 등 자신이 또 다른 학교폭력 피해자가 될지 모른다는 두려움이 크고, 친구들에 대한 관심이 부족하거나 도와줘도 소용이 없을 것 같은 무력감과 좌절감이 크다는 것을 엿볼 수 있다.

(4) 목격한 느낌

- 청예단 조사에서 학교폭력을 목격한 학생들을 대상으로 어떠한 느낌이 들었는가에 대해 질문한 결과 '왜 똑 부러지게 대처하지 못하는지 답답하다'가 25.7%로 가장 높게 나타났으며, 그 다음이 '도와줄 수 없어서 무기력하다'(21%), '무섭다'(17.4%), '화가 난다'(15.8%)의 순으로 나타났다.
- 따라서 학교폭력을 목격하고 답답하다고 느끼거나 무기력하다고 느끼는 방관학생들을 대상으로 심리치유와 함께 피해학생을 도와줄 조력자로 만드는 교육과 인식전환이 필요하다고 할 수 있다.

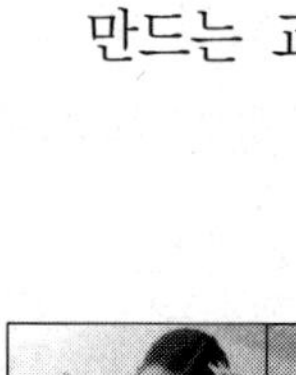

3. 학교폭력의 특징

앞에서 살펴본 학교폭력의 일부 사례와 실태에서 드러나고 있듯이 최근 발생하고 있는 학교폭력 현상은 과거와 비교할 때 다음과 같은 몇 가지 특징을 갖고 있다(정종진, 2012).

1) 학교폭력의 저연령화

학교폭력의 가해자와 피해자 연령이 점차 낮아지고 있다. 얼마 전까지만 해도 중학생들의 학교폭력 행동이 문제가 되는 경우가 많았는데, 최근 들어 초등학생의 사례가 늘어나고, 점차 그 연령이 낮아지는 것을 볼 수 있다. 학교폭력을 경험하는 시기가 더 앞당겨져 몇 년 내로 학교폭력의 중심축에 초등학생이 포함될 수 있다고 전문가들은 예상하고 있다. 초등학생은 중 · 고등학생에 비해 학교폭력에 대한 대처 능력이 떨어지고 쉽게 가해학생의 행동에 동조하는 경우가 많고(김종운, 2013), 청소년의 신체적 발육이 왕성해지면서 사춘기가 빨라지고 인터넷과 게임 등을 통해 폭력 문화를 접하는 연령도 계속 낮아지고 있기 때문이다. 특히 게임 중독 현상이 최근 들어 초등학교 저학년에서 두드러지게 나타나면서, 이것이 학교폭력의 저연령화에 크게 영향을 미치고 있다.

2) 폭력의 잔인성과 집단화

학교폭력은 단순한 탈선의 차원을 넘어 심각한 범죄의 수준에 이르고 있다. 예전의 학교폭력이 말 그대로 서로 때리고 괴롭히는 정도였지만 지금의 학교폭력은 일반적인 폭력행사나 금품갈취 이외에도 집단적인 따돌림이나 놀림, 시험지 보여주기를 강요하거나 숙제나 심부름시키기 등의 새로운 형태의 심리폭력이 출현하고 있고 폭행, 협박, 사기, 상해, 살인, 강간 등 성인폭력 조직을 뺨칠 정도로 그 수법이 잔혹하고 대담해지고 있다. 전혀 저항할 힘이 없는 장애아나 지체부자유아를 대상으로 할 정도로 학교폭력이 매우 잔인하게 이루어지고 있다. 특히 최근에는 일회성 단순폭력보다 지속적으로 가해지는 하대적 폭력이 증가하고 있다. 그리하여 가해학생의 지속적이고 잔인한 신체폭행과 금품갈취 및 집단 따돌림으로 인해 피해학생이 더 이상 학교나 교사 심지어 부모에게조차 도움을 요청하지 못하는 절망적인 성태에 빠져 결국 극단적인 선택으로 인하여 자살하는 사례가 발생하고 있다.

최근의 학교폭력은 가해학생이 2인 이상인 경우가 증가하고 있으며, 단독 범행보다 2인 이상 집단적으로 이루어지는 것이 일반적이다. 집단 따돌림이나 집단폭행으로 인해 피해학생은 심리적 지지원인 친구로부터 멀어져 홀로 남게 된다. 학교폭력집단은 단순한 패거리 집단, 조직적인 규율을 갖고 움직이는 불량서클, 성인폭력조직과 연계된 하부폭력조직 등에 의해 이루어진다.

3) 폭력의 일상화와 둔감화

폭력행위가 비행학생에 의해서만 일어나는 것이 아니라 보통의 모든 학생에게서 쉽게 발견될 수 있는 일반화된 비행 유형이 되고 있다. 학교 안팎에서 이루어지는 학교폭력이 차지하는 비율이 점차 늘어나고 있어 폭력이 학생들의 일상과 주변에 만연되어 있다.

가해학생들의 학교폭력에 대한 인식이 무뎌지고 일상화되어 폭력으로 인식하지 못하는 경향을 보이고 있다. 학교폭력의 가해자들은 같은 반 학생들에게 폭력을 행사하거나 괴롭히고도 전혀 죄의식이나 죄책감을 갖지 않는다. 일선 교사들은 학교폭력 및 집단 괴롭힘과 관련하여 가장 우려되는 점을 가해자의 죄의식 및 죄책감이 부족하다는 점을 꼽고 있다. 가해학생들이 왕따 폭력에 동조하고 개입하는 것을 별 죄의식 없이 그저 한 번쯤 할 수 있는 장난으로 여긴다는 것이다. 즉, 뚜렷한 목적이나 동기가 없이 장남삼아 저지르는 우발적이고 충동적인 폭력이 많아지고 있다.

4) 장기간에 걸친 집단 따돌림과 괴롭힘

최근 들어 학교폭력은 2명 이상의 학생들이 한 학생에게 심한 욕설이나 장기간에 걸쳐 따돌리고 괴롭히는 현상이 두드러지게 나타나고 있다. 집단 따돌림과 괴롭힘을 당한 피해학생은 학교 가기를 싫어하고, 우울증을 겪게 되기도 하며, 심지어 자살을 시도하기도 한다. 따돌림의 가해학생들이 끈질기게 피해학생을 괴롭히고 소외시킴으로써 결국에는 자살에 이르도록 만들 정도로 매우 강한 집요함을 보이고 있다.

5) 사이버 폭력의 증가

학생들이 수시로 인터넷을 이용하고 휴대전화를 들고 다니는 경우가 많아지면서 요즘에는 문자메시지나 사이버 채팅을 이용한 이른바 사이버불링(cyber bullying, 인터넷상에서 특정인을 괴롭히는 일)으로 불리는 신종 학교폭력이 급증하고 있다. 친구들과 스마트폰으로 어울리다 왕따 폭력을 당하는 경우도 적지 않다. 요즘 학생들 사이에서 유행하는 떼카(여러 명의 아이들이 '카카오톡'을 이용해 채팅하는 것) 도중에 특정 학생을 지목해 "야 이 새끼 정말 X같다. 이 씨 X년이랑 놀지 말자" 등 욕을 하며 집단 조롱하는 식이다. 학교폭력 가해학생이 피해학생에 대한 허위사실이나 비방의 글을 블로그나 카페 등의 웹사이트에서 꾸며 내거나, 피하학생에게 3G 통신 데이터를 무제한으로 쓸 수 있는 휴대전화 요금제에 가입하게 한 뒤 스마트폰의 테더링이나 핫스팟 기능을 통해 자신들은 공짜로 인터넷을 사용하거나, 문자메시지를 통해 협박하는 글과 사진을 보내는 등의 사이버 폭력이 증가하고 있어 학교에서 뿐만 아니라 사실상 24시간 피해학생들을 괴롭히고 있는 것이다.

6) 피해학생이 가해학생으로 바뀜

학교폭력의 피해자들이 종종 가해자로 바뀌는 현상을 보이고 있다. 서울의 한 초등학교 학생이 평소 자신을 괴롭히던 같은 반 학생을 복도에서 흉기로 찔러 큰 상처를 입힌 충격적인 사건이 보도된 바 있다. 학교폭력을 당했던 피해학생들은 자신보다 더 어리거나 약한 다른 학생들에게 폭력의 가해자로 변하는 경우가 많아 폭력이 대물림되고 있다. 즉, 학교폭력의 피해자와 가해자 모두의 역할을 하는 중복경험자가 많아지고 있다.

7) 학교폭력에 대한 학생들의 무력감

학교폭력을 당했을 때 피해학생들은 '보복이 두렵거나 일이 커질 것 같아' 혹은 '이야기해도 소용없을 것 같아서' 피해 사실을 주변 사람들에게 적극적으로 알리지 않고 도움을 요청하지도 않는 경우가 많다. 또한 학생들이 학교폭력을 목격하더라도 같이 피해를 당할까 봐 모른 척하는 경우가 많다. 학교폭력에 대한 학생들의 체념과 방관 그리고 무력감이 강한 경향을 보이고 있다.

8) 여학생의 폭력 증가

여학생들의 학교폭력이 날로 증가하는 양상을 보이고 있다. 특히 여학생들 사이에서 벌어지는 폭력은 집단으로 행사되고 있으며, 여학생의 가해자율이 매년 증가하고 있는 추세다. 예전처럼 여학생들의 폭력이 언어적 폭력에 국한되는 것이 아니라 신체적 폭력으로 이어지고 있다. 피해학생에게 수치심과 복종심을 주기 위해 옷을 벗긴 채 때리고 이를 UCC로 찍어 인터넷에 올리거나, 질투심에 의해 자신의 남자 친구를 시켜 피해학생을 성폭행하여 교사죄로 처벌받은 사례도 있다(조정실 · 차명호, 2012). 우발적이고 충동적인 남학생 폭력에 비해 여학생은 간접적이고 지능적이며, 정서적인 괴롭힘으로 피해자의 고통을 가중시키고 있다.

9) 성추행 · 성폭력의 점진적 증가

초 · 중 · 고교에서 발생하는 학교폭력 중 상당수가 피해학생에게 성적 수치심을 주는 성추행 · 성폭력이 점점 늘어가고 있다. 성폭력 수법도 집단 성폭행을 하고 자위행위를 강요하거나 수치스러운 사진이나 동영상을 촬영해 인터넷에 유포시키는 등 점점 악랄해지고 있다. 학생들이 인터넷에 떠도는 음란물 등 유해 환경에 노출되면서 성문제에 거리낌이 없어지고 있는 양상이다.

10) 피해학생의 신고가 적음

학교폭력의 심각성에도 불구하고 피해학생들은 자신의 피해사실을 적극적으로 알리지 못하는 경우가 많다. 폭력에 대한 사회적 민감성이 높아져 가는 현 상황에서도 피해학생의 신고가 매우 낮다는 것이 특징적이다. 학교폭력 피해경험이 있는 많은 학생들이 아무에게도 도움을 요청하지 않는 경우가 많고, 폭력을 보고도 못 본 체하는 경우가 적지 않다. 이렇게 피해사실을 적극적으로 알리지 않는 이유가 일이 커질 것 같고, 이야기해도 소용없을 것 같고, 보복당할 것 같다는 두려움으로 자신이 실제로 도움을 받을 수 있다는 확신이 부족하기 때문이다. 또한 방관자의 역할을 하는 학생의 경우 보복 등 자신이 또한 피해자의 위치에 놓일 수 있다는 두려움이 크고, 친구들에 관심이 부족하거나 도와줘도 소용이 없을 것 같은 무력감과 좌절감이 커서 적극적으로 방어하거나 신고하지 못하는 경우가 많다. 이렇게 낮은 신고율을 보이는 상태에서 학교폭력은 교사나 부모 등 중재 가능한 성인이 인식하지 못하는 가운데 은밀하고 지속적으로 이루어진다는 특징을 갖는다(김혜원, 2013).

11) 고소득 · 전문직 부모를 둔 학생들의 학교폭력 연루 사례 증가

과거에는 학교폭력 피해학생과 가해학생 가운데 저소득층이나 결손 가정의 자녀가 많았지만, 최근에는 오히려 고소득 · 전문직 부모를 둔 학생이 집단 괴롭힘을 당하거나 남을 괴롭히는 경우가 늘어나고 있다. 전문직 자녀들이 학교폭력 사건에 연루되는 가장 큰 이유는 부모가 일 때문에 바빠 자녀들과 함께 시간을 보낼 시간이 부족하기 때문이다. 자녀의 공부 성적이 크게 떨어지지만 않는다면 학교에서 자녀에게 어떤 일이 벌어지고 있는지 부모가 살피는 경우가 드문 것이다. 그러면서 평소 자녀에게 학업 스트레스를 많이 주는 것이 전문직 부모의 특징으로 지적되고 있다. 전문직 부모는 퇴근 후에도 컴퓨터 앞에 앉아 있거나 책을 펴들기 일쑤고, 아이는 부모와 대화하지 못한 채 혼자 시간을 보내는 경우가 많다. 이런 가정에서 자란 아이는 남과 공감하고 소통하는 법을 배우지 못해 학교생활에 적응하지 못하는 경우가 많다.

교사: 왜 친구를 괴롭혔니?
학생: 저의 아버지와 어머니는 너무 바빠서 얼굴 보는 시간은 얼마 안되는데 조금이라도 잘못하면 크게 혼을 냅니다. 그런 데서 오는 스트레스를 풀기 위해서 친구들을 괴롭혔어요.

참고 문헌

교육과학기술부(2012a). **학교폭력 사안대응 기본지침**. 서울: 교육과학기술부.

교육과학기술부(2012b). **학교폭력 사안처리 가이드북**. 서울: 교육과학기술부.

교육과학기술부(2012c). **학교폭력 현장 컨설팅 자료집**. 서울: 교육과학기술부.

교육과학기술부(2012d). **2012년 2차 학교폭력 실태 전수 조사**. 서울: 교육과학기술부.

김다현, 임성숙, 정석환(2013). **학교폭력의 예방과 대책**. 서울: 동문사.

김용수(2012). **학교폭력 · 성폭력 관련 법령의 이해**. 서울: 진원사.

김종미(1997). 초등학교에서 발생하는 학교폭력의 성격과 유발요인. **한국심리학회지: 발달**, 10(2), 17-32.

김종운(2013). **학교폭력의 예방과 대책**. 서울: 학지사.

김준호(2006). 학교폭력의 정의 및 현상. 문용린 외, **학교폭력 예방과 상담**.(pp. 27-46). 서울: 학지사.

김혜원(2013). **청소년 학교폭력: 이해 · 예방 · 개입을 위한 지침서**. 서울: 학지사.

노순규(2012). **학교폭력의 원인과 해결방법**. 서울: 한국기업경영연구원.

정종진(2012). **제대로 알고 대처하는 학교폭력상담**. 서울: 학지사.

정종진(2013). 학교폭력의 개념. 한국초등상담교육학회 편, **학교폭력의 예방 및 대책**(pp. 51-86). 서울: 학지사.

조대훈 · 김승혜 · 강민수 · 전연진 · 이유미 · 최희영(2013). **학교폭력 예방 및 대책**. 서울 : 박영사.

조정실 · 차명호(2012). **교사 · 학부모를 위한 학교폭력상담**. 서울: 학지사.

지승희 · 이명우 · 신효정 · 김태선 · 송운미 · 김소라(2005). **학교폭력: 어떻게 도와줄 것인가**. 서울: 한국청소년상담원.

청소년폭력예방재단(2013). **2012년 전국학교 폭력실태조사**. 서울: 청소년폭력예방재단

Archer, J., & Browne, K.(1989). *Human aggression: Naturalistic approaches.* Rondon: Routledge.

Astor, R. A., Behre, W. J., Fravil, K., & Wallace, J. M.(1997). Perceptions of school violence as a problem and reports of violent events: A national survey of school social workers. *Social Work, 42*(1), 55-68.

Astor, R. A., & Meyer, H. A.(2001). The conceptualization of violence-prone school subcontexts: Is the sum of the parts greater than whole? *Urban Education, 36*, 374-399.

Berkowitz, L.(1974). Some determinants of impulsive aggression: Role of mediated associations with reinforcements. *Psychological Review, 81*, 165-176.

Coloroso, B.(2003). *The bully, the bullied, and the bystander.* New York: Harper Collins.

Furlong, M. J.(2000). The school in school-related violence: Definitions and facts. *Journal of Emotional and Behavioral Disorders*, Summer. Retrieved May 15, 2001 from Findarticles.com database on the World Wide Web site: http://www.findarticles.com.

Horene, A. M., Bartilomucci, C. L., & Newman-Carson, D.(2003). *Bully busters a teacher's manual*(pp. 6-8). Champaign, IL: Research Press.

Michael, F., Leslie, B., Scott, P., Jessica, M., & Sharon, B.(1996). Factors associated with school psychologists perceptions of campus violence. *Psychology in Schools, 33*(1), 28-37.

Olweus, D.(1993). *Bullying at school: What we know and what we can do.* Oxford: Blackwell Publishers.

Rigby, K.(1996). *Bullying in schools: And what to do about it.* London: Jessica Kingsley.

Thomas, M. R.(2006). *Violence in America's schools: Understanding, prevention, and responses.* Westport, CT: Praeger Publishers.

제 2 장

학교폭력의 원인

제2장에서는 학교폭력이 일어나는 원인에 대한 몇 가지 이론적 관점과 생태학적 측면에서 학교폭력에 영향을 미치는 요인에 대해 알아보기로 한다.

1. 학교폭력의 원인론

1) 학교폭력을 설명하는 이론적 관점

학교폭력을 설명하는 이론적 관점으로 개인적 특성의 차이, 발달과정에서 나타나는 현상, 사회 및 문화적 현상, 사회적 맥락으로 구분하여 논의되기도 한다(Rigby, 2004; 정종진, 2012a).

(1) 개인적 특성의 차이

이 관점에서는 괴롭힘을 비롯한 학교폭력을 개인적 힘이나 특성의 차이로 설명한다. 즉, 상대적으로 힘이 강한 학생은 자기보다 힘이 약한 대상을 억압하려는 동기를 갖는다는 것이다. 학생들 간의 심리적, 신체적 힘의 불균형 현상은 학교현장에서 항상 존재하기 때문에 상대적으로 우세한 힘과 타인을 지배하려는 동기의 연합은 학교폭력의 원인을 설명할 수 있는 중요한 요인이 될 수 있다. 대체로 가해학생은 일반학생보다 신체적으로 강하고 공격적이고 덜 동정적인 반면, 피해학생은 신체적으로 약하며 내향적이고 자존감이 낮은 경향이 있다. 또한 가해학생은 다니고 있는 학교에 대한 자부심이 적고, 스트레스에 적절하게 대응하지 못해 자신의 부적절한 반응을 자신이 가해한 피해학생 때문이라고 생각하는 반면, 피해학생은 지나치게 부끄러움을 많이 타는 경향이 있다.

(2) 발달과정에서 나타나는 현상

이 관점에서는 타인을 괴롭히는 행동을 발달과정에서 초기 아동기부터 나타나는 현상으로 본다. 즉, 초기 아동들은 자신의 사회적 우월성을 확보하기 위하여 타인을 희생시키고 스스로를 내세우려는 행위를 한다는 것이다. 아동 초기에 나타나는 이러한 행동 경향성은 처음에는 타인을 때리는 행동과 같이 직접적인 형태로 나타나지만, 점차 성장하면서 사회적으로 비난을 덜 받는 행동 유형으로 변하게 된다. 따라서 학교현장에서는 신체적이고 물리적인 폭력보다 언어적 폭력 또는 놀림과 같은 간접적인 괴롭힘이 더 자주 발생한다.

(3) 사회 및 문화적 현상

이 관점에서는 학교폭력을 서로 다른 수준의 힘을 가진 사회적 집단, 즉 성별, 인종, 사회계층, 종교적 성향, 신체적 혹은 정신적 장애 등에 의해 나타나는 현상으로 본다. 이러한 사회 및 문화적 현상 중에 가장 두드러진 부분이 성별 차이에 관한 것이다. 일반적으로 남성들은 여성에 비해 우세한 힘을 가지고 있는 것으로 인식되고 있으며, 이러한 사회적 우월성을 유지하기 위하여 남자 아이들은 여자 아이들에 대한 괴롭힘 행동을 정당화하는 경향이 있다. 많은 연구들에 의하면, 여학생보다 남학생이 타인을 괴롭히는 행동이나 학교폭력을 더 많이 행사하고 있으며, 여학생이 남학생을 괴롭히는 경우보다 남학생이 여학생을 괴롭히는 경우가 더 많다(Olweus, 1997). 이런 점에서 타인을 억압하고 괴롭히는 행동을 남자답다고 인식하는 문화권에서는 학교폭력 문제가 더 빈번하게 발생할 수 있다.

(4) 사회적 맥락

이 관점에서는 학교 구성원들의 태도와 행동에 영향을 미치는 맥락(context)

을 강조한다. 학생들의 태도와 행동은 무엇보다도 학교에서 학생들에게 무엇을 원하는지 등과 같은 학생들이 지각하는 학교의 분위기에 의해 영향을 많이 받는다. 따라서 친구를 괴롭히거나 폭력을 사용하는 것이 큰 문제가 되지 않는다고 생각하는 학교 분위기에서는 그렇지 않은 학교에 비해 학교폭력이 더 자주 발생할 수 있다. 또한 학생들의 행동은 친밀한 관계를 형성하고 있는 또래집단에 의해서도 영향을 받는다. 이러한 또래집단은 대개 공통적인 관심과 흥미를 가지고 있으며, 서로에게 지지와 보상을 함으로써 보다 더 유사한 태도와 행동을 취하게 된다. 따라서 친밀한 관계를 형성하고 있는 친구가 학교폭력에 긍정적인 태도와 행동을 보일수록 이에 연루될 가능성이 더욱 커진다.

2) 학교폭력의 원인에 관한 이론

학교폭력의 원인을 설명하고 있는 몇 가지 관련 이론들을 살펴보면 다음과 같다(Swearer, Espelage, & Napolitano, 2009; 이순례, 2002; 정종진, 2012a, 2012b).

(1) 생물학적 이론

학교폭력과 같은 공격성향이 유전된다는 점을 강조하는 이론으로 신경학과 호르몬 요인, 각성수준, 신경심리적 결함 등에 초점을 둔다. 즉각적으로 어떤 위협을 지각하거나 욕구 만족을 위한 기회를 만나면, 2개의 뇌 구조인 편도핵과 시상하부가 개인에게 주장이 강한 반응을 하도록 미리 대비하여 즉각적인 위협을 지각하게 되면 먼저 행동하고 나서 나중에 사고하는 경향이 많다. 뿐만 아니라 남성 호르몬인 테스토스테론 수준이 상승하고 신경전달물질인 세로토닌 수준이 하강하게 되면 주장적 행동을 공격적 행동으로 전환할 수 있다(Sylwester, 1999). 그래서 남성 호르몬인 테스토스테론에 의해서 야기된 높은 에너지와 활동 수준을 드러내려는 경향성은 타인에 대한 공격성의 형태로 표출될 수 있다는 것이다. 이러한 사실은 남학생이 여학생보다 좀 더 공격적이라는 연구결과(Gropper & Froschl, 2000; Paquette & Underwood, 1999)에 의해서 뒷받침되기도 한다.

각성 이론은 각성수준이 낮으면 상과 벌에 대한 반응력이 떨어져 친사회적 행동을 학습하거나 반사회적 행동에 따른 벌을 피하는 것을 학습하는 데 어려움이 있다고 주장한다. 신경심리적 결함이론은 언어적 추리와 수행 기능상의 신경심리적 결함이 자기조절을 어렵게 하여 공격행동과 비행 등의 품행문제를 일으키며, 또한 신경심리적 결함으로 인해 학업성취도가 떨어지고 욕구좌절을 경험하게 하여 결국 공격행동과 같은 폭력행위를 유발한다고 주장한다.

(2) 정신분석학적 이론

인간에게는 모두 폭력적 충동이나 본능이 있다고 가정하고, 자아(ego)와 초자아(superego)와 같은 내부 심리기제의 작용과 관련하여 학교폭력과 같은 폭력행위의 유발과정을 설명하는 이론이다. 이 이론에 따르면, 생활과정에서 폭력충동은 계속적으로 생성되는데 자아나 초자아와 같은 내부 심리기제가 이를 적절히 통제하고 관리하지 못할 경우에 학교폭력과 같은 폭력행위가 유발된다는 것이다. 프로이드(S. Freud)는 자아와 초자아의 통제력이 너무 약해서 원초아(id)의 본능적이고 반사회적인 충동을 저지하지 못할 때, 인간 행동에 영향을 끼치는 무의식 속에 미해결된 갈등과 문제가 많을 때, 그리고 원초아의 본능적 욕망과 초자아의 이상을 중재하고 조종하며 현실적이고 객관적인 정신기능을 하는 자아기능이 약할 때, 인간의 공격행동과 비행행동이 나타난다고 보았다. 즉, 현실적이고 객관적인 기능을 하는 자아가 건강하게 발달하지 못할 때 공격행동과 같은 폭력행위가 발생한다고 보았다.

에릭슨(E. Erikson)은 아동이 후기 아동기나 청소년기로 접어들어 가면서 현실세계에서 자신이 누구이고 무엇을 하면서 살아가야 할 것인가와 관련된 자기 정체성(self-identity)을 제대로 확립하지 못하면 부적응 현상이 나타나 역할혼란과 좌절감에 빠지거나 기존의 사회적 기대 또는 가치관에 정반대되는 부정적인 정체감이나 무규범적인 자아개념을 갖게 된다고 보았다. 이러한 정체성 혼란이 내적 위기를 동반하여 가출, 공격성, 반사회적 행동 등과 같은 폭력행위로 나타난다고 보았다(김진화 외, 2003; 김준호 외, 2003). 한편, 프로이드의 정신분석의 한계를 인식하고 그에 대한 반동으로 형성된 페어베언(W. R. Fairbairn) 등의 대상관계 이론에서는 폭력행위를 분열된 애착에 초점을 두고 있다. 애착 이론(attachment theory)은 생의 초기에 일차적인 보호자와 격리된 아동은 안전한 애착관계를 발달시키지 못하여 도덕적인 사회적 상호관계를 하는 내면적 작동모델이 형성되지 않아 학교폭력과 같은 폭력행위를 유발할 수 있다고 본다.

(3) 사회적 인지 이론

반두라(A. Bandura)의 사회적 인지 이론(social cognitive theory)에서는 폭력행위가 단순히 짝지움과 강화에 의해서만이 아니라 관찰학습과 모델링을 통한 대리적 학습기제를 통해서도 학습될 수 있다고 주장한다. 관찰학습이란 주위 사람의 행동이나 언어를 모방함으로써 언어, 관심, 태도, 행위습관 등을 학습하는 것이고, 모델링이란 관찰자에게 길잡이가 되는 모델의 행동을 통해 학습하는 과정이다. 사회인지이론에 따르면, 아동의 폭력행동은 TV나 영상매체, 만화나 서적 등에 나타나는 폭력물에 의하여 학습될 수도 있고, 부모나 기성세대의 폭력행위를 모방함으로써 발생할 수도 있다. 아동들은 다른 사람의 폭력행동을 관찰하고 모방함으로써 새로운 폭력행동 기술을 습득하기도 하고, 폭력행동에 대한 억제력이 둔화되거나 감퇴되어 양심의 가책이나 별 문제의식 없이 폭력행동을 모방할 수 있다. 대담하고 끔찍한 폭력이나 공격행동을 일으킨 아동과 청소년들이 영화나 TV에서 본 것을 그대로 시험해 보았다고 태연하게 말하는 경우가 있는데, 이것이 폭력행동의 사회적 인지 이론의 예가 된다. 학생이 폭력적인 행동을 할 때 부모나 교사로부터 처벌을 받게 되면 폭력행동이 용납될 수 없다는 것을 처벌을 통해 학습한다. 또한 학생들은 자신이 모델로 삼고 있는 부모나 교사의 폭력행동을 관찰하게 되면, 다른 사람의 행동을 고치기 위해서 폭력행동을 사용할 수 있다는 것을 학습하게 된다. 여러 경험적 연구에서 폭력이나 학대를 경험한 아이들이 다른 아이들에 비해 공감능력이 부족하고, 충동적으로 행동하거나 비합리적 신념과 반사회적 행동을 표출하는 경향이 강한 것으로 조사되었다.

(4) 차별적 접촉 이론

폭력행동을 저지르게 되는 과정에 초점을 두고 있는 서더랜드(E. H. Sutherland)와 크레시(D. R. Cressy)의 차별적 접촉 이론(differential association theory)에서는 다른 사람, 특히 친밀한 친구들과의 차별적 접촉을 통해서 학교폭력과 같은 폭력행동이 학습되며, 이런 접촉이 얼마나 강하게 자주 그리고 오래 이루어졌느냐에 따라서 폭력행동의 정도가 달라진다고 본다. 이 이론은 폭력이나 범죄와 같은 비행은 사람들 사이의 상호작용에 의해 학습되는 행위로써 폭력 혹은 비행 학생의 집단과 접촉한 경험이 오래되고 그 집단의 학생들하고만 계속 관계를 갖는다면 폭력 혹은 범죄 행동의 학습이 빨리 일어나고, 그 집단에서 벗어나지 않는 한 폭력이나 범죄 행동은 계속 강화되고 지속될 수 있다고 주장한다.

(5) 사회적 통제 이론

이 이론은 사람들이 사회 안에 있는 학교, 교회, 지역사회 조직과 같은 전통적인 기관과 관계를 이루면서 나쁜 행동은 덜하고 적절한 품행 규범을 더욱 내면화한다고 가정한다. 학생이 학교와 이루는 긍정적 유대관계는 물질남용, 무단결석, 기타 불량행위를 하게 될 위험이 낮고, 부정적 유대관계는 그러한 행위를 할 위험이 높다. 이 이론을 지지하는 연구자들은 학생과 학생 간, 교사와 학생 간 갈등수준이 높은 학교에 다니는 학생은 적대적 문제, 주의집중 문제, 비행과 공격성의 품행문제를 더 많이 하게 되고, 학습을 강조하며 잘 조직되어 있고 조화로운 학교에 다니는 학생은 이런 부정적 결과들을 적게 보인다는 것이다. 또한 학교에서 교사와 성인의 감독이 소홀하면 운동장이나 복도, 학교식당과 같은 장소에서 폭력 비율이 증가한다는 것이다.

폭력행동의 원인을 주로 개인 바깥의 사회환경에 귀인시키고 폭력행동을 상황적 조건과 함께 고려하여 분석하는 사회적 통제 관점의 대표적인 이론으로 허쉬(T. Hirschi)의 사회적 유대 이론(social bond theory)을 들 수 있다. 이 이론에서는 사람들이 폭력과 같은 나쁜 행동을 하지 않는 이유는 사회로부터 법을 어기지 않도록 통제받기 때문이라고 본다. 허쉬는 가정에서 사회기관에 이르기까지 개인이 갖고 있는 유대가 통제력이 되어 아동들로 하여금 법과 규범이나 규칙을 지키게 한다고 보았다. 즉, 사회와의 유대가 강하면 비행성향을 통제하여 비행을 저지르지 않지만, 사회유대가 약하면 비행성향을 통제할 수가 없어 비행으로 이어진다는 것이다. 허쉬는 사회통제로 작용하는 개인과 사회와의 유대를 애착(attachment), 관여(commitment), 참여(involvement), 신념(belief)의 네 가지 요인으로 분류하였다. 애착이란 애정과 정서적 관심을 통하여 개인이 사회와 맺고 있는 유대관계를, 관여란 일반적인 사회적 목표나 수단을 존중하고 그에 순응하는 것을, 참여란 일상적인 활동에 적극적으로 참여하는 것을, 그리고 신념이란 개인이 관습적인 규범이나 가치를 어느 정도 내면화하고 있는가를 의미한다. 이러한 사회통제를 담당하는 네 가지 유대관계가 적절히 형성되지 못하면 개인이 폭력행동이나 비행에 빠져들 개연성이 그만큼 높아진다는 것이다.

(6) 긴장 이론

이 이론은 학교생활에서 학생들이 부모가 갖는 기대와 자기 능력과의 격차,

그리고 성적과 시험으로 인해 많은 압력과 긴장에 시달리고 있으며 이러한 학생들이 겪는 긴장이 폭력과 같은 반사회적 행동의 원인이라는 입장이다. 긴장 이론(strain theory)의 대표적인 학자로 아노미(anomie) 이론을 발전시켜 문제행동을 사회학적으로 설명하고 있는 머어턴(R. Merton)을 들 수 있다. 머어턴은 사회의 문화구조는 문화적 목표와 이를 성취하는 수단에 관한 제도화된 규범이라는 두 가지 기본 요소로 구성되어 있다고 가정하였다. 그리고 사회에서 문화적 목표에 대해서 이를 성취할 수 있는 제도적 수단이 차별적으로 배분되었거나 혹은 문화적 목표와 제도화된 수단에서 목표만이 차별적으로 강조되는 경우에 사회적 긴장이 유발된다고 보았다. 특히 문화적 목표에 대한 제도화된 수단의 결핍으로 사회적 긴장을 겪는 사람들 중에는 비제도화된 수단을 통해서라도 문화적 목표를 달성하려고 하는데, 이러한 과정에서 비행과 범죄가 유발된다는 것이다.

거시사회적 환경과 범죄와의 관계에 초점을 둔 머어턴의 이론과는 달리 코헨(A. Cohen)은 보다 직접적으로 학교에서의 긴장이 학생들의 비행에 미치는 영향을 분석하였다. 코헨의 긴장 이론에 의하면, 학교는 학생들의 부적응 문제로 비행을 유발할 뿐만 아니라 비행하위문화가 형성될 수 있는 사회적 공간이다. 학교에서는 다양한 수준의 학생들이 모여서 중산층의 기준에 따른 지위를 성취하기 위하여 경쟁한다. 이 과정에서 하류계층 출신의 학생들은 기본적으로 불리한 위치에 있으며, 이들이 겪는 긴장과 좌절은 중산층 출신의 학생들보다 클 수밖에 없다. 이들은 학교 안팎에서 중산층의 척도에 의해서 평가된다. 그러나 상대적으로 유리한 위치를 점하고 있는 중산층 이상의 학생들과 좋은 성적을 얻기 위해서 또는 좋은 직업을 얻기 위해서 경쟁하지만, 그들의 열망은 여러 가지 장애요인과 사회적인 배경 때문에 성취하기 힘들다. 이러한 사실을 인식했을 때 하류계층 출신의 학생들은 깊은 좌절을 체험하게 되며 이를 극복하기 위하여 일탈을 일삼거나 비행하위문화에 참여한다는 것이 코헨의 주장이다. 즉, 하류계층 출신의 학생들도 중산층 학생들과 마찬가지로 중산층의 기준에서 말하는 지위상승의 열망을 갖고 있지만 여러 가지 여건상 불리한 위치로 말미암아 긴장과 분노, 좌절을 경험하게 되고 나름대로의 지위확보와 인정을 받기 위해서 중산층의 가치와는 상반되는 폭력과 같은 반사회적 행동을 시도하거나 비행을 옹호하는 이들만의 비행하위문화를 형성한다는 것이다(이순래, 2002).

(7) 지배성 이론

한 집단 내의 지배관계의 위계성을 중요시하는 이론으로, 집단에서 높은 지위를 확보한 아동 · 청소년이 자원을 더 많이 얻을 수 있고 또래들에 비해 더 많은 통제와 영향력을 행사할 수 있기 때문에 아동 · 청소년은 집단에서 지배성을 확립하기 위한 수단으로 공격성을 사용한다는 것이다. 펠레그리니(A. D. Pellegrini)와 그의 동료들은 지배관계의 관점에서 왕따 폭력 행동을 설명하고 있다. 특히 청소년기 초기에 학교에서 나타나는 개인과 맥락의 독특한 상호작용에 의해 특정한 형태의 폭력행동이 증가한다고 보고 있다. 예를 들면, 남학생들이 중학교에 올라가면서 새로 반이 편성될 때, 새로운 환경에서 먼저 주도권을 잡고 싶어한다는 것이다. 학급 내의 권력관계에서 더 높은 위치를 차지하기 위해서 때로 폭력행동을 하고 남을 괴롭힌다는 것이다. 아동 · 청소년이 이루는 집단에서 높은 지위는 리더십과 같은 친애적인 방법이나 괴롭힘과 같은 적대적인 방법을 통해 달성될 수 있다. 일반적으로 지배성이 초등학교 후반기에는 적대적인 방법으로, 이후 중학교 시기나 또래집단이 수립되고 얼마간의 시간이 지난 후에는 친애적인 방법으로 수립된다. 지배욕구와 발달적 시기는 괴롭힘의 발생률이 학령기 동안 왜 변화하는지에 관한 관점을 제시한다. 즉, 괴롭힘 가해는 보통 중학교에 진학하는 전환 시기 동안에 증가한다. 이러한 전환이 일어나려면 일차적 친애집단의 변화와 새로운 학교환경으로의 전환이 있어야 한다. 아동 · 청소년은 다른 학생에 대한 통제력을 확보하기 위해 그리고 또래집단에서 맡는 역할에 직접 영향력을 행사하기 위해 이 시점에서 종종 괴롭힘과 같은 폭력을 사용한다.

(8) 동종애 이론

동종애란 '끼리끼리' 또는 '초록은 동색'이란 말이 있듯이 '깃털이 같은 새들이 같이 모인다'는 유유상종(類類相從)을 가리키는 말이다. 초등학교 고학년부터 고등학교 시기에 이르기까지 학생들은 흥미, 취미, 태도, 행동의 측면에서 자신과 비슷한 또래들을 선호하고 이들과 어울리거나 사귀는 경향이 있다. 어떤 학생들은 이런 특성의 유사성에 근거하여 서로를 선택하고 또래들이 집단의 내재적 규범에 따라 일정한 방식으로 행동하도록 서로를 사회화하기도 한다. 이러한 동종애 이론에 따르면, 같은 친구집단에 속하는 사람들은 폭력행동을 하는 수준에서도 비슷하다는 것이다. 즉, 가해자는 가해자들과 어울린다는 것이다. 그러나 모든 또래집단이 처음부터 폭력 가해행동을 하는 학생들로 구성되는 것은 아니고, 또래집단에서 사회적 지위가 높은 가해자가 친구들이 가해행동을 하도록 사회화한다.

(9) 매력 이론

이 이론에서는 청소년 자녀가 부모로부터 독립을 이루려고 시도하면서 비행, 공격성, 불순종과 같은 독립성을 반영하는 특징을 가진 청소년들에게 끌리고 순응, 순종과 같은 아동기를 묘사하는 특징을 가진 청소년들에게 덜 끌린다고 가정한다. 이 이론을 지지하는 연구자들은 청소년은 공격적인 또래에게 매력을 느끼면서 초등학교에서 중학교로 전환해 간다고 주장한다. 특히 괴롭힘 가해학생과 공격적인 또래가 사회적으로 거부당하지 않는 사회풍토에서는 공격적인 아동과 가해아동을 초등학생들은 인기 있는 아이로 보고, 또한 중학교에 진학하면서 공격적이고 거친 남학생은 다른 공격적인 남학생들과 일부

여학생들에 의해 멋진 학생으로 간주한다는 것이다.

(10) 영토성 이론

이 이론에서는 괴롭힘이나 기타 폭력적 행위가 교실과 같이 누군가의 영역으로 규정된 장소보다는 복도나 계단같이 주인이 불확실한 공공장소에서 더 잘 발생한다고 주장한다. 학생들은 성인의 감독과 모니터링이 부족한 장소를 안전하지 못하다고 인식하며, 이러한 불확실한 공공장소와 운동장 같은 곳에서 폭력적 행위가 실제 많이 발생한다. 공격성을 지지하는 규범이 있는 교실에서도 학생들이 더욱 공격적으로 되기 쉽다. 교직원들이 폭력적 행위를 묵인하고 무시하며 대충 처리해 버리면 피해학생이 내면화하게 되는 가치에 대해 암묵적 메시지를 전달하게 되며, 또한 폭력 가해학생은 주변에 성인이 없을 때 폭력적 행위를 하는 경향이 커진다. 이 이론은 학교폭력이 발생하는 장소를 이해하면 학교 안에서 폭력행동을 감소시킬 수 있음을 시사하고 있다.

(11) 사회적 기술 결함 이론

다른 사람을 괴롭히는 등 폭력을 행사하는 사람은 낮은 지능과 사회적 상호작용을 조정하는 능력이 부족한 사람으로 사회적 문제를 해결하는 다른 방법을 알지 못하기 때문에 공격성에 의존한다는 것이다. 공격성에 대한 사회적 기술 결함 이론은 공격적인 사람들이 사회적 정보처리의 어떤 단계에서든 문제를 더 많이 보인다는 연구결과에 기초하고 있다. 부호화와 관련해서는 공격적인 사람들이 모호한 사회적 단서를 적의적인 것으로 해석하는 경향, 즉 적대적 귀인편향(hostile attribution bias)이 있고, 표상과 처리와 관련해서는 공격적인 사람들이 다른 사람들의 정신 상태에 대해 잘 이해하지 못하며 자기조절력이 저조하고 판단에 결함이 있어서 충동적이고 폭력적인 행동을 낳을 수 있다.

(12) 생태학적 이론

브로펜브레너(U. Brofenbrenner)는 아동과 청소년의 사회적 발달은 성격특성과 이러한 특성이 보다 큰 하위체계나 사회적 맥락 속에서 어떻게 상호작용하는지의 결과에 따라 나타나며 유지되고 수정된다고 보는 생태학적 이론을 제시하였다. 이 이론에 따르면, 네 가지의 상호 관련 체계, 즉 미시체계, 중간체계, 외체계, 거시체계를 포함한다. 미시체계(micro system)는 아동 및 청소년이 직접 접촉하고 있는 체계로 아주 가까운 주변에서 일어나는 활동과 상호작용을 나타내며 부모, 형제, 또래 및 학교를 포함한다. 중간체계(middle system)는 아동과 청소년의 가정, 학교, 또래집단과 같은 미시체계들 간의 연결이나 상호관계를 나타낸다. 예를 들면, 부모에 대한 강한 애착관계는 학교에서 친구관계의 형성을 위해 위험을 감수할 의지에 영향을 미칠 수 있다. 외체계(outer system)는 아동과 청소년이 그 맥락의 부분을 이루고 있지는 않지만 그들의 발달에 영향을 줄 수 있는 맥락들로 구성되며, 부모의 학교 참여 등과 같이 다른 체계들로부터의 영향을 나타낸다. 마지막으로 거시체계(macro system)는 아동과 청소년에게 영향을 미치는 사회 및 문화적 영향력을 포함한다.

이러한 생태학적 체계이론은 괴롭힘을 비롯한 학교폭력을 예측하는 관점으로 확장되어 왔다. 학교폭력은 고립되어 일어나지 않으며 개인과 그의 가족, 또래집단, 학교, 지역사회 및 사회적 규범 간의 복잡한 상호작용의 결과라는 것이다. 다시 말해서, 우울 · 불안 · 충동성 · 문제해결 부족과 같은 '개인' 변인, 자녀에 대한 감독부족 · 학대 · 가족 내 공격성 · 부모관여 부족과 같은 '가족' 변인, 또래 간 폭력의 수용 · 개인 및 집단 폭력과 같은 '또래' 변인, 성인의 폭력 · 성인의 무관심 · 학교의 무처벌 · 학교의 부정적 분위기와 같은 '학교' 변인, 지역사회 내 공격성 · 지역사회의 자원 부족 · 지역사회와 학교 간의 연대 부족과 같은 '지역사회' 변인이 상호 복합적으로 작용하여 학교폭력에 기여한다는 것이다.

2. 학교폭력의 발생 요인

학교폭력의 원인에 관한 여러 이론적 관점을 종합해 보면, 학교폭력은 한 가지 원인에 의해서만 이루어지는 것이 아니라 여러 요인들이 복합적으로 작용하여 발생하는 이른바 '폭력의 종합세트'라는 사실을 알 수 있다. 특히 생태학적 관점은 학교폭력에 영향을 미치는 여러 요인들의 상호작용에 주목하고 있다. 여기서는 먼저 학교폭력에 대한 생태학적 접근의 두 가지 모형을 살펴본 다음, 이를 토대로 학교폭력에 영향을 미치는 요인들을 살펴보고자 한다.

1) 학교폭력에 대한 생태학적 모형

학교폭력에 대한 상태학적 접근은 브론펜브레너(Bronfenbrenner, 1979)의 생태학적 발달이론이 중요한 이론적 기초를 제공하고 있다. 생태학적 접근은 무엇보다도 폭력을 행사하는 개인의 특성에 크게 의존하지 않고, 개인적 특성과 사회적-맥락적 요인들 간의 다양한 상호작용에 주목한다. 학교폭력에 대한 생태학적 모형 역시 이러한 이론적 틀을 따르면서 학생 개인을 둘러싸고 있는 다양한 사회적-맥락적 요인들이 어떻게 폭력 행위에 영향을 미치는가를 면밀히 살핀다(조대훈 외, 2013). 학교폭력에 대한 대표적인 생태학적 모형으로는 국제보건기구(WHO)가 제시한 폭력의 근원에 대한 생태학적 모형과 벤베니쉬티(R. Benbenishty)와 아스터(R. A. Astor)가 제시한 학교폭력 관련 요인들에 대한 생태학적 경로모형을 들 수 있다.

(1) 국제보건기구의 생태학적 모형

국제보건기구 2002년 보고서에 담겨진 폭력 이해를 위한 생태학적 모형은 [그림 2-1]에 도식화되어 있다(Krug et al., 2002; 조대훈 외, 2013 재인용). 이는 크게 개인, 관계, 지역사회, 전체사회 등의 네 가지 수준의 위험 요인 범주로 구성된다.

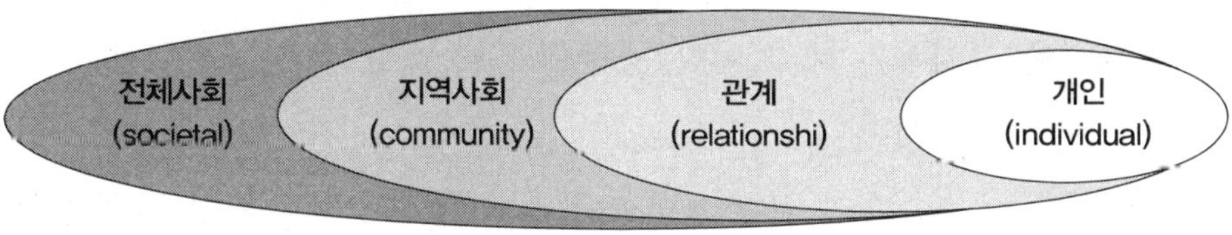

[그림 2-1] WHO의 폭력 이해를 위한 생태학적 모형

첫째, 개인(individual)의 수준에서는 개인의 생물학적 특징과 생애사 관련 요인들이 폭력에 직·간접적으로 영향을 미칠 수 있는 잠재적 요인들에 주목한다. 여기에는 충동적 성향, 낮은 교육수준, 학대, 공격적 성향의 과거 이력 등이 포함되며, 이러한 요인들이 잠재적으로 폭력의 가해자나 피해자가 될 가능성을 높일 수 있다고 판단한다.

둘째, 관계(relationships)의 수준은 개인이 아주 가까운 주변의 인물들(예: 또래친구, 이성친구, 가족구성원 등)과 가지는 사회적 관계의 특성이 어떻게 폭력 행위의 가해자나 피해자가 될 가능성을 높이게 되는지에 주목한다. 배우자에 대한 폭행, 자녀 학대 등은 피해자와 가해자가 일상적으로 같은 공간에서 생활하기 때문에 폭력의 빈도를 더 높일 가능성이 있다. 학교폭력 역시 이와 같은 특성을 보이게 된다.

셋째, 지역사회(community)의 수준은 개인들 간의 사회적 관계가 자리하는 지역사회의 다양한 맥락(예: 학교, 직장, 이웃)과 관련된 변인들을 담고 있다. 주민들이 이사 등을 통해 자주 바뀌는 경우나 지역 인구구성 분포가 아주 다양하여 해당 지역사회의 구심점이 약한 경우, 인구밀도가 아주 높아 거주 환경에 영향을 미치는 경우, 그리고 높은 실업률을 보이는 경유 등은 모두 폭력과 연관되는 요인들로 알려져 있다.

넷째, 전체사회(societal)의 수준에서는 보다 거시적인 수준의 요인들이 포함된다. 예를 들어, 갈등 해결의 방안으로써 폭력 사용을 용인하는 문화 규범, 자녀의 인권과 복지보다 부모의 권리를 더 우선시하는 규범, 여성과 아동에 대한 남성 지배를 강화하는 규범, 그리고 사회 내 집단 간의 높은 수준의 사회적 불평등을 유지하는 데 기여하는 정책 등이 바로 폭력을 유도하는 전체사회 수준의 요인이다.

국제보건기구 보고서는 이러한 네 가지 수준의 위험 요인들 중 몇몇은 특정한 유형의 폭력과 더 밀접하게 연관될 수 있다고 언급한다. 빈곤, 사회적 고립, 약물남용, 무기 소지 허용 등의 위험 요인들은 통상적으로 두 가지 이상의 폭력 유형의 발생에 영향을 미친다고 보았다. 여성이 가정폭력의 희생양이 되는 경우에 종종 성폭력의 위험에도 노출될 수 있다. 또한 가정에서 폭력을 경험했거나 부모에 의해 제대로 보살핌을 받지 못해 방치된 경험을 한 아동이 청소년기나 성인기에 폭력의 가해자나 피해자가 될 가능성을 높일 수 있다.

이와 같은 국제보건기구의 생태학적 모형은 폭력에 대한 일반적인 설명방식에 해당하지만, 학교폭력의 원인을 이해하고 해결방안을 모색하는 데 있어서도 아주 기본적이고 유용한 모형을 제공해 준다고 하겠다.

(2) 벤베니쉬티와 아스터의 생태학적 경로모형

생태학적 관점에서 학교폭력을 유발하는 원인에 대해서 실제적이고 구체적으로 다루고 있는 모형으로 벤베니쉬티와 아스터(Benbenishty & Astor, 2005)의 학교폭력 다중계층구조 경로모형을 들 수 있다. 벤베니쉬티와 아스터는 학교폭력을 학교에 있는 사람들과 그들 및 학교의 자산을 물리적 혹은 정서적으로 해치고자 의도한 행동이라고 정의하면서 [그림 2-2]에서 보는 바와 같이 다중계층구조(nested structure) 맥락에서 학교폭력을 나타내는 경로모형(heuristic model)을 개발하였다. 이 모형은 폭력을 여러 관련 있는 하위체계들 간의 상호작용으로 이해하는 브론펜브레너의 생태학적 발달이론의 영향을 많이 받은 것이다. 벤베니쉬티와 아스터의 경로모형은 학교폭력이 여러 하위체계들, 예컨대 학교, 학생들의 가정, 지역사회 및 보다 더 큰 사회적 맥락과 같은 요인들의 영향과 어떻게 관련이 되는가를 보여주고 있다(정종진, 2012b).

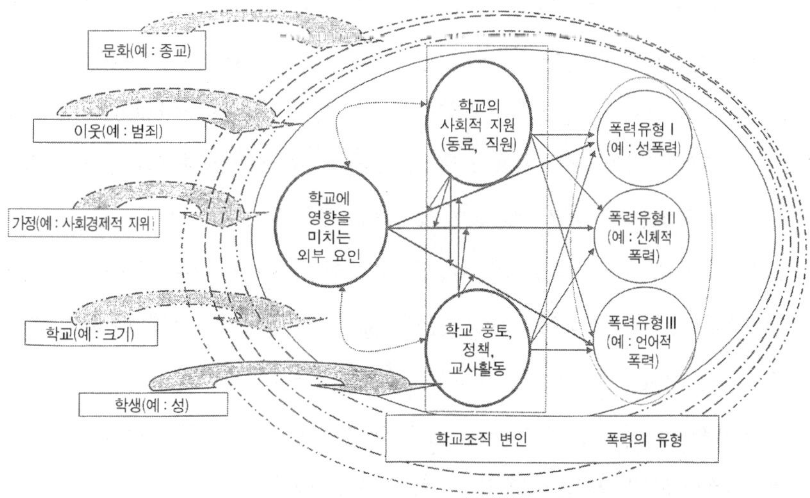

[그림 2-2] 학교폭력 관련 요인들에 대한 생태학적 경로모형

이 모형이 다른 생태학적 모형과 다른 점은 개인보다는 학교를 모형의 중앙에 위치시키고 있다는 점이다. 학교폭력에는 언어적 및 사회적 폭력(욕설, 악담, 집단 따돌림 등), 위협적 행동(지시, 강요, 겁주기 등), 신체적 폭력(밀기, 발로 차기, 주먹으로 때리기, 매질 등), 금품갈취 및 재물손괴, 무기사용(칼과 같은 위험한 무기 소지, 무기로 위협하기, 무기로 다치게 하기 등), 성폭력(성희롱, 성추행 포함) 등 여러 가지가 있지만,

[그림 2-2]에서 보는 바와 같이 이들 학교폭력 유형을 개념상 언어적 폭력, 신체적 폭력, 성폭력의 세 가지 영역으로 군집 분류하고 있다. 학교폭력의 유형은 행동적(behavioral)이다. 학교폭력의 종합적 이론은 학교폭력의 피해가 정서적 반응, 인지적 해석, 사회적 결과와 어떻게 관련이 되는가를 탐색해야만 한다. 이것은 학교에서의 폭력 피해 사건과 직접 연관된 인지적 해석 및 정서적 반응을 살펴볼 때 특히 중요하다. 학교에서 학생들이 폭력 피해 경험을 하게 되면 학교에 가는 것을 두려워한다는 것이 그 한 예다. 학생들이 학교를 안전한 곳으로 지각하는가 아니면 위험한 곳으로 지각하는가 하는 것도 탐색되어야 한다.

이 모형에 따르면, 학교 외부적 요인들 뿐만 아니라 학교정책, 제반 절차, 학교풍토, 교사반응, 또래집단 등과 같은 학교 내부적 요인들이 학생들의 학교폭력 수준에 직접 혹은 간접으로 영향을 주고 있다. 학교는 사회생태학적 다중계층구조 맥락(학교환경을 둘러싸고 있는 원들) 내에서 구체화된다. 학생들이 경험하는 학교폭력의 피해는 개인적 특성(예: 성, 연령, 신체적 특징, 고정관념)과 학교와 지역사회의 특성(예: 범죄, 빈곤), 학생들의 가정 배경(예: 교육수준, 사회경제적 지위), 학생들의 문화적 맥락(예: 인종, 종교)과 같은 보다 넓은 사회적 맥락에 의해서 영향을 받는다. 그리고 학교 외부적 요인들의 영향은 학교 내부적 요인들에 의해서 조정되고 직접적인 영향을 받는다. 예를 들어, 폭력에 관한 일관되고 적절한 학교정책은 폭력적인 지역사회의 영향을 조정할 수 있다.

요컨대, 벤베니쉬티와 아스터의 생태학적 경로모형에서는 학교폭력이 여러 하위체계들, 즉 개인, 가정, 학교, 사회 관련 요인들의 상호작용 산물로 개인적 특성과 지역사회의 특성, 학생들의 가정 배경과 같은 보다 넓은 사회적 맥락의 학교 외부적 요인들 뿐만 아니라 학교정책, 제반 절차, 학교풍토, 교사반응, 또래집단 등과 같은 학교 내부적 요인들이 학생들의 학교폭력 수준에 직접 혹은 간접으로 영향을 주고 있다는 것이다.

2) 학교폭력에 영향을 미치는 요인[1)]

생태학적 모형에 기초하여 학교폭력에 영향을 미치는 요인을 크게 개인 요인, 가정 요인, 학교 요인, 또래집단 요인, 사회·문화적 요인으로 구분해 볼 수 있다.

(1) 개인 요인

학교폭력에 영향을 미칠 수 있는 개인 요인으로는 먼저 성별 원인을 들 수 있다. 학교폭력에 관한 많은 연구들에서 여학생보다는 남학생이 훨씬 더 공격적이고 폭력적인 행동에 관여할 위험이 높은 것으로 나타났다(Gropper & Froschl, 2000). 남학생들은 여학생들보다 다른 학생들의 폭력 피해를 훨씬 더 많이 당하는 것으로 밝혀지고 있으며(Benbenishty, Zeira, & Astor, 2000), 우리나라에서 실시된 학교폭력 실태조사(교육과학기술부, 2012; 청소년폭력예방재단, 2012)에서도 학교폭력 피해와 가해를 경험한 모두 경험한 학생의 비율이 여학생보다 남학생이 더 높은 것으로 나타났다.

폭력행동을 하는 사람에게서 나타나는 개인 요인 중 가장 많이 나타나는 특성이 공격성이다. 공격성이 높은 사람은 사회질서나 규범을 고려하지 않고 자기중심적으로 행동하는 경향이 있다. 따라서 학교폭력 가해 청소년의 대부분은 상대방의 권리와 감정을 무시하고 친구를 지배하려는 강한 욕구인 공격성을 가지고 있다(Hoover & Oliver, 1996). 학교폭력에 영향을 미칠 수 있는 또 다른 가해학생의 요인으로는 품행장애, 반항성 장애, 주의력결핍 과잉행동장애, 피해자에 대한 낮은 공감 등을 들 수 있다(Coolidge, DenBoer, & Segal, 2004).

1) 이 글은 필자인 정종진(2012)의 '학교폭력을 초래하는 요인'(제대로 알고 대처하는 학교폭력상담, pp. 78-83) 내용을 일부 수정 보완한 것임.

일반적으로 학교폭력 가해자는 보통 육체적으로 힘이 세고 타인에 대한 강한 지배욕을 가지고 있어 다른 학생들을 지배하고 굴복시키고, 힘과 위협으로 자기주장을 내세우거나, 다른 학생들에게 자신의 뜻을 억지로 관철시키려는 욕구가 강하다. 또 성미가 급하고 화를 잘 내며, 충동적이어서 욕구지연 및 욕구좌절 인내력이 약하고, 속임수를 써서라도 원하는 것을 얻으려 한다. 그리고 가해자는 피해자에 대한 배려와 공감이 결여되어 있고, 공격적 충동에 대한 통제력이 부족하며, 타인을 비난하는 식으로 자신을 정당화하면서 죄책감을 잘 느끼지 않는다.

반면, 학교폭력 피해자는 일반학생들에 비해 높은 불안과 우울 수준을 보이며(Craig, 1998). 또한 학교폭력 피해자는 부모가 어린아이처럼 취급하고 과잉보호를 하는 경우가 많아서 부모에 대해 불안정적이고 저항적인 애착을 갖는 경향이 있다. 피해자는 위협을 받을 때 쉽게 불안해하고 자기주장과 자기표현을 하지 못하며 위축된 모습을 보이는 경향이 많으며 타인에 대한 공감능력이 부족한 것이 특징이다(Rigby, 1996). 다른 사람에게 접근하는 것을 주저하며 사소한 비판에도 예민하다. 그리고 피해자는 자신감이 부족하고 수줍어하고 소극적이며, 또래들로부터 거부되고 인기가 없는 편이며 사회적으로도 고립되는 편이다. 그래서 피해자는 공격을 받아도 보복을 하지 않을 것이라는 확신을 갖게 만드는 경향이 있다. 대체로 장애를 갖고 있거나(Nabuzoka & Smith, 1993), 능력이 없거나, 친구를 잘 사귀지 못하거나, 사회적 지지를 잘 받지 못하는 아이들이 학교폭력의 표적이 되고 있다. 또한 최근의 연구에 따르면, 비만한 아이들이 학교폭력의 피해자가 될 위험성이 크다. 이름이 이상하다거나 남과 구별되는 독특한 특성을 가졌다는 이유로 학교폭력의 표적이 되는 수도 간혹 있다.

우리나라 학생들은 학업성적과 진로문제, 대인관계의 어려움 등으로 인하여 다양한 스트레스를 경험하게 되며, 이러한 스트레스가 학생들의 문제행동과 학교폭력 문제를 유발하고 있다(도기봉, 2008). 학교폭력은 대체로 학생들이 학습에 흥미를 잃고 자신의 미래가 불투명하면 욕구를 풀어 낼 대상을 주변에서 찾으면서 발생한다. 특히 초·중학생은 발달특성상 자기중심적이어서 또래집단에서 우월감이 강한 반면, 도덕적 판단능력은 약해 타인에 가하는 공격성과 폭력이 얼마나 나쁜지 잘 알지 못하는 경우가 많다. 그래서 게임, 인터넷, 휴대폰 등에 빠지면 자신을 통제하지 못하며 분노 조절이 안 돼 쉬운 방법으로 갈취나 폭력을 하게 된다.

(2) 가정 요인

가정은 개인의 성격과 행동유형을 형성하는 데 매우 중요한 영향을 미치는 사회기관으로, 부적절한 가정환경이 아동 및 청소년의 학교폭력을 유발할 수 있는 중요한 위험 요인이다. 가정의 구조적 특성과 관련하여 볼 때, 가정의 빈곤(Dwyer, Osher, & Hoffman, 2000), 경제적 수준이 낮은 지역이나 범죄위험이 있는 이웃과 인접해 있는 가정의 주변환경(Herrenkohl et al., 2000), 부모의 실업(김준호, 1997)이 학교폭력 발생과 관련이 있다. 그 이유는 이러한 가정의 학생들은 적절한 지지적 환경을 제공받지 못하며 범죄와 연관된 일에 관여할 가능성이 높기 때문이다.

가정의 기능적 특성과 관련하여 보면, 부모와 자녀 간의 부정적 태도, 처벌적이고 권위주의적인 부모의 훈육방식, 공격행동을 방임하는 부모의 태도, 부모의 불화, 위협적인 가족 분위기, 긍정적 변화를 유도하기 위한 방법들에 관한 부모의 무지 등과 같은 가정적 요인들이 학교폭력에 영향을 주는 것으로 밝혀졌다(강진령 · 유형근, 2000). 학교폭력의 빈도와 강도는 아이들이 받는 부모의 지도와 감독의 양과 관련이 많다. 학교폭력의 행동은 아무런 효과가 없거나 일관성이 없는 부모의 자녀양육 지도에서 연유한다. 더욱이 아이가 가족구성원들 간의 갈등이나 부모의 욕구좌절감이 공격적으로 표출되는 경우를 관찰하게 되면 이러한 행동양식이 모델링되어 학교폭력의 행동을 발달시키기 쉽다. 그리고 지나치게 지시적이거나 야단을 자주 치며 매우 공격적으로 아이를 위협하는 부모의 자녀양육방식은 아이들에게 타인을 통제하려 하거나 공격적으로 행동하게 하는 모델이 된다. 즉, 지나치게 처벌적인 양육태도는 아이를 거칠고 공격적으로 만들며, 약한 사람을 괴롭히고 강한 사람에게는 복종하려고 하는 힘의 논리에 빠져들게 하기 쉽다. 아이들이 가정에서 부정적인 메시지와 신체적인 벌을 받게 되면 부정적인 자아개념(self-concept)과 기대를 발달시키기 쉽고, 그로 인해 학교폭력의 공격을 받기 전에 먼저 학교폭력의 공격을 가할 수도 있다. 다른 사람들에게 학교폭력을 행사하는 것이 그들에게 막강한 힘이 있고 중요한 존재라는 인식을 갖게 만들기도 한다(Thomas, 2011). 가정에서 부모와의 관계에 문제가 있으면 심리적으로 억눌려 화가 쌓이고, 이를 하루의 대부분을 보내는 학교에서 친구를 때리는 등의 폭력적인 방식으로 표출되기도 한다.

또한 맞벌이하는 부모가 많아지면서 집에서 아이와 대화하는 시간이 매우 부족하고, 대화를 하더라도 아이의 욕구가 무엇인지 관심을 두면서 눈높이 대화를 하기보다는 숙제는 했는지, 학원에는 갔다 왔는지 주로 공부에 초점을 두다보니 아이들의 마음의 위로와 지지를 받을 틈이 거의 없는 가정 분위기가 학교폭력의 가해자와 피해자를 만드는 한몫을 하고 있다. 가족의 불화, 아동학대, 가정폭력, 알코올 중독 등 정상적인 가정이라고 보기 어려운 환경은 아이로 하여금 분노와 적개심을 갖게 하고 가족의 소속감을 느끼지 못하게 해 일진을 형성하는 등의 일탈행동을 부채질하기도 한다.

(3) 학교 요인

학교는 또래집단을 사귀고 자신의 학문적 · 사회적 능력과 한계를 경험하는 장소이자 학생들이 가장 많은 시간을 보내는 곳이며, 또한 폭력이 발생할 가장 위험한 장소이기도 하다. 학교폭력의 관련 요인에 대한 벤베니쉬티와 아스터의 생태학적 경로모형에서 개인보다 학교를 모형의 중앙에 위치시키고 있는 것은 학교폭력의 진원지가 바로 학교이기 때문이다.

학생들의 적성이나 소질을 계발하고 인격을 도야하기보다는 대학진학을 위해 노력하고 있는 우리나라의 학교풍토가 학생들로 하여금 '우정과 사랑'이라는 덕목보다는 '경쟁과 긴장'의 관계를 형성 · 조장하고 있다. 이러한 학교환경에서는 친구라는 존재가 함께 아름다운 추억을 만들어 가는 '삶의 동반자'라기보다 내가 살기 위해서 밀어 내야 하는 '삶의 경쟁자'가 되고 만다. 그 결과, 학생들은 학교폭력을 당하는 친구의 아픔을 객관적으로 바라보거나 입장을 바꿔 생각해 보는(역지사지易地思之, 공감) 능력을 갖추고 있지 못해 친구를 괴롭히는 것에 대한 죄의식이 부족하다. 또한 교사의 틀에 맞지 않으면 문제아로 취급되는 학교 분위기가 형성되고, 학생들의 개성과 다양성을 인정하지 않는 획일적이고 규격적인 교육풍토가 자리하고 있다. 학벌지상주의가 만연한 학교와 사회 풍토에서 공부를 못하는 학생은 잘하는 학생의 들러리가 되고, 이로 인해서 생기는 스트레스를 해소할 만한 마땅한 분출구가 없어 약한 친구를 괴롭힘으로써 이를 해소한다. 학교의 직원들이 종종 학교폭력의 행동을 무시하기 때문에 학생들은 다른 사람들을 협박하는 것에 대해 강화를 받을 수도 있다. 서로 존경과 배려를 하고 대인간의 행동에 대한 높은 기준을 설정하는 긍정적 학교 분위기에서보다는 부정적인 피드백과 부정적인 주목을 받기 쉬운 학교 환경에서 학생들은 학교폭력을 행사한다(Thomas, 2011).

학생들은 누구나 교사로부터 인정을 받고 싶은 욕구를 갖고 있는데, 학교에서 성적만을 기준으로 인정을 해 주는 학교에서 인정을 제대로 받지 못하는 학생들이 인정을 받기 위한 수단으로 힘을 추구하면서 학교폭력이 빚어지기도 한다. 또한 일선 학교에서 학교폭력이 발생했을 때 단순히 학생들의 문제로 여기고 개입하지 않거나 미온적으로 대처하고 외부 노출을 꺼리는 것이 학교폭력을 키우는 원인이 되기도 한다. Olweus(1991, 1993)는 폭력 문제에 대한 학교전반의 인식 없이는 학교폭력 예방과 대책에 관한 개입방법들이 대부분

효과가 없을 것이라고 말하고 있다. 학교폭력에 대한 중요한 비전이나 이데올로기의 부재는 학교를 폭력 행동의 위험성에 빠지게 할 수 있다. 폭력 문제에 대한 지속적인 관심과 인식을 갖는 것이 폭력 예방의 중요한 열쇠가 된다. 교사와 교장의 태도와 행동은 폭력적 행동을 감소시키는 데에 매우 중요한 역할을 한다(Olweus et al., 1999). 여러 나라에서 행해진 연구들에 따르면, 폭력 사건에 대해 학교 당국이 어떻게 반응하느냐에 따라 피해학생과 가해학생뿐만 아니라 다른 학생들에게도 큰 영향을 미친다(Smith et al., 1999).

학교폭력과 관련이 있는 학교 요인으로서 또한 학교 규모와 학급의 학생 수를 들 수 있다. 학교폭력 문제는 학교 규모가 크고 학급당 학생 수가 많을수록 더 많이 발생한다(Olweus, 1993). 개인적 안전감은 규모가 큰 학교일수록 낮고 규모가 작은 학교일수록 높고(Bowen, Bowen, & Richman, 2000), 규모가 큰 학교와 학생 수가 많은 학급일수록 보다 많은 문제와 도전에 직면하게 된다(Walker & Greshman, 1997). 규모와 학생 수가 많은 학교와 학급의 교사들은 학생들, 특히 보다 많은 주의와 개입을 필요로 하는 위험군의 학생들과 의미 있는 관계를 형성하고 유지하는 데에 어려움을 가진다. 교사 1인당 담당해야 할 학생 수가 많은 학교와 학급의 교사들은 학생들의 행동을 효과적으로 점검하기 어렵고, 따라서 학생들의 문제행동과 비행에 더 자주 직면하게 된다(Hellman & Beaton, 1986). 많은 학생들이 모이는 장소에서 성인 감독의 부재는 괴롭힘, 싸움, 성희롱, 언어적 공격 등 여러 유형의 학교폭력과 밀접한 관계를 보이는 경향이 있다.

(4) 또래집단 요인

학생들은 학교폭력의 행동을 옹호하고 지지하거나 촉진하는 학교나 이웃의 또래집단 속에서 상호작용할 수 있다. 학생들 중에는 또래집단에 어울리거나 적응하기 위한 노력으로 학교폭력의 행동을 하기도 한다. 학생들 사이에서 또래들과의 관계는 매우 중요하다. 학생들은 또래들과 원만하게 생활하고 더 나은 지지를 얻기 위해 노력한다. 일반적으로 인기 있는 학생은 또래들로부터 수용되고 지지를 받지만, 인기가 없는 학생은 거부되고 배척되어 따돌림과 괴롭힘을 당하기 쉽다. 그리하여 학생들은 또래집단에 동조하려는 경향을 갖게 되고, 다른 학생들에 대해 힘을 과시하려고 노력하기도 한다. 이처럼 학생들은 또래집단으로부터 따돌림이나 괴롭힘을 당하지 않기 위해 동조하고자 학교폭력에 가담하기도 하는 것이다.

또래관계를 형성하는 데 있어 품행에 문제가 있거나, 협동심이 부족하고 충동적인 행동을 스스로 통제하지 못하거나, 원만하지 않은 또래관계로 인해 학교생활을 좋아하지 않고 교사들에게도 인기가 없는 가해 학생들과 가깝게 지내거나 어울릴 경우 학교폭력에 연루될 가능성이 높아진다. 그리고 많은 연구들(예컨대, Barkin, Kreiter, & Durant, 2001; Lee & Kim, 2003)은 비행 또래와의 접촉과 친밀한 관계를 형성하는 것이 학교폭력과 밀접한 관련이 있다고 보고하고 있다. 또한 Fraser(1996)는 폭력조직에 가입했거나 폭력행동에 대해 긍정적 태도를 갖고 있는 또래와 친구관계를 형성하고 있으면 학교폭력 유발 위험 요인이 된다고 보았다. 그 이유는 정상적인 또래집단과 어울리지 못할 경우 갈등 상황에서 협동과 타협과 같은 바람직한 문제해결 방법을 학습할 기회를 갖지 못하고 폭력적인 방법으로 문제를 해결할 가능성이 높기 때문이다.

(5) 사회 · 문화적 요인

아동과 청소년이 성장하고 발달하는 이웃과 지역사회는 그들의 폭력과의 관계에서 매우 중요한 영향을 미치는 요인이다. 학교폭력을 유발하는 지역사회의 문화적 요인으로 대중매체를 들 수 있다. 텔레비전, 만화, 컴퓨터 게임 등 다양한 경로를 통해 대중매체가 확대 · 보급되고 있어 학생들이 폭력 프로그램에 노출될 위험성이 더욱 커지고, 폭력에 대한 사춘기 학생들의 호기심과 모방심리는 자극받고 있다. 이러한 폭력에 대한 노출은 학생들이 문제를 해결하는 방법으로 폭력을 수용하도록 학습시키며, 대중매체를 통해 언어적이고 신체적인 폭력을 많이 경험한 학생일수록 학교폭력 가해경험이 많은 것으로 나타났다(Murray, 1999).

대중매체와 함께 학생들 주변에 존재하는 유해환경이 학교폭력의 위험요인으로 작용할 수 있다. 유해환경에 접촉함으로써 규범위식이 약화되고 반규범적인 가치나 태도를 학습할 기회가 증가하기 때문에 비행과 반사회적 공격행동을 일으킬 가능성이 높아진다(김준호, 1997). 또한 학생들이 생활하고 있는 지역사회는 가정환경만큼이나 개인에게 미치는 영향이 크다고 할 수 있는데, 지역사회 내에서 폭력에 노출되는 것은 학생의 공격성과 학교폭력의 위험성을 증가시킨다(Farrell, Valois, Meyer, & Tidwell, 2003). 이는 보호관찰 청소년 중에 폭력행동 경험이 있는 청소년이 일반 청소년보다 폭력 관련 매체를 접촉한 경험이 많을 뿐 아니라 유해업소에 출입하거나 고용된 경험이 높은 것으로 나타난 연구결과(이춘화, 1999)를 통해서도 알 수 있다.

또한 학생들이 생활하고 있는 지역사회는 가정환경만큼이나 개인에게 미치는 영향이 크다고 할 수 있는데, 지역사회 내에서 폭력에 노출되는 것은 학생의 공격성과 학교폭력의 위험성을 증가시킨다(Farrell, Valois, Meyer, & Tidwell, 2003). 특히 지역사회에서 실직이나 열악한 경제수준과 관련된 범죄나 폭력에 노출될수록 학생들이 폭력행동에 연루될 가능성이 증가한다(McLloyd, 1998). 이 외에도 성인들의 학교폭력에 대한 방관과 묵인, 지나친 경쟁위주의 사회적 풍토와 여가활동의 기회나 시설의 부족 등과 같은 지역사회의 문화 · 환경적 여건은 학교폭력을 유발하는 위험 요인이 될 수 있다.

참고 문헌

강진령 · 유형근(2000). **집단 괴롭힘**. 서울: 학지사.

교육과학기술부(2012). **2012년 2차 학교폭력 실태 전수 조사**. 서울: 교육과학기술부.

김준호(1997). **학교주변폭력의 실태와 대책**. 서울: 한국형사정책연구원.

김준호 외(2003). **청소년비행론**. 서울: 청목출판사.

김진화 외(2003). **청소년문제행동론**. 서울: 학지사.

도기봉(2008). 학교폭력에 영향을 미치는 공격성과 생태체계요인의 상호작용효과. **청소년복지연구**, 10(2), 73-92.

이순래(2002). **학교폭력의 원인 및 대처방안에 관한 연구**. 연구보고서 02-42. 서울: 한국형사정책연구원.

이춘화(1999). **청소년 폭력 가해자와 가해 집단에 관한 연구**. 서울: 한국청소년개발원.

정종진(2012a). **제대로 알고 대처하는 학교폭력상담**. 서울: 학지사.

정종진(2012b). 학교폭력의 원인에 관한 이론 고찰. **초등교육연구논총**, 28(1), 163-180.

청소년폭력예방재단(2013). **2012년 전국학교 폭력실태조사**. 서울: 청소년폭력예방재단

Barkin, S., Kreiter, S., & Durant, R. H.(2001). Exposure to violence and intentions to engage in moralistic violence during early adolescence. *Journal of Adolescence, 24*, 777-789.

Benbenishty, R., & Astor, R. A.(2005). *School violence in context: Culture, neighborhood, family, school, and gender*. Oxford: Oxford University Press.

Benbenishty, R., Zeira, A., & Astor, R. A.(2000). *A national study of school violence in Israel*. Jerusalem: Israeli Ministry of Education.

Bowen, G. L., Bowen, N. K., & Richman, J. M.(2000). School size and middle school students' perceptions of the school environment. *Social Work in Education, 22*, 69-82.

Brofenbrenner, U.(1979). *The ecology of human development*. Cambridge, MA: Harvard University Press.

Coolidge, F. L., DenBoer, J. W., & Segal, D. L.(2004). Personality and neuropsychological correlates of bullying behavior. *Personalty and Individual Differences, 24,*

123-130.

Craig, W. M.(1998). The relationship among bullying victimization, depression, anxiety, and aggression in elementary school children. *Personality and Individual Differences, 24,* 123-130.

Dwyer, K. P., Osher, D., & Hoffman, C. C.(2000). Creating responsive schools: Contextualizing early warning, timely response. *Exceptional Children, 66,* 347-365.

Farrell, A. D., Valois, R. E., Meyer, A. L., & Tidwell, R.(2003). Impact of the RIPP violence prevention program on rural middle school studies: A between-school study. *Journal of Primary Prevention, 44,* 143-167.

Fraser, M. W.(1996). Aggressive behavior in childhood and early adolescence: An ecological-developmental perspective on youth violence. *Social Work, 41*(4), 347-361.

Gropper, N., & Froschl, M.(2000). The role of gender in young children's teasing and bullying. *Equity and Excellence in Education, 33*(1), 48-56.

Hellman, D. A., & Beaton, S.(1986). The pattern of violence in urban public schools: The influence of school and community. *Journal of Research in Crime and Delinquency, 23,* 102-127.

Herrenkohl, T. I., Chung, I., & Catalano, R. F.(2004). Review of research on the predictors of youth violence and school-based and community-based prevention approaches. In P. Allen-Mears & M. W. Fraser(Eds.), *Intervention with children and adolescents: An interdisciplinary perspective*(pp. 449-476). Boston: Pearson.

Hoover, J. H., & Oliver, R.(1996). *The bullying prevention handbook: A guide for principals. teachers, and counselor.* Bloomington, IN: National Educational Service.

Lee, E, H., & Kim, M. J.(2003). *Media violence, anger, contract with delinquent friends, and bullying at school in Korea.* The 4th Asia-South Pacific Association of Sport Psychology International Congress Programme & Proceeding, pp. 55-57, July 1, 2003, Seoul: Kookmin University.

McLloyd, V. C.(1998). Socioeconomic disadvantage and child development. *American Psychologist, 53,* 185-204.

Murray, J. P.(1999). Studying television violence. In J. K. Asamen & G. L. Berry(Eds.), *Research paradigms, television, and social behavior*(pp. 369-410). Thousand Oaks: Sage.

Nabuzoka, D., & Smith, P. K.(1993). Sociometric status and social behavior of children with and without learning difficulties. *Journal of Child Psychology and Psychiatry, 34*, 1435-1448.

Olweus, D.(1991). Bully/victim problems among schoolchildren: Basic facts and effects of a school-based intervention problem. In D. J. Pepler & K. H. Rubin(Eds.), *The development and treatment of chilldhood aggression* (pp. 411-448). Hillsdale, NJ: Lawrence Erlbaum.

Olweus, D.(1993). *Bullying at school.* Cambridge, MA: Blackwell.

Olweus, D.(1997). Bully/victim problems in school: Knowledge base and an effective intervention programme. *Irish Journal of Psychology, 18*(2), 170-190.

Olweus, D.(1999). Norway. In P. K. Smith et al.(Eds.), *The nature of school bullying: A cross-national perspective*(pp. 28-48). London: Routledge.

Paquette, J. A., & Underwood, M. K.(1999). Gender differences in young adolescents' experiences of peer victimization: Social and physical aggression. *Merrill-Palmer Quarterly, 45*(2), 242-266.

Rigby, K.(1996). *Bullying in schools: And what to do about it.* London: Jessica Kingsley.

Rigby, K.(2004). Addressing bullying in schools: Theoretical perspectives and their implications. *School Psychological International, 25*(3), 287-300.

Swearer, S. M., Espelage, D. L., & Napolitano, S. A.(2009). *Bullying prevention and intervention: Realistic strategies for schools.* 이동형, 이승연, 신현숙 공역(2011). **괴롭힘의 예방과 개입**. 서울: 학지사.

Sylwester, R.(1999). In search of the roots of adolescent aggression. *Educational Leadership, 57*(1), 65-69.

Thomas, M. R.(2006). *Violence in America's schools: Understanding, prevention, and responses.* Westport, CT: Praeger Publishers.

Walker, H. M., & Gresham, F. M.(1997). Making schools safer and violence-free. *Intervention in School and Clinic, 32*, 199-204.

제 3 장

학교폭력의 심리

1. 청소년과 공격성
2. 가해학생의 심리
3. 피해학생의 심리
4. 목격학생의 심리

제3장에서는 청소년과 공격성에 대해 살펴본 다음, 가해학생과 피해학생 및 목격학생의 심리·행동적 특성과 그 징후, 그리고 학교폭력이 그들 및 부모에게 미치는 영향에 대해서 알아보기로 한다.

1. 청소년과 공격성

학교폭력 가해 청소년의 개인적·심리적 요인으로는 분노와 공격성, 충동성, 낮은 자존감, 다른 사람을 지배하려는 경향을 가지고 있다. 이와 같은 요인들 중 특히 공격성은 청소년의 학교폭력과 높은 상관이 있고, 학교폭력 가해자들은 동료 학생뿐만 아니라 교사, 부모 등 어른들에게도 공격적인 경우가 많은 것으로 나타났다(권현용·김현미, 2009). 학교폭력 청소년의 특징은 공격적이며, 일반학생에 비해 폭력과 폭력적 수단을 적극적으로 사용하고, 타인을 지배하려고 하며, 따돌림의 희생자에 대한 동정심이 거의 없다(양야기, 2009). 공격성이 강한 학생들은 폭력적이고 반사회적 행동특성을 가지며 자기의 욕망이나 감정에 따라 사회질서나 규범을 고려하지 않고 행동한다. 이들은 타인을 의식하지 않고 이기적인 행동을 하며, 문제를 해결하기 위해 합리적인 노력보다는 손쉬운 방법을 선택해 쉽게 폭력을 행사하는 경향이 있다(이창숙, 2012). 여기에서는 공격성의 개념과 관련 요인들(생물학적 요인, 사회·인지적 요인과 성격요인, 환경적 요인), 성희롱과 공격성, 공격성 통제에 대하여 소개하고자 한다.

1) 공격성의 개념과 관련 요인들

공격성이란 의도적으로 신체적 가해나 심리적 가해를 하는 행동을 의미한다. 에론슨(Aronson, 1980)에 의하면 공격성은 자신 또는 타인에게 상처나 고통을 주려는 의도를 갖고 이를 목표로 하는 행위로서, 다른 목표 달성을 위한 도구로서 공격행동을 하는 도구적 공격과 그 자체가 목적인 적대적 공격으로 구분된다(이창숙, 2012). 또한 곽금주(1992)는 타인에게 상해를 가할 목적을 지닌 신체적, 언어적 행동과 위협적인 자기방어 태도, 뿐만 아니라 그러한 내용을 담고 있는 사고 및 정서를 공격성의 개념에 포함시켰다.

공격성은 연구자에 따라 여러 유형으로 분류되고 있다(이창숙, 2012). 프로디, 매쿠레이와 톰(Frodi, Macaulay, & Thome, 1977)은 공격유형에 따라 신체적 공격성과 언어적 공격성으로, 공격대상에 따라 직접적 공격과 간접적 공격으로 분류했다. 신체적 공격성은 공격대상에게 신체적으로 상해나 고통을 주려고 의도적으로 이루어진 행동이고, 언어적 공격성은 상대에게 심리적 혹은 사회적인 해를 끼치려는 의도로 이루어진 행동이다. 직접적 공격은 좌절을 유발시킨 사람 또는 공격대상에게 직접적으로 행하는 공격성이고, 간접적 공격은 공격 유발자가 아닌 대상에게 치환된 공격 또는 구체적인 대상이 없는 공격행동이다. 카건, 무센과 컨거(Kagan, Mussen & Conger, 1979)는 표현방법에 따라 행동이나 언어를 통하여 외부로 표현되는 행동적 공격성과 외부로 표현되지 않고 상상을 통해서 나타나는 내재적 공격성으로 분류하였다. 파이트 등(Fite et al., 2009)은 공격성을 선제적 공격성과 반응적 공격성으로 구분하였다. 선제적 공격성은 상대방에게 해를 입히기 위하여 자기 주도적이며 목표 지향적으로 공격적 행동을 가하는 공격성이다. 반면 반응적 공격성은 위협적이거나 좌절의 상황에 대한 반응으로써 공격적 행동을 표현하는 공격성이다.

최근 미국심리학회(American Psychological Association)의 연차학술대회에서 심리학자들은 공격성에 공헌하는 여러 요인들, 즉 유전인자, 뇌의 신경전달물질, 성격, 개인적 특성, 사회적 피드백, 이웃과 미디어에서의 폭력 노출, 그리고 가정환경에 대하여 논의한 바 있다(Azar, 1994). 이들 학자들의 연구결과에 기초하여 심리학자들은 여러 요인들의 상호작용을 포함하는 다음과 같은 모형을 제시하였다(Ploknik, 1999). 우리가 공격적으로 행동하는 이유에 대한 하나의 모형은 일련의 단계를 밟는다고 가정한다. 즉, (a) 어떤 사람이 약 오르거나 위험한 상황에 처한다. (b) 이 사람의 최초 정서적 반응은 위협을 느끼거나 기분 나쁜 것이다. (c) 이 사람의 처음 행동적 반응은 싸우거나 달아나는 것이다. (d) 각 사람에 따라 다르게 나타나는 세 가지 주요 요인들—선천적인 생물학적 요인(유전적 성향 또는 뇌 신경전달물질), 사회학습 요인, 그리고 환경적 또는 상황적 요인—의 상호작용에 따라 싸우거나 달아나는 것이다(Berkowitz, 1994). 이 모형에 따르면, 생물학적, 사회적, 상황적 요인의 상호작용이 어떠한가에 따라 어떤 한 사람은 짜증나는 상황으로부터 도망치는 반면, 다른 한 사람은 싸우게 되는 것이다.

(1) 생물학적 요인

자연적 상황에서 동물 행동을 연구하고 있는 동물행동학자들은 싸움을 멈추고 상처를 피하는 사회적 신호들의 많은 예들을 보고하고 있다. 예컨대, 여우들의 세계에서 한 여우는 자신의 등을 땅 바닥에 대고 등을 보이는 복종적 동작(submissive gesture)을 함으로써 다른 힘센 여우(dominant wolf)의 공격을 멈추게 한다. 동물 세계에서 발견되는 지배적이고 복종적인 몸짓들은 공격성을 조절하고 통제하는 이미 프로그램화된 선천적인 생물학적 반응들이다.

① 공격적인 인간

생물학적 요인이 인간의 공격성에 영향을 미친다는 여러 증거들이 있다. 예컨대, 쌍둥이와 입양아 연구에 기초하여 여러 연구자는 인간 공격성의 50%는 유전적 요인에 의해 조절된다고 추정하였다(Miles & Carey, 1997). 유전적 요인이 공격성에 영향을 주는 한 가지 방식은 뇌의 신경전달물질, 특히 세로토닌(serotonin)의 조절에 의한 것이다. 어느 독일 교사는 그의 남자 친척들 중에

폭력의 유형이 있다는 것에 주의하고 그들은 유전된 정신장애로 고통을 받을 수밖에 없다고 결론을 내린 바 있다. 최근 연구자들은 이 특수한 가정의 친척들을 대상으로 연구를 수행하고, 여러 증상, 즉 경도 정신지체(mild mental retardation), 폭력행동의 폭발(충동적 공격, 방화, 강간 시도)을 지니고 있는 다섯 명의 남자 친척들을 확인하였다. 다섯 명의 남자들은 모두 세로토닌을 포함하는 신경전달물실의 과나 생성을 일으키는 유전자 결함이 있었다(Brunner et al., 1993). 연구자들은 과다한 세로토닌을 분비하는 유전자 결함이 이 가족들에게서 나타나는 폭력적 폭발의 기초가 된다고 주장하였다.

뇌의 신경전달물질 중에서 세로토닌과 도파민(dopamine)은 폭력성과 밀접한 관계가 있다. 세로토닌은 불안하고 우울한 기분과 상관이 있으며 공격성과 관련이 있어서 뇌 속의 세로토닌 수치가 높아지면 폭력적인 행동이 진정된다. 반면 도파민은 현실 인식에 크게 영향을 미치는 신경전달물질로 도파민이 부족하거나 지나치게 많이 분비되면 판단력이 떨어지고 충동적인 행동을 할 수 있다. 이렇듯 유전적 · 환경적인 요인에 의해 뇌에서 도파민과 세로토닌이 원활하게 분비되지 못할 경우 우울증이 생기기 쉽다. 즉, 세로토닌과 도파민은 폭력 또는 충동적 행동, 폭식 등의 극단적인 행동을 제어하는 뇌 호르몬이다(김영화, 2012).

세로토닌이 공격성에 관여한다는 것을 지지하는 또 다른 증거는 실험용 쥐를 대상으로 한 연구결과에서 나왔다. 즉, 뇌의 세로토닌 수용자(serotonin receptors)를 제거한 돌연변이 쥐는 침입 쥐(intruder mice)를 재빠르면서도 강렬하게 공격함으로써 세로토닌이 공격성에 관여한다는 것을 보여 주었다(Shih, 1996). 따라서 인간과 쥐 연구는 세로토닌과 다른 신경전달물질(질소 산화물, nitric oxide)의 수준에 대한 유전적 영향, 즉 생물학적 요인이 공격적 행동에 관여한다는 것을 시사한다(Cadoret et al., 1997). 그러나 공격적 행동이 주로 생물학적 요인에 의해 통제되는 동물들과는 달리, 인간의 공격성은 생물학적, 사회적, 환경적 요인들 간의 상호작용 결과라고 볼 수 있다.

② 청소년의 뇌와 학교폭력

최근 들어 청소년 범죄가 급증하고 있으며, 특히 강도 · 강간 · 살인 등 강력 범죄의 증가율이 점점 높아지고 있다. 또한 초범 연령도 낮아지고 있다. 나쁜 짓을 아무렇지 않게 저지르는 아이들의 뇌는 평범한 아이들의 뇌와 어떻게 다를까?

2011년 영국 케임브리지 대학교의 한 연구팀은 이 점을 연구하기 위해 비행 청소년의 뇌를 자기공명영상(MRI)으로 촬영했다. 그 결과 비행 청소년의 뇌는 정서를 관장하는 편도체의 기능이 현저히 떨어졌고, 충동을 조절하는 전두엽의 기능도 저하되어 있는 것으로 나타났다. 이들은 특히 다른 사람의 감정에 공감하는 능력이 부족하며, 고통스러운 얼굴 표정을 보고도 무감각한 반응을 보였다(김영화, 2012).

이러한 비행 청소년들의 뇌의 구조는 타고나는 것일까? 그렇지 않다. 위의 연구에 따르면 학교폭력 가해학생들은 폭력적인 행동에 익숙해질수록 뇌 구조의 틀이 변해 가는 것으로 나타났다. 따라서 어린 시절부터 공격적이고 폭력적인 행동을 자주 일삼는 아이들은 다른 사람의 고통을 이해하고 상대방의 감정을 읽게끔 하는 교정 훈련이 필요하다. 그래야만 청소년 탈선과 범죄를 미리 예방할 수 있다.

10대 청소년은 성인과 다른 뇌의 부위를 사용해 정보를 해석하고 문제를 해결한다. 즉, 어른들이 정보를 객관적으로 분석하기 위해 이성과 논리를 담당하는 전두엽을 사용하는 데 반해, 십대 청소년들은 감정 중추인 편도체를 사용하는 것이다. 이에 청소년들은 어른들의 충고가 잔소리로 들리고, 누군가 조금만 스쳐도 자신에게 해를 끼치려 했다고 쉽게 오해하게 된다. 사춘기 아이들이 타인과의 소통에서 곧잘 오해를 하거나 감정적으로 해석해 싸움을 벌이는 이유도 이 때문이다. 예컨대 친구가 자신을 무심코 쳐다보는 것만으로도 '저 아이는 나를 싫어해'라고 해석해 시비를 걸거나 폭력을 휘두르기도 한다. 이는 미성숙한 뇌의 지적 오류로 인한 문제라 할 수 있다.

(2) 사회적 · 인지적 요인과 성격 요인

생물학적 요인이 인간을 공격적으로 기울이게 하는지는 모르지만, 인간이 실제로 공격적 행동에 관여하는지 아니면 관여하지 않는지는 학습경험과 성격 특질에 달려 있다. 인간이 어떻게 공격적 행동 수행을 배우게 되는지를 설명하는 하나의 이론은 반두라(Bandura, 1989)의 사회학습이론이다. "사회학습이론에 의하면, 공격적 행동을 포함하는 인간의 많은 행동은 관찰, 모방, 자기강화를 통해서 학습되고 유지된다."(Plotnik, 1999: 601).

실험 연구와 자연적 상황 연구는 사회적 인지 이론을 지지한다. 반두라(1965)의 고전적 실험연구는 모델의 공격적 행동을 관찰한 아동이 후에 유사한 공격적 행동을 보였다는 것을 발견하였다. 보다 자연적인 상황 연구에서, 연구자들은 공격적인 부모 모델(예: 신체적 벌의 사용)에 노출된 아동이 후에 또래들에게 공격행동을 보다 많이 보였다고 보고하였다(Eron et al., 1987). 이 연구들은 공격적 · 폭력적으로 행동하기 쉬운 사람들은 성인 역할 모델의 관찰과 모방을 통해 학습해 온 사람들이라고 주장한다(Eron, 1990).

① 성격 특질

공격적인 성인을 모방하는 것 이외에 학교폭력을 발달시키는 사람들은 보통 다음과 같은 성격 특질(personality traits)을 소유한 신체적으로 힘이 센 남자들이다. 그들은 충동적이고, 거의 공감이 결여되어 있고, 남을 지배하려고 한다(Olweus, 1995). 공격적 성인들은 대개 공격적인 아동들이었기 때문에, 연구자들은 폭력은 세 가지 요인들, 즉 폭력적인 개인이 되게 하는 유전적 요인, 공격적인 성인을 모방하고 따라 하는 사회적 · 인지적 요인, 위에서 언급한 성격 요인 간의 상호작용의 결과라고 주장한다. 또한 이들 세 가지 요인들은 아동 폭력이 성인 폭력으로 이어지게 하는 기회를 증가시킨다(Elkins et al., 1997).

② 텔레비전

텔레비전과 비디오 게임은 아동이 관찰하고 모방하는 공격적 역할 모델들을 제공한다. 연구자들은 텔레비전 폭력은 공격적 행동이 처벌을 받지 않는 역할 모델을 시청하고, 공격적 행동에 대한 부정적 결과를 보여주지 않음으로써 아동과 성인 시청자들에게 실제적인 위험을 가하고 있다고 주장한다(Wilson, 1996).

(3) 환경적 요인

생물학적이고 사회 · 인지적 요인 이외에 좌절을 일으키는 환경적 요인이 있다. 1998년에 폭력의 새로운 용어, 즉 로드 분노(road rage)가 확인되었다. 이것은 어떤 운전자의 잘못된 운전습관으로 좌절당하는 운전자가 보이는 화난 반응(angry response)을 의미하는 것으로, 공격적으로 따라붙기, 심하게 부딪히기, 심지어 총을 쏘기가 그 예이다. 로드 분노는 우리의 목적이 방해받고, 좌절을 느끼는 일반적인 환경의 극단적인 상황이다. 좌절의 또 다른 요인은 무더위이다. 더위가 90° F 이상일 때 폭력 사건이 유의하게 증가하였다(Anderson et al., 1997). 좌절이 공격성에서 중요한 역할을 한다는 아이디어는 60년 전에 예일대학교의 연구자들에 의해 제안되었다. 좌절-공격 가설(frustration-aggressive hypothesis)은 우리의 목적이 방해되었을 때, 좌절하고 분노와 공격 반응을 보인다고 주장한다.

그러나 연구자들은 좌절이 공격성으로 이어지게 하지만, 이 둘의 관계가 절대적이지 않다는 것을 발견하였다. 베르코위츠(Berkowitz, 1989)는 좌절-공격 가설 연구를 검토하고 다음과 같이 결론을 내린 바 있다.

* 좌절은 항상 공격성으로 이어지지 않는다.
* 사회적 규범(social rules)은 공격성을 억제한다.
* 인지적 요인은 공격성을 억제할 수 있다.

따라서 베르코위츠(Berkowitz, 1993)는 원래의 가설을 수정하였다. 수정된 좌절-공격 가설은 좌절이 공격성으로 이어질지 모르지만, 여러 상황적 · 인지적 요인들이 공격적 반응을 억제할 것이라고 주장한다. 우리의 일상생활은 종종 좌절로 채워지지만 보통 좌절을 통제하는 방법을 찾고 분노, 폭력, 또는 로드 분노로 표현하지 않는다. 그렇지만 아동이 텔레비전과 비디오 게임을 통해 성인의 공격적 행동을 관찰하고 모방한다면 좌절에 공격으로 반응하기 쉽다. 이러한 아동들의 경우, 좌절은 이미 관찰되고 내면화되고 실천된 폭력 행동으로 유도할 것이다(Osofsky, 1995).

2) 성희롱과 공격성

또 다른 형태의 공격성은 성희롱(sexual harassment)을 하는 동안 일어난다. 연구자들은 성희롱은 사회전반에 폭넓게 나타나는 현상으로서, 직장 내 환경에서 여성의 42%가, 남성의 15%가 성희롱을 당하고, 의료 훈련 과정에서 여성의 73%가, 남성의 22%가 성희롱을 당했다고 보고하였다. 성적 괴롭힘은 피해자의 90%에 심리적, 신체적 어려움을 주고 있지만, 피해자의 1~7%만이 공식적인 불평을 제기한다(Charney & Russell, 1994).

심리학자들은 강간을 수행하는 남성과 관련되는 몇 가지 발달적 요인을 확인하였다. 그들은 종종 결손 가정(broken homes) 출신이고, 사랑으로 돌봐 주는 보호자가 없고, 성적인 학대나 신체적인 학대를 받았고, 형법기관(penal institutions)에서 많은 시간을 보냈다(Polaschek et al., 1997). 그러나 이들 요인만이 홀로 강간범을 만들지 않는다. 왜냐하면 이들과 유사한 발달 문제로 고통을 받았던 다른 남성들은 강간범이 되지 않았기 때문이다. 현재 일반적으로 받아들여지는 '무엇이 남성을 강간하게 하는지에 대한 이론'은 없다. 연구자들은 강간범들의 성적 공격성을 뒷받침하는 동기를 이해하기 위해 인터뷰를 수행하였다. 그 결과 강간범들은 분노, 성적 폭력, 힘, 통제의 서로 다른 정도와 조합을 보고하였다. 다음은 네 가지 유형의 강간범들이 기술한 내용을 정리한 것이다(Knight, 1992).

(1) 권력 지향 강간범(power rapist)

모든 강간범의 70%가 이에 해당하고, 이들은 신체적으로 해를 가하지 않지만 육체적 관계를 가지려고 한다. 이들의 행동은 미리 계획되어 있고 종종 강간에 대한 환상이 먼저 일어난다. 그는 가해를 하지 않지만 희생자를 위협하기 위해 흉기(a weapon)를 휴대하기도 한다.

(2) 가학성 강간범(sadistic rapist)

이들은 강간범의 5% 이하로 적지만, 가장 위험하다. 왜냐하면 그들의 성욕(sexuality)과 공격성이 폭발 직전에 있으며, 신체적 완력의 사용은 자극을 일으키고 흥분을 일으키기 때문이다.

(3) 분노 강간범(anger rapist)

이들은 억제할 수 없는 신체적 폭력에 사로잡혀 충동적이고 야만적인 공격을 하기도 한다. 이들의 행위는 짧은 시간에 걸쳐 일어나지만, 욕설이 수반되고 피해자는 종종 손상된 뼈와 상처 자국과 같은 극심한 신체적 후유증(extreme physical trauma)을 겪는다.

(4) 면식 강간범 또는 데이트 상대 강간범(acquaintance or date rapist)

이들은 희생자를 잘 알고 있으며 파트너(또는 희생자)를 성적 행위에 강제로 끌어들이기 위해 다양한 방식의 언어적 압력 또는 신체적 압력을 행사한다.

이들 예는 남성이 여러 가지 이유들(예: 힘과 통제 행사, 분노 표출, 성적 흥분)로 강간한다는 것을 보여 준다. 강간에 공헌하는 또 다른 요인들은 잘못된 신념들, 즉 강간 신화(rape myths) — 일부 남성이 여성에 대하여 갖고 있음 — 가 있다. 강간범들에 관한 일관된 한 가지 견해는 강간범들은 여성에 대하여 부정적이고 천박한 태도를 지니고 있다는 것이다. 예컨대, 그들의 몇 가지 부정적 태도를 열거하면 다음과 같다.

- 건강한 여성은 의지에 반하여 강간당하지 않는다.
- 여성은 종종 거짓으로 남성을 강간으로 고소한다.
- 강간은 기본적으로 변태적 성욕자(sex-crazed maniacs)들이 일으키는 성 범죄이다.
- 단지 성품이 나쁜 소녀들만이 강간을 당한다.
- 소녀가 껴안고 애무하고 키스하고 손에서 소지품을 내려놓는다면, 파트너가 강제로 성관계를 맺는다고 하더라도 그것은 그녀 자신의 잘못이다.

이런 종류의 진술들은 강간 신화로 불린다(Foubert & Marrioty, 1997). 강간 신화를 믿고 있는 남성들은 성 역할에 대한 보다 전통적인 관점을 갖는 경향이 있고, 여성에 관하여 보다 부정적인 태도를 지니고 있다. 연구자들은 강간 신화의 수용이 강간을 수행했던 남성들의 공통적 특성이지만 또한 일반적으로 많은 남성들이 지니고 있는 특성이기도 하다. 예컨대, 남자 대학생을 대상으로 한 조사연구 결과, 피험자의 17~75%가 9가지 신념의 하나 이상에 동의한다고 보고하였다(Giacopassi & Dull, 1986). 강간 신화와 강간범들 간의 관계는 부정적 신념과 태도가 성적 공격에 어떻게 공헌하는지를 설명한다(Johnson et al., 1997).

3) 공격성의 통제

(1) 아동의 공격성 통제

대부분의 아동들은 일시적으로 분노와 공격성을 표출한다. 그러나 이러한 표출이 빈번하고 강렬해진다면, 문제성이 있는 공격적 행동의 형태로 발전될 수 있다. 이러한 공격적 유형의 행동이 유아 초기에 잘 다루어지지 않는다면, 성인기에도 지속되고 개선시키는 데 매우 어렵게 될 것이다(Lochman & Lenhart, 1993). 또한 공격적인 아동은 약물 남용, 범죄, 그리고 여러 정신건강 장애와 같은 후기 문제들로 발전될 위험에 처해 있다(Coie et al., 1992). 연구자들은 공격적인 아동이 많은 인지적-행동적 결함을 가지고 있다는 것을 발견하였다. 즉, 그들은 실제 일어난 상황보다 더 적대적으로 보이는 세계를 인지하고, 기억하고, 반응하는 인지적-행동적 결함을 가지고 있다. 우선 인지적-행동적 결함에 대하여 논의하고 다음으로 공격적 행동을 감소시키는 프로그램에 대하여 논의하고자 한다.

① 인지적-행동적 결함

부모, 교사, 또래는 공격적인 아동 또는 십대들이 세상을 잘못 이해하고, 올바른 피드백을 받지 못하고, 일반 비공격적인 아동들처럼 행동하지 못한다는 것을 이해할 필요가 있다. 공격적인 아동의 특성을 열거하면 다음과 같다(Plotnik, 1999).

- 공격적 아동은 사회적 단서를 정확하게 인지하지 못하거나 또는 회상하지 못한다. 예컨대, 공격적인 아동은 선택적으로 공격적인 행동이나 적의적인 행동에 주의를 기울이고 긍정적인 사회적 단서들을 무시한다. 공격적인 아동에게 어느 날 무엇이 일어났는지를 회상하라고 질문을 던지면, 그들은 긍정적이거나 우호적인 단서보다 적의적인 행동들을 더 잘 기억하

는 경향이 있다.

- 공격적인 아동은 어떤 상황을 정확하게 설명하거나 귀인하지 못한다. 예컨대, 공격적인 아동은 적의적인 행위들을 다른 아동의 책임으로 돌리는 경향(외적 귀인 경향)이 있다. 이 경우 공격적인 아동은 사실상 다른 아동이 공격적이거나 적의적인 방식으로 행동하지 않았는데도 그렇게 생각한다.
- 공격적인 아동은 문제에 대한 여러 적응적인 해결책을 가지고 있지 않다. 이것은 공격적인 아동이 많은 문제를 해결하는데 비적의적인 해결이나 언어적인 해결보다는 적의적이고 공격적인 행위를 사용하는 경향이 있음을 의미한다.
- 공격적인 아동은 긍정적인 사회적 행동보다는 공격적인 행동 때문에 강화를 받고 성장했다. 즉, 공격적인 아동들은 자신의 뜻을 관철시키기 위해 적의적인 행동을 시도하고, 이러한 공격적 행동들이 강화를 받았다고 하겠다. 또한 공격적인 아동은 사회적 기술이 부족하다. 즉 그들은 긍정적인 사회적 기술(예: 논의)에 기초하여 문제를 해결하려고 시도하지 않는다.

이러한 인지적-행동적 결함 때문에 공격적인 아동은 적의적인 세계를 보다 잘 지각하여 보다 공격적인 행동으로 반응한다(Patterson, 1994). 성공적인 프로그램은 스트레스 상황이 아동의 공격성을 자극하지 않도록 분노를 통제하도록 가르친다.

② 공격성 통제 프로그램

공격적인 아동은 종종 성질이 급하고 쉽게 분노함으로써 공격적 행동을 부추긴다. 연구자들은 분노를 통제하고 비공격적인 아동이 되게 하는 프로그램을 개발하였다(Lochman & Lenhart, 1993).

- 공격적인 아동은 공격적인 방식으로 사고하지 않는 방법을 모르거나 또는 자신들이 아니라 다른 아동이 공격적으로 행동하고 있다는 그릇된 신념을 바꾸는 방법을 모른다. 나쁜 성미를 가진 아동에게는 특수한 규

칙이 적용될 필요가 있다. 예컨대, 아동이 화가 난다하더라도, 때리고, 소리 지르고, 차서는 안 된다. 이 아동이 이 규칙들을 지킬 때마다 특별 강화를 주어야 한다.

- 아동은 충동적 행동을 억제하기 위해서 자기 약속 언어(self-statements)를 활용하도록 학습한다. 예컨대, "행동하기 전에 열까지 세라.", "나는 후회하게 될 것이다.", "나는 스스로 멈출 수 있어."가 그 예이다.
- 아동은 좌절되었을 때(또는 원하는 대로 풀리지 않았을 때), 대안적이고 비공격적인 해결책을 활용하도록 배운다. 예컨대, 손뼉치기, 종이에 낙서하기, 근육을 긴장시키거나 이완하기가 있다.
- 아동은 성미가 급하지만 짜증을 통제하기 위해 이 프로그램에 참여하는 학생들의 관찰과 모방을 통해 배운다.

이 프로그램과 이와 유사한 분노 조절 프로그램은 공격성을 감소시키는데 효과가 있는 것으로 알려졌다. 예컨대, 이 프로그램과 이와 유사한 프로그램을 운영한 결과, 아동은 부모 평정의 공격성과 파괴적이고 공격적인 교실 행동이 유의하게 감소한 것으로 나타났고, 또한 자기 평정의 자존감이 유의하게 증가한 것으로 나타났다(Kaiser & Hester, 1997; Lochman & Lenhart, 1993; Lore & Schultz, 1993).

(2) 성인의 공격성 통제

아마도 여러분은 화가 나면, 폭언하고 노호하며, 그 다음에 주변 가까이 있는 누구한테나 화를 내는 사람을 알고 있을 것이다. 폭력적인 폭발을 표출한 후, 그들은 사과하고, 잘못했다고 말하고, 자신의 분노 감정을 폭발할 수밖에 없는 상황이었다고 설득하려 할 것이다. "그럴 수밖에 없었어."라고 말하는 것은 과연 분노를 다루는 좋은 방식인가?(Plotnik, 1999).

① 정화

공격성을 감소시키고 통제하는 인기 있는 아이디어는 정화(catharsis)일 것이다. 정화는 분노 또는 공격적 에너지가 강력한 부정적 정서를 밖으로 표출함으로써 해소되는 심리적 과정을 의미한다. 정화의 개념에 따르면, 분노나 공격성을 다루는 좋은 방법은 "울분을 터트려라(let off steam)", "털어놓고 마음의 짐을 덜어라(get it off your chest)."라는 것이다. 즉 이것은 소리를 지르고, 논쟁하고, 어떤 물건을 때리거나 차 버리는 강한 부정적 정서를 표출하라는 것이다.

프로이드(Freud)는 공격적 행동 참여가 울적한 감정을 제거함으로써 공격성을 감소시키는데 도움이 된다는 것을 설명하기 위해 정화라는 용어를 사용하였다. 그러나 대부분의 연구는 프로이드의 정화의 유용성에 대한 주장을 지지하지 않는다. 예컨대, 연구자들은 축구 경기 전과 후에 팬들의 공격성 수준을 측정하였다. 정화에 기초하면, 축구 경기 동안 가장 많은 공격성을 보였던 경기 패배 팬들은 경기 후에 가장 낮은 수준의 공격성을 나타내리라고 가정할 수 있다. 그러나 연구자들은 경기 패배 팬들과 승리 팬들 모두 경기가 끝난 직후에 고양된 공격성 수준을 나타낸다는 것을 발견하였다(Goldstein, 1989). 일반적으로 정화가 강렬한 공격적 정서를 표출함으로써 공격성을 감소시키는 방법이라는 개념은 과학적인 지지를 거의 받지 못하고 있다(Deaux et al., 1993).

② 인지적-행동적 프로그램

분노를 다루는데 정화보다 더 성공적인 방법은 인지적-행동적 방법과 새로운 사회적 기술을 학습시키는 방법을 조합하는 프로그램이다. 다음의 마가렛(Margaret) 여사 문제를 고찰해 보자.

> 그녀는 컴퓨터 소프트웨어를 판매하는데 꽤 소질이 많지만, 판매를 하지 못했을 때 고객과 자신에게 화를 낸다. 그녀는 남편에게 화를 내는 방식으로 발전되었다. 결과적으로 결혼 생활에 문제가 발생하였다.

연구자들은 성급한 성질이 문제로 이어지는 마가렛 여사와 같은 사람을 위해 분노 조절 프로그램을 개발하였다(Adler & Denmark, 1995). 이 연구자들은 인지적 완화와 사회적 기술 훈련을 조합한 프로그램을 활용하였다. 이 프로그램의 주요 특징을 알아보기 위해 마가렛 여사의 사례에 적용해 보면 다음과 같다.

> 이 프로그램의 처음 두 주 동안에, 마가렛은 진보적 이완을 훈련하고 그녀가 언제, 어디에서, 왜 화가 나는지를 점검한다. 다음 여섯 회기 동안에, 그녀는 화가 나는 상황(예: 판매 실패)을 상상한 다음, 이완훈련을 통해 분노를 감소시킨다. 그런 다음 프로그램 회기 밖에서 분노를 일으키는 사건들을 계속해서 검토하고, 남편에게 화를 내기보다 이완을 통해 분노를 감소시키도록 노력하라고 이야기한다. 또한 좋은 경청과 의사소통 기술(예: 질문하고, 명료화하고, 이해를 점검하는 방법을 배우기)을 계발하게 함으로써 대인관계 분노를 최소화시키도록 가르친다.

연구자들은 이 프로그램을 종료한 후 5주 후에 피험자들은 분노를 억제하고 잠재적인 분노 상황에 보다 효과적으로 잘 대처하고 있음을 보고하였다.

(3) 성적 공격성의 통제

여성이 가지는 가장 큰 문제의 하나는 원하지 않는 남성의 성적 유혹에 "안 돼(No!)"라고 말하는 것, 즉 정말로 원하지 않는다는 메시지를 전달하는 것이다. 연구자들은 여자 대학생의 약 39%는 "안 돼"라고 말하는 것처럼 이름뿐인 저항(token resistance)을 하지만, 곧 바로 실제로 성관계를 갖고 싶기 때문에 마음을 바꾸었다고 보고하였다. 이와 같은 이름뿐인 저항은 여성이 처음에 "안 돼"라고 말한다 하더라도 성관계를 갖는데 조절될 수 있다는 마음을 남성이 갖도록 한다. 따라서 원하지 않는 성관계를 성립시키기 위해 남성이 사용하는 공통적인 방법의 하나는 여성이 '안 돼'라고 말한다 하더라도 그렇게 할 수 있어(to just do it)라는 것이다. 이러한 이유로 연구자들은 여성이 효과성 있는 전략(예: 직접적인 거절, 격렬한 언어적 거절, 필요한 경우 신체적 공격)을 사용하도록 권고한다. 그러나 여성이 성적 상황에 부딪혔을 경우 곧 바로 거절할 수 있는지를 물어 보았을 때, 단지 60% 여성만이 그렇게 하겠다고 응답하였다. 이것은 40%의 응답자는 데이트 상대자의 성적 공격의 위험에 노출되어 있음을 시사한다. 연구자들은 여성이 "안 돼"라고 말할 수 있도록 자기주장 훈련을 받아야 한다고 제안한다(Muehlenbard & Linton, 1987).

"안 돼!"라고 말하지 못하고, 그것을 강화하는 것은 데이트 상대자의 강간과 관련된 위험 요인의 하나이다. 연구자들에 의하면, 데이트 상대자의 성적 공격을 피할 수 있는 하나의 방법은 모든 위험 요인을 알게 하는 것이다. 이 요인들에는 과다한 음주나 약물 복용, 남성에게 모든 것을 맡기기(예: 데이트 날짜 약속하기, 모든 비용 지불하기, 운전하기, 주차하기)가 있다. 성적인 공격을 예방하기 위해서, 연구자들은 여성이 데이트 강간과 관련된 위험 요인들을 피하고, 그런 단서를 초기에 알도록 학습하고, 원하지 않는 성적인 유혹에 분명하면서도 단호하게 제지할 것을 제안하였다(Shotland & Hunter, 1995; Ullman, 1997).

2. 가해학생의 심리

1) 가해학생의 심리적·행동적 특성

학교폭력 가해자는 보통 육체적으로 힘이 세고 타인에 대한 강한 지배욕을 가지고 있어서 다른 학생을 지배하거나 굴복시키며, 힘과 위협으로 자기 주장을 내세우려고 하는가 하면 다른 학생에게 자신의 뜻을 억지로 관철시키려는 욕구가 강하다. 또한 성미가 급하고 화를 잘 내며, 충동적이어서 욕구 지연 및 욕구 좌절에 대한 인내력도 약할 뿐만 아니라 속임수를 써서라도 원하는 것을 얻으려고 한다. 가해자는 피해자에 대한 배려와 공감이 결여되어 있고, 공격적 충동에 대한 통제력이 부족하며, 타인을 비난하는 식으로 자신을 정당화하면서 죄책감을 잘 느끼지 않는다(정종진, 2012).

올베우스(Olweus, 1991)는 가해학생은 충동적이고 공격적이고 지배성이 있으며 신체적으로 힘이 세다고 하였다. 가해학생은 지나치게 민감하여 다른 학생의 정상적인 행동을 적대적이고 도발적인 것으로 생각한다(Lochman, 1992). 대부분의 가해학생은 학교를 좋아하지 않지만 그렇다고 학업성취가 일반학생들에 비해 반드시 낮은 것은 아니다. 올베우스(Olweus, 1994)는 폭력행동이 학교에서의 낮은 성적과 학업실패의 결과가 아니라고 하였다. 버썰드(Berthold, 1996)는 초등학교 4~6학년 가해학생은 담배를 피우고 술을 마시고, 시험에서 부정행위를 하고, 총기를 휴대하는 경향이 있으며, 방과 후 매일 두 시간 이상 어른들의 보살핌 없이 집에 있는 경우가 많다고 하였다. 가해학생은 피해학생이 자신보다 약하다고 인정하지 않으며, 피해학생이 가해행동을 하도록 약을 올렸다고 생각한다(Boulton & Underwood, 1992; Olweus, 1994). 켈티강거스와 파카시아티(Keltikangas-Jarvinen & Pakasiahti, 1999)는 아동 · 청소년기에 모두 공격적 가해자인 학생들의 경우 공격적인 문제해결 전략을 가지고 있으며, 건설적인 문제해결 대안이 결여되어 있다고 주장하였다(Ma, Stewin, & Mah, 2001, 재인용).

서튼 등(Sutton et al., 1999)은 노련한 가해학생이 피해학생을 조정하고 다루는데 필요한 사회인지와 마음기술을 가지고 있기 때문에 교묘한 방식으로 피해학생에게 고통을 주고 가해학생으로 밝혀지는 것을 피할 수 있다고 주장하였다. 따라서 이러한 기술들은 주도적인 가해학생(the ringleader bully)에게 유용하며, 여학생이 많이 사용하는 간접적인 가해행동에도 유용하다. 카우키아이넨 등(Kaukiainen et al., 1999)은 세 가지 형태의 가해행동, 즉 간접적, 신체적, 언어적 가해행동에서 사회적 지능(social intelligence)의 역할을 연구한 결과, 간접적 가해학생의 사회적 지능이 10세, 12세, 14세 아동집단 모두에 걸쳐 피해학생보다 유의하게 높다고 결론지었다.

가해학생은 부모의 양육방식이 권위주의적이고 적대적이고 거부적이고 비일관적(거부적이면서 동시에 허용적인)이며, 사회적 문제해결 능력이 낮고 사소한 시비에 과잉 반응한다(Batsche & Knoff, 1994). 올리버 등(Oliver et al., 1994)은 가해자의 가정환경 특징으로 재정적 · 사회적 문제, 냉랭한 정서적 분위기, 가족구조의 결함, 사회적 고립, 부모 갈등, 그리고 아동양육기술의 부족(예: 공격성 강화, 적절한 보상 실패)을 제시하였다.

가해학생은 자신보다 어리거나 같은 또래 학생을 가해대상으로 탐색한다. 예컨대, 저학년 아동의 반 이상은 자신보다 나이 많은 아동들로부터 학교폭력을 당했다. 반면 고학년 아동은 같은 나이 또래의 아동들로부터 학교폭력을 당했다(Boulton & Underwood, 1992). 가해행동은 학년이 올라감에 따라, 즉 초등학교에서 중등학교로 올라감에 따라 보다 많이 발생하며, 언어 폭력의 형식을 취하는 경향이 있다. 가해학생의 나이가 많아짐에 따라 직접적이고 신체적인 폭력은 줄어들지만 언어적인 폭력은 여전히 시간이 지나도 높다(Boulton & Underwood, 1992). 남녀 가해학생은 모두 9세에서 16세까지 연령이 증가함에 따라 폭력행동 가담이 많아지고, 이에 따라 폭력행동에 대한 지지적 태도와 신념도 높아지는 것으로 나타났다. 그렇지만 16세 이후 학교폭력과 관련된 태도, 신념, 그리고 행동은 보통 수준을 보인다.

지금까지 밝혀진 가해학생의 심리적 · 행동적 특성을 제시하면 다음과 같다. 이 특성들은 학교폭력을 가하는 이유가 되기도 한다(정종진, 2012).

- 피해학생보다 나이가 많거나 힘이 세며, 활력이 넘친다.
- 타인에 대한 이해와 배려가 부족하다.
- 공격적이고 충동적이다.
- 힘이 세고, 거칠며, 자신감이 넘쳐 보인다. 또래 아이들은 이를 지도력으로

혼동하기도 한다.

- 피해학생에 대한 죄책감이나 수치심 및 공감을 거의 경험하지 못한다.
- 지배적이고 강한 남자(tough guy)의 이미지, 즉 '사나이다움'에 대해 동경하며, 사나이다운 것이라고 여겨지는 것을 잘 따른다.
- 남을 괴롭히고, 괴롭히는 수단에 대해 별로 개의치 않는다.
- 다른 사람의 기본적인 인권에 대한 존경심이 결여되어 있다.
- 폭력이 가져다 줄 결과에 대해 신경 쓰지 않고, 문제를 해결하기 위해 폭력에 의존하는 경우가 많다.
- 집에서 거의 시간을 보내지 않으며 가족과의 긍정적 상호작용이 적다.
- 학교 활동과 교직원에 대해 부정적인 태도를 보인다.
- 약한 학생의 고통과 불편함을 즐기고, 괴롭힐 수 있는 상황을 만든다.
- 또래들 사이에서 힘과 명예를 얻기 위해 힘자랑을 한다.
- 여학생의 경우에는 과장된 자랑, 고함지르기, 또래와 교직원에 대한 무례함과 거만함을 보이는 경향이 있다.

이러한 특성 외에도 학교폭력 피해를 많이 경험한 학생일수록 가해 경험을 많이 갖고, 다음과 같은 행동을 할 가능성이 높다.

- 자주 싸움을 건다.
- 싸움에서 상처를 입는다.
- 자산을 훔치고 파괴한다.
- 음주를 한다.
- 흡연을 한다.
- 학교를 무단결석하고 중퇴한다.
- 학업 성취도가 저조하다.
- 학교 풍토를 부정적으로 지각한다.
- 흉기를 소지한다.

2) 가해학생의 학교폭력 징후

(1) 학교에서 발견할 수 있는 징후

교사가 학교에서 발견할 수 있는 가해학생의 징후를 열거하면 다음과 같다(박명진, 2006).

- 교실에서 큰 소리를 자주 치고 반 분위기를 주도한다.
- 교사와 눈길을 자주 마주치며 수업 분위기를 독점하려고 한다.
- 교사가 질문할 때 다른 학생의 이름을 대며 그 학생이 대답하게끔 유도한다.
- 교사의 권위에 도전하는 행동을 종종 나타낸다.
- 육체적 활동, 체육 등을 좋아하며 힘이 세다.
- 화를 잘 내고 이유와 핑계가 많다.
- 친구에게 받았다고 하면서 비싼 물건을 가지고 다닌다.
- 성미가 급하고 화를 잘 낸다.
- 자기 자신에 대한 자존심이 강하다.
- 작은 칼 등 흉기를 소지하고 다닌다.
- 등하교 시 책가방을 들어 주는 친구나 후배가 있다.
- 손이나 팔 등에 종종 붕대를 감고 다니거나 문신 등이 있다.

(2) 가정에서 발견할 수 있는 징후

가해학생의 경우 다음과 같은 징후를 보이면 학교폭력 가해자가 아닌지 부모로서 의심해 보아야 한다(정종진, 2012).

- 밤늦도록 잠을 자지 않는다.
- 돈 씀씀이가 커진다.
- 사 주지 않은 물건을 소지하고 있다.

- 비밀이 많고 부모와 대화하지 않는다.
- 외출이 잦고 친구들의 전화에 신경을 많이 쓴다.
- 귀가 시간이 늦어지고 불규칙하다.
- 부모를 무시하고 공격적인 태도를 보인다.
- 방화와 동물 학대처럼 반사회적 행동에 가담한다.
- 공격적인 행동을 보이거나 반복적으로 공격성을 나타낸다.
- 부모에게 이유 없이 반항한다.
- 참을성이 없고 화를 잘 낸다.
- 14세 전에 구속된 경험이 있다.
- 비행 전력이 있거나 또래 폭력집단에 속해 있다.
- 알코올 또는 약물을 남용한다.

위의 항목 가운데 1～4개 징후가 나타나면 대화를 통해 다른 학생을 기해하고 있는지 알아보아야 하고, 5～7개 징후가 나타나면 보통 학교폭력을 한 사실이 드러나는데 즉시 교사나 학교 측에 도움을 요청해야 하며, 8개 이상의 징후가 나타나면 학교 측과 방안을 논의하거나 학교폭력예방센터 같은 전문기관과 상담해결책을 찾도록 해야 한다.

(3) 부모나 교사가 발견할 수 있는 징후

가정이나 학교에서 부모나 교사가 발견할 수 있는 가해학생의 학교폭력 징후를 열거하면 다음과 같다(조정실 · 차명호, 2012).

- 부모와 대화가 적고 반항하거나 화를 잘 낸다.
- 반에서 특정한 아이들과만 논다.
- 사 주지 않은 고가의 물건을 가지고 다니며, 친구가 빌려 준 것이라고 한다.
- 친구관계를 중요시하며, 밤늦게까지 친구들과 어울려 귀가시간이 늦어지

고 불규칙하다.

- 비행(금품갈취, 절도, 집단폭력, 약물 등) 전력이 있다.
- 감추는 게 많아진다.
- 친구들이 자신에 대해 말하는 걸 두려워한다.
- 집에서 주는 용돈보다 많이 쓴다.

3) 학교폭력이 가해학생 및 부모에게 미치는 영향

(1) 가해학생

가해학생의 경우, 폭력 사건 직후에 영웅 심리에 젖어 있거나, 폭력 사체를 사소한 장난이나 피해학생의 부적절한 행동에 대한 응징이었다고 자기 정당화를 시도한다. 청소년기의 학생들은 자신이 다른 학생보다 우월한 존재라는 증거를 찾고 싶어하며, 자신의 행위가 법률적으로 어떤 책임이 따르는지 이해하지 못하는 경우가 많다. 집단폭행을 저지른 가해학생의 경우는 자신의 행위에 대해 전혀 저항을 하지 못하면서 발버둥을 치는 존재에 대해서는 더욱 잔혹한 행위를 하려는 심리적 충동을 느낄 수도 있다. 이러한 충동성으로 인해 가만히 맞고 있는 피해학생에 대해서는 더욱 심하게 폭력을 가하다가 불구나 사망으로 가는 위험한 사건이 발생하기도 한다(조정실 · 차명호, 2012).

그러나 일정 시간이 경과하면, 사건이 알려지는 것을 두려워하며 부모와 교사가 사건을 인지하는 경우 어떻게 해야 하나 하는 걱정을 하기 시작한다. 자신의 행위가 잘못되었다는 막연한 인식과 피해학생에 대한 미안한 마음도 생겨난다. 또한 피해자가 다쳐서 어떤 문제가 되지 않을까 하는 두려움을 느낀다. 겉으로는 자신만만하게 행동하지만 '큰 사고'가 될까 봐 염려하고 피해학생에 대한 걱정과 처벌에 대한 두려움을 느끼게 된다. 이렇듯 가해학생의 경우 폭력 사건 후, 상대편이 다치지 않았으면 하는 마음과 자신이 자연스럽게 사과를 할 수 있는 계기가 있어서 다시 친구관계로 돌아가려는 심리적 욕구를 가진다. 그리고 법적 문제가 되지 않기를 바라는 마음이 강하다(조정실 · 차명호, 2012).

어린 시절 학교에서 자주 폭행을 하면 성인이 되어서도 폭력과 범죄를 저지를 확률이 높다. 초등학교 때는 자신감이 넘쳐서가 아니라 불안과 분노 같은 마음의 병을 견디다 못해 남을 괴롭히거나 공격하는 경우가 많고, 이러한 괴롭힘과 공격은 학업 성취의 잠재력을 떨어뜨리기 쉽다. 공부는 단순히 '머리'로 하는 게 아니라 '관계'로 하는 건데, 남을 괴롭히거나 공격하는 아이는 교사, 또래와 어울리며 자연스럽게 배우는 과정에 참여하지 못하고, 남을 배려하지 못하거나 규칙을 따르지 못해 성적과 품행이 모두 궤도 밖으로 밀려 나가는 것이다. 초등학교 때 나타나기 시작한 폭력 가해학생들의 학업성취도 저하 현상은 중 · 고등학교 시절에 더 심각해지면서 결국 성인이 되어서도 사회 부적응, 실업, 범죄, 자살로까지 이어질 가능성이 매우 높다. 따라서 학교와 사회가 폭력 가해학생들을 초등학교 때부터 조기 개입하여 제대로 지도하고 처방하지 않으면 나중에 더 심한 고립과 낙오를 자초하게 되며, 사회 안전을 위협할 수 있는 성인 범죄자를 양산할 수 있다(정종진, 2012). 반복적인 학교폭력에 노출될 경우 가해학생들은 폭력으로 모든 것을 해결할 수 있다는 왜곡된 가치관을 형성할 수 있으며, 법을 위반하는 행동이 강화되고 다른 비행행동들이 수반되는 등, 반사회적인 규범이 학습된다는 측면에서 개인에게 좋지 못한 영향을 미치게 된다. 학교상황에서 학업능력의 저하와 사회적응 실패를 경험할 가능성이 높으며, 자아실현의 기회가 상실될 수도 있다. 또한 불안이나 분노, 공격적 충동을 조절하지 못하는 심리적 장애를 가지게 되며, 사회적으로 고립감을 느끼고 현실을 부정하여 반사회적 인격장애로 발전하는 경우도 있다(김규태 외, 2013).

에론과 후에스맨(Eron & Huesmann, 1984)은 8세 가해아동을 대상으로 한 22년의 종단연구에서 대부분의 가해아동이 성인기에 최소 하나의 범죄 경력을 보였다고 보고하였다. 에론 등(Eron et al., 1987)은 학령기 초에 확인된 가해학생에 대하여 추적 연구를 수행한 결과, 25%가 30세가 될 무렵까지 어떤 범죄 경력을 갖게 된다는 것을 발견하였다. 올베우스(Olweus, 1994)는 6~9학년 가해학생의 60%가 최소한 한 번 구속되고, 35~40%는 24세 때까지 세 번 이상 구속된다고 보고하였다.

(2) 가해학생 부모

가해학생 부모는 사건이 발생하면 피해학생에 대한 책임도 걱정하지만 자신의 자녀의 미래가 불안하여 더 많은 걱정을 하게 된다. 그래서 우리 아이의 잘못을 알면서도 폭력 사실을 시인하면 우리 아이가 크게 다치는 것이 아닐까 하는 두려움 때문에 피해자 탓으로 돌리려고 한다. 자녀가 의기소침해하면 우리 아이가 기죽을까 봐 걱정이고, 또 다른 따돌림의 대상이 되지는 않을까 하고 걱정한다. 때로는 폭력에 대해 관대한 태도를 보이며 "장난으로 한 건데 너무 심하게 하는 것 아닌가요? 사실 알고 보면 우리 아이도 피해자거든요."라고 말하면서 사실을 부인하며 자신의 아이는 잘못이 없다는 것을 입증하려고 오히려 큰소리치는 경우도 있다. 하지만 마음 속에는 자식의 미래에 대한 걱정과 자책감이 존재한다(조정실 · 차명호, 2012).

3. 피해학생의 심리

1) 피해학생의 심리적 · 행동적 특성

피해학생들은 빈약한 사회적 기능(poorer social functioning)을 보인다. 그들은 일반학생들보다 더 우울하고 걱정이 많고 불안정한 경향이 있으며, 자존감이 낮고 세심하고 민감하고 조용한 편이다(Craig, 1998; Olweus, 1995; Rigby & Slee, 1991). 일반 또래들과 비교했을 때, 피해학생들은 보다 위축되고 우울하고 걱정이 많고 새로운 상황에 대해 두려워하며(Bryne, 1994), 내재화 행동과 정신신체적 증상 점수가 높은 것으로 나타났다(Kumpulainen et al., 1998). 피해학생들은 보다 외로움을 느끼고 학교에서 덜 행복하고 좋은 친구들도 없는 편이다(Olweus, 1993; Slee, 1995). 특히 여자 피해학생은 동료들부터 사회적으로 고립되거나 부정적으로 평가받는 것에 관심이 많다(Slee, 1995).

올베우스(1978)는 학교폭력의 피해자를 수동적 집단(passive group)과 도발적 집단(provocative group)으로 구분하였다. 수동적 집단은 걱정이 많고 불안정하며, 조심해하고 민감하며 무기력하다. 반면, 도발적 집단은 성급하고 과잉 행동적이고 불안하고 방어적이다(Bernstein & Watson, 1997; Olweus, 1991). 수동적 피해자는 학교에서 외롭고 친구가 별로 없고, 남학생의 수동적 피해자는 신체적으로 허약하고 심리적으로 민감하며, 부모(특히 어머니)와 친밀하고 긍정적인 관계를 형성하고 있으나 종종 교사들로부터 부모의 과잉보호를 받는다고 평가된다(Olweus, 1978). 반면 도발적 피해자는 불안한 심리상태를 갖는다는 점에서는 수동적 피해자와 유사하지만, 가해자와 비슷한 수준의 공격성을 갖고 있으며, 공격을 받았을 때 반격하려는 성향을 보인다.

피해학생은 스스로 바보스럽고 매력적이지 않다고 지각하는 경향이 있으며, 그들의 주요한 특성은 낮은 자존감과 높은 사회적 불안으로 밝혀졌다(Hoover & Juul, 1993; Slee, 1994). 일반적으로 남학생과 여학생 모두 피해자의 중요 특징으로는 동료의 부정적 평가에 대한 두려움이고, 특히 여학생의 경우 사회적 고통(social distress)과 사회적 회피(social avoidance)가 중요한 특징이다(Slee, 1994). 피해자들은 사회적 인정을 갈망하고 있지만, 다른 사람과의 상호작용에서 친사회적 행동을 보이는데 어려움을 갖고 있다(Bernstein & Watson, 1997).

낮은 지능의 남학생은 폭력의 피해자가 되기 쉽다(Perry et al., 1998). 폭력의 피해자는 가해자들에 비해 신체적으로 허약하다(Olweus, 1978). 초등학교 아동들의 학교폭력의 피해는 빈약한 신체적, 사회적, 심리적 안녕과 밀접한 관련이 있다(Slee, 1994). 피해자들은 정서조절 기술 — 좌절, 실패, 정신적 외상(trauma)으로부터 오는 부정적 감정의 스트레스를 완화하는 대처 행동을 촉진하는 과정 — 이 부족하다. 메하디-윌튼(Mahady-Wilton, 1997)은 폭력의 대처 양식으로 문제해결 대처와 반응적 대처로 구분하면서, 폭력의 피해자는 반응적 대처 양식을 보다 선호한다고 하였다. 문제해결 대처 양식은 폭력 상황을 줄이고 완화시키는 데 반해, 반응적 대처 양식은 폭력 상황을 오히려 영속시키고 악화시킨다.

학교폭력의 피해자는 부모와 비일관적인 애착유형 — 반응성(responsiveness)과 거부를 동시에 나타냄 — 을 맺는 경향이 있어서, 반응성은 아동이 부모와의 관계를 포기하는 것을 어렵게 하고, 거부는 피해자가 되는 방법을 알려 준다. 이것은 피해자가 폭력을 당한 후에 왜 가해자와 비효과적인 상호작용을 계속적으로 시도하게 되는지를 설명해 준다(Troy & Sroufe, 1987). 일반적으로 인간관계에서 지지를 받지 못하는 아동은 폭력을 당하는데 취약하다(Champion, 1997).

피해자는 두 가지 이유, 즉 보복의 두려움과 도움을 요청했을 때 어른들로부터 적절한 도움을 받지 못한 경험 때문에 폭력 사건을 보고하지 않는다(Robert & Coursel, 1996). 종종 학교폭력의 피해자들은 가해자들보다 교육자들로부터 주의를 덜 받기도 한다(Boulton & Underwood, 1992).

지금까지 밝혀진 피해학생의 특성을 열거해 보면 다음과 같으며, 이는 학교폭력을 당하는 이유가 되기도 한다(정종진, 2012).

- 행동이 어눌하다.
- 자신이 타인에게 어떻게 보이는가에 대해서 지나치게 민감하고 걱정을 많이 한다.
- 불안해하고, 수줍어하고, 조심스럽고, 수동적이고, 조용하고, 순종적이다.
- 의사소통이 서툴며, 문제를 터놓고 이야기하지 못한다.

- 신체적으로 허약하고, 협동을 못하며, 가해학생보다 나이가 어리거나 덩치가 작다.
- 자신의 신체가 매력이 없다고 느끼거나 반대로 자신의 신체적 이미지에 대해 과신하는 경향이 있다.
- 혼자서는 또래에게 대응하지 못하고, 또래집단으로부터 지지를 이끌어 낼 수 없다.
- 또래로부터 거부되고, 인기가 없으며, 사회적으로 고립된 편이다.
- 자기주장을 펴지 못하고, 스스로의 힘으로 자신을 방어하지 못한다.
- 지나치게 과잉보호적인 부모에게 의존적이다.
- 성가심과 심적 좌절감으로 인해 감정이 폭발하기도 한다.

한편, 왕따를 당하기 쉬운 학생들의 특성을 보면 내성적이며 자기주장을 잘 하지 못한다. 또 친구들이 놀리거나 괴롭혀도 가만히 있는 편이고, 얼굴 표정이 어두우며, 신체 외모나 목소리가 특이하다. 잘 씻지 않고 다니며, 거짓말을 잘 하고 말과 행동이 다르며, 또래집단의 문화에 잘 어울리지 못한다. 잘난 척하고, 이기적이며 자신의 생각만 주장하고, 친구들이 놀리면 부끄럼을 많이 타거나 과잉반응을 보이고, 농담과 진담을 구분하지 못하며, 교사의 관심과 애정을 지나치게 원한다(장후용, 2008; 정종진, 2012, 재인용).

2) 가해 · 피해학생의 심리적 · 행동적 특성

가해자이면서 피해자인 청소년의 특성을 다룬 연구가 별로 없다. 가해학생들과 같이 가해 · 피해학생은 일반아동들에 비해 더 높은 수준의 언어적 · 신체적 공격성을 보인다(Craig, 1998). 피해경험이 없거나 단지 가해만을 한 청소년들과 비교했을 때 외현화 행동과 과잉행동 그리고 우울 증상 점수가 높고(Kumpulainen et al., 1998), 반면 학업적 유능감(scholastic competence), 사회적 수용, 품행, 일반적 자기가치 정도는 낮은 것으로 나타났다(Austin & Joseph, 1996).

스티븐슨과 스미스(Stephenson & Smith, 1989)는 따돌림의 가해자와 피해자 유형을 가해자, 불안한 가해자, 피해자, 도발적인 피해자, 가해-피해자의 5가지로 분류하였다(곽금주, 2006). 가해자는 강하고, 단호하며, 쉽게 흥분하고, 공격을 즐기며, 보통 정도의 인기와 안정성을 지닌다. 불안한 가해자는 불안정하며 학업성적이 낮으며, 인기가 낮은 집단이다. 피해자는 약하고 자신감이 낮고 인기도도 낮은 유형이다. 그러나 도발적 피해자는 활동적이며 강하고 쉽게 흥분하며 자신이 지목되는 것을 종종 불평하는 집단이다. 가해-피해집단은 강하고 단호하며 일반적으로 학급에서 가장 인기가 없으며 타인들을 가해하여 동시에 자신이 피해당하는 것을 불평하는 집단이다.

여기서 한 가지 더 주목할 부분은 단순 피해나 가해집단에 비해 가해-피해 집단의 심리적 위험성이 가장 높다는 것이다. 단순 가해집단에 비해 가해-피해 집단은 주관적인 심리적 불편감이 크고, 스스로에 대한 문제의식도 강한 것으로 나타났다. 또한 부모나 교사 모두 이들에 대해 비행, 공격성, 외현화 문제 등이 다른 집단에 비해 높다고 보고하여 가해-피해 집단이 학교 장면에서 뿐만 아니라 가족과 같은 가정환경에서도 적응상의 문제들을 심각하게 겪고 있음을 알 수 있다(김영신, 2001; 곽금주, 2006에서 재인용). 피해자이면서 가해자인 학생들의 경우, 자신의 열등감이나 피해의식에서 오는 좌절감을 약한 상대방에게 폭력을 행사함으로써 이를 상쇄하려는 심리상태를 가지고 있는 경우가 많다. 약한 자신이 폭력을 당한 것이 당연한 것처럼, 다른 약한 친구를 괴롭히는 자신의 행동을 당연하게 여기게 되는 것이다(김규태 외, 2013). 피해자이면서 가해자인 집단은 피해만을 경험하는 집단에 비해 자기효능감이 부족하고(이귀숙 · 정현희, 2005), 다른 사람들을 잘 믿지 못하고 의심하며 타인을 조종하려는 경향이 나타나게 되며(강은희 · 이은희 · 임은정, 2002), 솔직하게 자신의 속내를 털어놓고 친구를 사귀거나 관계를 유지하는 데 어려움을 보인다(이귀숙 · 정현희, 2005).

3) 피해학생의 학교폭력 피해 징후

(1) 교사가 발견할 수 있는 징후

학교에서 교사가 수업시간, 점심시간과 쉬는 시간, 등하교 시간 및 기타 상황에서 발견할 수 있는 징후를 열거하면 다음과 같다(조정실 · 차명호, 2012: 76-77).

① 수업시간 중에 발견할 수 있는 징후

- 지우개나 휴지, 쪽지가 특정 아이를 향한다.
- 특정 아이를 빼고 이를 둘러싼 아이들이 이유를 알 수 없는 웃음을 짓는다.
- 자주 등을 만지고 가려운 듯 몸을 자수 비튼다.
- 교복이 젖어 있거나 찢겨 있어 물어 보면 별일 아니라고 대답한다.
- 교복 등에 낙서나 욕설이나 비방이 담긴 쪽지가 붙어 있다.
- 평상시와 달리 수업에 집중하지 못하고 불안해 보인다.
- 교과서가 없거나 필기도구가 없다.
- 자주 준비물을 챙겨 오지 않아 야단을 맞는다.
- 교과서와 노트, 가방에 낙서가 많다.
- 코피나 얼굴의 생채기가 나 있어 물어 보면 괜찮다거나 별일 아니라고 한다.
- 종종 무슨 생각에 골몰해 있는지 정신이 팔려 있는 듯이 보인다.

② 점심시간과 쉬는 시간에 발견할 수 있는 징후

- 자주 점심을 먹지 않는다.
- 점심을 혼자 먹을 때가 많고 빨리 먹는다.

- 친구들과 어울리기보다 교무실이나 교과전담실로 와 선생님과 어울리려 한다.
- 자기 교실에 있기보다 이 반, 저 반 다른 반을 떠돈다.
- 친구들과 자주 스파링 연습, 격투기 등을 한다.
- 같이 어울리는 친구가 거의 없거나 소수의 학생과 어울린다.
- 교실 안보다 교실 밖에서 시간을 보내려 한다.

③ 등하교 시간 및 기타 상황에서 발견되는 징후

- 자주 지각을 한다.
- 자신의 집과 방향이 다른 노선의 버스를 탄다.
- 다른 학생보다 빨리 혹은 아주 늦게 학교에서 나간다.
- 학교 성적이 급격히 떨어진다.
- 이전과 달리 수업에 흥미를 보이지 않는다.
- 수련회, 수학여행 및 체육대회 등 학교행사에 참석하지 않는다.
- 무단결석을 한다.
- 작은 일에도 예민하고 신경질적으로 반응한다.

(2) 부모가 가정에서 발견할 수 있는 징후

가정에서 부모가 학교공부, 친구관계, 신체적 영역, 정서적 · 행동적 영역에서 학교폭력의 사전 징후라고 여길 수 있는 징후들을 열거하면 다음과 같다(조정실 · 차명호, 2012).

① 학교공부

- 학교 성적이 급격히 떨어진다.
- 학원이나 학교에 무단결석을 한다.

- 갑자기 학교에 가기 싫어하고 학교를 그만두거나 전학을 가고 싶어한다.
- 학용품이나 교과서가 자주 없어지거나 망가져 있다.
- 노트나 가방, 책 등에 낙서가 많이 있다.
- 교복(옷)이 더럽혀져 있거나 찢겨 있는 경우가 많다.
- 학교에 가거나 집에 올 때 엉뚱한 교통 노선을 이용해 시간이 많이 소요된다.

② 친구관계

- 다른 아이들이 괴롭힘 때문에 입은 피해에 대해 자주 말한다.
- 문자를 보내거나 메신저를 할 친구가 없다.
- 친구 생일파티에 초대를 받는 일이 드물다.
- 친구의 전화를 받고 갑자기 외출하는 경우가 많다.
- 전화벨이 울리면 불안해하며 전화를 받지 말라고 한다.
- 자신이 아끼는 물건(휴대전화, MP3, 전자사전, 옷 등)을 자주 친구에게 빌려 주었다고 한다.

③ 신체적 영역

- 몸에 상처나 멍 자국이 있다.
- 머리나 배 등이 자주 아프다고 호소한다.
- 밤에 잠을 제대로 자지 못하며 식은땀을 흘리면서 잠꼬대 앓는 소리를 한다.
- 집에 돌아오면 피곤한 듯 주저앉거나 누워 있다.
- 작은 일에도 깜짝깜짝 놀라고 신경질적으로 반응한다.
- 몸을 움직이는 일을 하지 않으려 하고 혼자 자기 방에 있기를 좋아한다.
- 학교에서 돌아와 배고프다며 폭식을 한다.

④ 정서적 · 행동적 영역

- 내성적이고 소심하며 초조한 기색을 보인다.
- 갑자기 격투기나 태권도 학원에 보내 달라고 한다.
- 부모와 눈을 잘 마주치지 않고 피한다.
- 쉬는 날 밖에 나가지 않고 주로 컴퓨터 게임에 몰두하며 게임을 과도하게 한다.
- 전보다 자주 용돈을 달라고 하며, 때로는 훔치기도 한다.
- 복수나 살인, 칼이나 총에 대해 관심을 보인다.
- 전보다 화를 자주 내고, 눈물을 자주 보인다.

4) 학교폭력이 피해학생 및 부모에게 미치는 영향

(1) 피해학생

학교폭력 피해학생은 수치심과 당혹감, 보복에 대한 두려움으로 피해 사실을 공개하기 싫어한다. 그리고 시간이 지나면서 자신이 당할 만하다고 자연스럽게 생각하는 경향이 있다. 그 결과 자신감 저하, 자존감 결여 등의 현상을 보이면서 자신을 무능하고 쓸모없는 존재로 간주한다. 또한 이들은 학교에 가는 것을 꺼리고, 밤에 악몽을 꾸거나 머리와 배 등 몸이 아프다고 호소한다. 학교폭력 피해학생은 성장한 다음에도 불안, 우울, 외로움에 취약하고, 직장 동료와의 관계에서도 어려움을 느낄 수 있다. 알코올과 관련한 문제나 가정폭력 문제를 갖게 되기도 한다. 최악의 경우 자살이라는 극단적인 선택을 하기도 한다(정종진, 2012). 학교폭력 피해학생은 회피행동(예: 결석하기), 학업수행의 저하, 자존감 상실, 그리고 극단적인 경우에 가출, 자살, 가해자 살인 등의 반응으로 이어진다(Batsche & Knoff, 1994; Boulton & Underwood, 1992; Slee, 1994).

학교폭력 사건 발생 시, 피해학생이 느끼는 가장 큰 감정은 두려움과 분노다.

자신이 다시 폭력을 당하는 것은 아닐까, 자신이 도움을 받을 곳이 있는가, 부모에게 말하면 혼나지 않을까 하는 두려움을 갖는다. 나아가 자신에게 폭행을 가한 대상과 자신을 보호해 주지 못한 학교와 교사, 심지어는 부모와 사회 전체에 대하여 분노를 느낀다. 분노 속에는 원망과 무기력감이 동시에 수반된다(조정실 · 차명호, 2012).

폭력을 당하고 있는 청소년은 부모에게 직접적이기보다는 간접적인 신호를 통하여 도움을 요청한다. 자신이 당한 일을 다른 친구가 당한 일처럼 이야기를 하거나, 집에서 짜증을 내고, 학교 가기를 회피하거나, 다른 학교로 전학을 갔으면 좋겠다고 이야기를 한다. 주변에 있는 자신을 보호해 줄 수 있을 것으로 믿었던 사람이 어떤 반응을 보이느냐 하는 것은 피해학생에게는 매우 중요한 일이다. 부모가 적절하게 대응하지 못하는 경우, 자녀는 자신이 만만하게 여기는 사람에게 자신의 분노와 두려움을 공격적인 행동으로 나타내게 된다. 두려움과 분노의 시기가 지나면 수치심을 느끼게 된다. 또래에게 자신이 '당했다'는 느낌은 스스로의 정체감을 무력화시키며, 자신을 열등한 존재로 간주하게 된다. 더 나아가 자신이 약해서 맞았다는 생각보다 마치 자신이 무엇인가 잘못된 행동을 했기 때문에 맞을 만해서 맞았다고 생각하면서 폭력사건을 스스로 정당화한다(조정실 · 차명호, 2012).

이 시기에 피해학생이 실질적으로 얻고자 하는 것은 주변 사람의 도움을 받거나 다른 경로를 통해서, 첫째 가해학생에게서 사과를 받아내고, 둘째 자신의 자존감을 회복하고, 셋째 피해학생이 아닌 동등한 친구관계로 다시 돌아가는 것이다.

폭력에 노출된 후 피해자들이 경험했던 불안과 두려움, 심리적 위축, 대인기피 등을 적절한 시기에 치료하지 않는다면 적응장애나 우울장애, 외상 후 스트레스 장애와 같은 심리적 장애를 초래할 수 있다(임재연, 2006). 어떤 학생들은 자신을 공격했던 또래나 상황에 대한 반발심으로 야기된 폭력적 · 공격적 행동 경향성을 보이게 될 수도 있으며, 또래 괴롭힘의 악순환으로 인해 또다시 괴롭힘의 표적이 되기도 한다(김규태 외, 2013). 피해자들은 괴롭힘에 다양한 방식으로 반응하지만 회피행동(예: 학교에 가지 않기, 어떤 장소에 가는 것을 거부하기, 가출하기)은 공통적으로 나타나는 현상이고, 극단적인 경우 자살을 시도한다(Batsche et al., 1994). 또한 피해의 결과는 성인기까지 계속 이어지기도 한다. 종단연구에서 올베우스(Olweus, 1993)는 초기 성인으로서 폭력피해 경험자는 일반 동료들보다 더 높은 우울 증상과 낮은 자존감을 보인다고 보고하였다.

(2) 피해학생 부모

사건이 발생하면 피해학생 부모는 두려움으로 회피하거나 상대가 먼저 용서를 구하기 바라거나 학교에서 원만히게 해결해 주기를 기대하면서 나름대로 명분을 찾는다. "우리 아이가 내성적이고 왜소해서 당했다." 다른 문제가 있는 것이 아니라 특정한 요인(예: 내성적인 성격) 때문에 공격을 당했다고 이유를 대고 싶어한다. 그러면 상대가 더 미안해서 사과하고 용서를 구할 거라 생각한다. 사실 피해학생 부모는 큰 싸움으로 번지는 것을 원하지 않는다. 대부분 상대가 사과하면 빨리 용서하고 원만하게 해결하려고 한다(조정실 · 차명호, 2012).

일을 효과적으로 해결하기 위해서는 피해자 중심으로 해결하려는 노력을 보이며 마음의 안정을 찾게 하고 가해학생의 사과와 가해학생 부모가 재발 방지 약속과 함께 피해학생의 치료에 힘쓸 것을 다짐받고 화해하도록 조력해야 한다. 피해학생의 분노는 모두가 상처받을 수 있는 극단의 상황으로까지 연결되기에 초기에 적극적으로 대처하여 원만한 중재를 이끌어 낸다면 피해학생 부모도 안도감을 가지게 될 것이다. 이때 피해학생 부모 또한 사과를 받아들이고 용서를 통해 자존심을 회복하고 적당한 선에서 합의할 줄 아는 포용의 자세를 가질 수 있도록 조력해야 한다.

4. 목격학생의 심리

학교폭력은 단순히 가해자와 피해자를 중심으로 발생하는 것이 아니라 주변 또래들의 동조에 의해 강화되거나 유지되는 경향이 있기 때문에, 학교폭력에 대한 예방과 중재에 있어서 피해자나 가해자 개인에게 초점을 맞춘 개인적 차원의 접근만으로는 한계가 있다. 따라서 학교폭력이 발생하는 과정에서 다양한 역할을 하는 목격학생의 특성을 이해할 필요가 있다.

1) 목격학생의 유형별 심리적 · 행동적 특성

학교폭력 현상에서 가해자와 피해자 이외에 중요한 역할을 하는 집단이 있는데, 바로 방관자(bystander)들, 즉 목격학생들이다. 여러 폭력 연구들에서 이미 방관자의 중요성을 지적한 바 있다. 펠슨(Felson, 1982)에 의하면 상호 간의 분쟁이 발생하였을 때 제삼자의 존재는 단순한 언어적 분쟁이 신체적 싸움으로 발전된다는 실험결과를 얻었다. 또 폭력상황에서 제삼자는 갈등을 감소시키는 조정자가 될 수도 있으며, 폭력을 인정하는 선동적인 청중이 될 수도 있다(Oliver, 1994).

왕따에 참여하는 집단 구성원들은 집단 안에서 형성된 사회적 기대에 따라 다양한 역할을 하게 되는데, 살미발리 등(Salmivalli et al., 1996)에 따르면, 참여자 역할은 가해자(bully), 가해 조력자(assistants of the bully), 가해 강화자(reinforcers of the bully), 방관자(bystanders), 피해 방어자(defenders of victim)로 구분된다(곽금주, 2006, 재인용). 가해 조력자란 누군가 왕따를 시작하면 그 상황에 열심히 참여하고 가해자를 도와주는 역할을 하는 사람이다. 가해 강화자는 적극적으로 피해자를 공격하지는 않지만, 주위에 서서 지켜본다거나 웃어 주는 등의 행위를 통해 가해자에게 긍정적인 피드백을 보인다. 이 두 집단은 가해자의 행동을 지지하고 동조하는 집단이라고 할 수 있다. 대다수 학생들은 상황에서 떨어져 거리를 유지하고 어느 편에도 가담하지 않으려 하는데, 이들 집단을 외부인이라 할 수 있다. 그들의 의도와는 상관없이, 이러한 침묵은 암묵적으로 왕따를 승인함으로써 왕따가 계속 유지되는 데 기여한다. 마지막으로 피해 방어자는 피해자 편에 서서 그들을 위로해 주고 또래들이 가해하지 못하도록 제재한다. 이렇듯 가해자나 피해자의 중간에 위치하는 다른 구성원들이 왕따 상황에서 어떠한 태도와 반응을 보이느냐에 따라 피해자와 가해자의 상황이 달라질 수 있으며, 왕따는 집단 구성원이 다수 참여하는 복잡한 과정을 통해 작동하게 된다.

왕따는 가해자와 피해자만의 문제가 아닌 다양한 사회 구성원이 참여하는 집단과정이라고 할 수 있다. 가해자는 피해자를 괴롭히는 과정에서 또래에게서 사회적 지지를 받고 그것을 통해 집단을 조정하려는 의도를 가지고 있다. 이 과정에서 다수의 집단 구성원이 어떠한 태도를 취하느냐에 따라 가해자의 행동은 집단에서 지지받거나 반대로 비난받을 수 있다. 따라서 왕따에 대한 예방 및 중재에 있어서도 피해자와 가해자에 대한 개인적 차원의 접근뿐 아니라 구성원의 다양한 특성을 고려해야 하며 나아가 집단역동을 변화시킬 수 있어야 한다(곽금주, 2006). 구성원에게 왕따가 폭력적 · 비도덕적 행위라는 것을 분명히 인식시키고, 그러한 행위에 대한 동조의 압력을 거절할 수 있는 대처기술을 알려 줌으로써 왕따에 대한 집단규범 자체를 변화시키는 접근이 필요할 것이다. 또한 상황을 방관하거나 묵인하지 말고, 피해자를 지지해 주고 부모님이나 선생님 등 성인에게 알리는 등의 대처가 필요하다는 것을 인식시켜야 할 것이다.

2) 학교폭력이 목격학생에게 미치는 영향

학교폭력은 피해학생과 가해학생뿐만 아니라 학교폭력을 목격한 학생들에게도 심각한 영향을 미친다. 집단 괴롭힘 사건을 목격한 학생들의 심리적 충격은 매우 크다. 2004년 미국의 펜실베니아 주립대학교 리처드 해즐러(Richard Hazler) 박사와 오하이오 대학교 그레고리 젠슨(Gregory Janson) 박사가 과거 집단 괴롭힘을 지켜본 대학생 77명을 설문 조사한 결과, 이들이 받는 심리적인 충격은 천재지변 또는 생명의 위협을 받은 경험을 했을 때의 충격과 비슷한 것으로 나타났다. 예들 들면, 왕따 폭행 목격학생들의 스트레스가 1989년 미국 샌프란시스코 지진 당시 경찰, 소방관, 고속도로 작업자들이 받은 스트레스 수준과 비슷했다(정종진, 2012).

대구광역시교육청이 2011년 12월 친구들의 괴로힘 때문에 자살한 권모 군과 같은 중학교에 다니는 전교생 982명의 심리를 조사한 결과, 약 12%(116명)가 심리적인 불안 증세를 겪고 있는 것으로 나타났다. 이들 중 36명을 직접 상담한 영남대 심리학과 김정모 교수는 "학생들은 놀라고 불안한 마음 때문에 일상생활에 집중하지 못하거나 소화장애, 불면증을 겪고, 가해학생에 대한 분노 등 다양한 증상을 보이고 있다."라고 말했다(조선일보, 2012년 1월 18일, 12면).

폭력을 목격한 학생은 폭력행동을 대리학습할 수 있으며, 대인관계에 대해 왜곡된 인식을 가질 수 있다(Eron, 1997). 또한 또래 압력에 의해 자신의 신념과 배치되는 행동을 지속적으로 경험했을 경우, 만성화된 무력감으로 자존감이나 자기효능감이 저하될 수 있다. 그리고 힘 있고 공격적인 모델을 통해 폭력과 긍정적 결과를 연합시킬 경우 그런 행동을 정당화해도 된다는 신념을 발달시키도 한다(Perry, Perry, & Rasmussen, 1986). 즉, 또래에 대한 폭력을 목격하며 생활하게 되는 방관자 집단은 직접 왕따 행위에 적극적으로 가담하지 않더라도 이후 정상적인 발달을 위협할 수 있는 심각한 위험요인을 갖게 된다(김규태 외, 2013, 재인용).

3) 폭력의 악순환

김재엽과 이순호(2011)의 '청소년의 부모 간 폭력 목격경험이 학교폭력 가해에 미치는 영향과 공격성의 매개효과' 연구는 부모 간 폭력을 목격한 청소년이 학교폭력 가해자가 될 가능성이 높다고 보고하였다. 부모 사이의 폭력을 옆에서 지켜보기만 해도 청소년들의 불안감과 공격성이 높아져 자기 통제력을 잃고 또래집단에 대한 가해행동으로 이어질 수 있다.

어린 시절 가장 가까운 존재인 부모로부터 일찌감치 폭력을 경험한 피해자는 '세상에 내 편은 없다'고 생각하게 되고, 나는 가치 없는 존재라는 자존감의 손상을 경험한다. 이런 경험을 갖고 성장하면 나보다 약한 상대를 힘으로 제압해 이를 회복하려 한다. 상처 입은 자존감과 그로 인해 커진 분노는 남의 고통에 공감하는 능력을 떨어뜨린다. 즉 폭력의 악순환이 시작되는 것이다.

프로이드(Floyd)와 그린보움(Greenbaum)은 학교폭력을 '세대간 문제'로 명명하였다. 즉 학교폭력 가해자는 종종 가정에서의 피해자이다(Floyd, 1985; Greenbaum, 1988; Horne & Socherman, 1996). 이 연구자들은 학교폭력의 공통적인 현상이 피해자-가해자 순환(victim-offender cyle)임을 주장한다. 매우 극단적인 폭력의 피해자들은 가장 공격적인 폭력을 휘두른 가해자가 될 수 있다.

1994년 미국 콜럼바인 고등학교에서 충격적인 총기 난사 사건이 발생했었다. 2명의 고등학생이 학교를 돌면서 총기를 난사하여 15명의 학생과 교직원들이 목숨을 잃었고 23명이 부상당했던 사건이다. 언론에서는 범인들을 과격한 음악을 듣는 인종차별주의자로 묘사했지만, 범행 이후 자살을 택했던 가해자들 역시 학교에서 지속적으로 따돌림을 당했다고 한다. 이와 마찬가지로 최근 한국 상황에서의 왕따 연구에서도 왕따 피해를 많이 경험한 청소년들일수록 왕따 가해 또한 경험한다는 결과가 보고되고 있다(김규태 외, 2013). 이순래(2013)는 한국청소년정책연구원 2010년 아동·청소년패널조사 가운데 중1 패널 2~3차년도 자료를 분석한 결과, 조사 대상 2천280명 중 277명이 지난 1년간 한 번이라도 왕따나 폭행 등 학교폭력 피해를 겪은 것으로 나타났다. 이 중 1년 뒤 남을 따돌리거나 패싸움을 하는 등 학교폭력을 행한 학생은 23명(8.3%)이었다. 반면 학교폭력 피해 경험이 없던 학생이 이후 가해 행위를 한 비율은 4.5%로 나타났다. 그는 피해학생뿐 아니라 가해학생, 가족, 교사 등이 참여해 치유와 보상을 목표로 하는 '회복적 대처방안'을 통해 피해학생이 가해학생으로 전이되는 피해-가해 중첩현상을 예방할 수 있다고 제안했다. 다음은 폭력의 악순환이 어떻게 전개되는지를 보여주는 실례이다.

> 경남의 한 의류공장에서 일하는 장윤호(24세, 가명) 씨에게 아버지(58세)는 유일한 핏줄이다. 그러나 장씨에겐 '괴물'일 뿐이다. 늦은 밤 술에 잔뜩 취해 귀가한 아버지는 "하나 밖에 없는 자식놈도 나를 무시한다"며 초등학생이던 장씨를 마구 팼다. 아버지가 휘두른 허리띠로 얼굴을 맞아 볼이 벌겋게 부어올랐고 중학교 때는 주먹으로 수십 차례 가슴팍을 맞아 호흡곤란이 오기도 했다.
>
> 그는 상처 난 얼굴이 창피해 학교를 빠지기 시작했다. 학교를 그만둔 동네 형들과 자연스레 어울렸다. 형들을 따라 다른 학교 학생들과 패싸움을 했다. 상대의 배와 가슴을 실컷 두들겨 팼다. 형들이 잘했다고 치켜세워 주니 그 동안 아버지에게 맞으면서 바보 같았던 자신이 보상받는 느낌이었다. 고등학교 때 장씨는 집을 나왔다.
>
> 성인이 돼서도 술만 마시면 길가에 주차된 자동차 유리에 벽돌을 집어 던졌다. 지나가는 행인에게 시비를 걸고 폭행해 파출소를 들락거린 것도 수십 차례다. 특별한 이유는 없었다. 그래야 답답했던 속이 뻥 뚫렸다. "그래도 핏줄이라고 술만 먹으면 망나니 되는 것까지 그 사람을 닮은 건지…." 아버지와는 평생 안 보고 살 작정이라는 장씨가 말끝을 흐렸다(한국일보, 2013. 11. 28. 인터넷판).

장씨처럼 가정폭력의 피해자가 폭력의 가해자가 되는 경우가 적지 않다. 신동욱 경찰대 치안정책연구소 연구관이 지난 8월 발표한 '아동·청소년기 가정폭력 경험이 성인범죄에 미치는 영향'에 따르면 교도소 수형자 두 명 중 한 명이 가정폭력 유경험자다. 경기도 한 교도소 수형자 486명을 대상으로 한 이 설문조사에서는 249명(51.2%)이 아동 · 청소년기에 가정폭력을 직접 겪거나 부모 간 가정폭력을 목격했다고 답했다. 특히 강간과 강제추행 같은 성범죄 사범의 가정폭력 경험 비율은 63.9%로 가장 높았고 살인(60%)이 뒤를 이어 강력범죄자일수록 가정폭력의 피해자였던 경우가 많았다(한국일보, 2013. 11. 28. 인터넷판).

참고 문헌

곽금주(1992). 공격영화시청이 아동과 청소년의 사회정보처리과정에 미치는 영향. 박사학위논문. 연세대학교 대학원.

곽금주(2006). 학교폭력과 왕따의 구조적 특징. 문용린 외, **학교폭력 예방과 상담**(pp.69-90). 서울: 학지사.

권현용 · 김현미(2009). 학교폭력 가해청소년의 심리사회적 요인에 관한 질적 분석. **한국동서정신과학회,** 12(1), 1-12.

김규태 · 방경곤 · 이병환 · 윤혜영 · 우원재 · 김태연 · 이용진(2013). **학교폭력의 예방 및 대책**. 파주: 양서원.

김영화(2012). **학교폭력: 청소년문제와 정신건강**. 서울: 한울.

문용린 외(2006). **학교폭력 예방과 상담**. 서울: 학지사.

박명진(2006). 학교폭력 예방을 위한 실제적 지침서. 문용린 외, **학교폭력 예방과 상담** (pp. 427-429). 서울: 학지사.

양야기(2009). 학교폭력 예방프로그램이 중학생의 학교폭력 태도, 분노 및 공격성에 미치는 효과. 박사학위논문. 전남대학교 대학원.

이창숙(2012). 학교폭력 예방프로그램이 학교폭력 태도, 공격성 및 자기존중감에 미치는 효과. 박사학위논문. 경상대학교 대학원.

정종진(2012). **제대로 알고 대처하는 학교폭력상담**. 서울: 학지사.

조정실 · 차명호(2012). **교사와 학부모를 위한 학교폭력상담**. 서울: 학지사.

한국일보(2013. 11. 23. 인터넷판). 범죄자 만드는 폭력의 악순환.

Adler, L. L., & Denmark, F. L.(1995). *Violence and the prevention of violence*. Westport, CT: Praeger.

Anderson, C. A., Bushman, B. J., & Groom, R. W.(1997). Hot years and serious and deadly assault: Empirical tests of the heat hypothesis. *Journal of Personality and Social Psychology, 73*, 1213-1223.

Austin, S., & Joseph, S.(1996). Assessment of bully/victim problems in 8 to 11 year-olds. *British Journal of Educational Psychology, 66*, 447-456.

Batsche, G. M., & Knoff, H. M.(1994). Bullies and their victims: Understanding a pervasive problem in the schools. *School Psychology Review, 23*, 165-174.

Berkowitz, L.(1989). Frustration-aggression hypothesis: Examination and reformulation. *Psychological Bulletin, 106*, 59-73.

Berkowitz, L.(1993). *Aggression: Its causes, consequence, and control.* New York: McGraw-Hill.

Bernstein, J. Y., & Watson, M. W.(1997). Children who are targets of bullying. *Journal of Interpersonal Violence, 12*, 483-498.

Berthold, K. A.(1996). Bullying: Perceptions of students in grades 4-6 in a mid-sized midwestern public school district(Doctoral Dissertion, University of North Dakoda). *Dissertation Abstracts International, 57*, 4265A

Boulton, M. J., & Underwood, K.(1992). Bully/victim problems among middle school children. *British Journal of Educational Psychology, 62*, 73-87.

Brunner, H. G., Nelen, M., Breakefield, X. O., Ropers, H. H., van Oost, B. A.(1993). Abnormal behavior associated with a point mutation in the structural gene for Nonoamine Oxidase A. *Science, 262*, 578-580.

Bryne, B. J.(1994). Bullies and victims in a school setting with reference to some dublin schools. *The Irish Journal of Psychology, 15*, 574-586.

Champion, K. M.(1997). Bullying in middle school: Exploring the individual and interpersonal characteristics of the victim(Doctoral dissertation, University Kansas). *Dissertation Abstracts International, 59*, 1362A.

Charney, D. A., & Russell, R. C.(1994). An overview of sexual harassment. *American Journal of Psychiatry, 151*, 10-17.

Coie, J. D., Lochman, J. E., Terry, R., & Hyman, C.(1992). Predicting early adolescent disorder from childhood aggression and peer rejection. *Journal of Consulting and Clinical Psychology, 60*, 783-792.

Craig, W. M.(1998). The relationship among bullying, victimization, depression, anxiety, and aggression in elementary school children. *Personality and Individual Differences, 24*, 123-130.

Deaux, K., Dane, F. C., Wrightsman, L. S., & Sigelman, C. K.(1993). *Social psychology*(6th ed.). Pacific Grove: Brooks/Cole.

Elkins, I. J., Iacono, W. G., Doyle, A. E., & McGue, M.(1997). Characteristics associated with the persistence of antisocial behavior: Results from recent longitudinal research. *Aggression and Violent Behavior, 2*, 101-124.

Eron, L. D.(1990). Understanding aggression. *Bulletin of the International Society for*

Research on Aggression, 12, 5-9.

Eron, L. D., & Huesmann, L. R.(1984). The control of aggressive behavior by changes in attitudes, values, and the conditions of learning. In Blanchard, R. J., & Blanchard, D. C.(Eds). *Advances in the study of aggression*. Vol. 1(pp. 139-171). Orlando, FL: Academic.

Felson, R. B.(1982). Impression management and the escalation of aggression and violence. *Social Psychology Quarterly, 45*, 245-254.

Fite, P. J., Stoppelbein, L., Greening, L., & Gaertner, A.(2009). Further validation of measure of proactive and reactive aggression within a clinical child population. *Child Psychiatry Human Development, 40*, 367-382.

Floyd, N. M.(1985). Pick on somebody your own size! controlling victimization. *Pointer, 29*, 9-17.

Fouberst, J. D., & Marriott, K. A.(1997). Effects of a sexual assault peer education program on men's belief in rape myths. *Sex Roles, 36*, 259-268.

Giacopassi, D. J., & Dull, R. T.(1986). Gender and racial differences in the acceptance of rape myths within a college population. *Sex Roles, 15*, 63-75.

Goldstein, A. P.(1989). Aggression reduction: Some vital steps. In J. Groebel & R. A. Hinde(Eds.), *Aggression and war: Their biological and social bases*. Cambridge University Press.

Greenbaum, S.(1988). What can we do about schoolyard bullying? *Principal, 67*, 21-24.

Haynie, D. L., Eitel, P., Crump, A. D., Saylor, K., & Simons-Morton, B.(2001). Bllies, victims, and bully/victims: Distinct groups of at-risk youth. *Journal of Early Adolescence, 21*(1), 29-49.

Hoover, J. H., & Juul, K.(1993). Bullying in Europe and the United States. *Journal of Emotional and Behavioral Problems, 2*, 25-29.

Horne, A. M., & Socherman, R.(1996). Profile of a bully: Who would do such a thing. *Educational Horizons, 74*, 77-83.

Johnson, B. E., Kuck, D. L., & Schander, P. R.(1997). Rape myths acceptance and sociodemographic characteristics: A multidimensional analysis. *Sex Roles, 36*, 693-707.

Kagan, J., Mussen, D., & Conger, J.(1979). *Child development and personality*. New York: Academic Press.

Kaiser, A. P., & Hester, P. P.(1997). Prevention of conduct disorder through early intervention: A social-communicative perspective. *Behavioral Disorders, 22*, 117-130.

Keltiangas-Jarvinen, L., & Pakasiahti, L.(1999). Development of social problem solving strategies and changes in aggressive behavior: A 7-year follow-up from childhood to late adolescence. *Aggressive Behavior, 25*, 269-279.

Knight, R. A.(1992, July). Cited in N. Youngstrom, Rapist studies reveal complex mental map. *APA Monitor*.

Lochman, J. E.(1992). Cognitive-behavioral intervention with aggressive boys: Three-year followup and prevention effects. *Journal of Consulting and Clinical Psychology, 60*, 426-432.

Lochman, J. E., & Lenhart, L. A.(1993). Anger coping intervention for aggressive children: Conceptual models and outcomes effects. *Clinical Psychology Review, 13*, 785-805.

Lore, R. K. & Schultz, L. A.(1993). Control of human aggression. *American Psychologist, 48*, 16-25.

Ma, X., Stewin, L. L., & Mah, D. L.(2001). Bullying in school: Nature, effects, and remedies. *Research Papers in Education, 16*(3), 247-270.

Mahady-Wilton, M. M.(1997). Emotional regulation and display in classroom victims and bullies: Characteristics expressions of affect, coping styles and relevant contextual factors. Unpublished master's thesis, Queen's University, Kingston, Canada.

Miles, D. R., & Carey, G.(1997). Genetic and environmental architecture of human aggression. *Journal of Personality and Social Psychology, 72*, 207-217.

Monks, C. P., Smith, P. K., Naylor, P., Barter, C., Ireland, J. L., & Coyne, I.(2009). Bullying in different contexts: Commonalities, differences and the role of theory. *Aggression and Violent Behavior, 14*, 146-156.

Muehlenhard, C. L., & Linton, M. A.(1987). Date rape and sexual aggression in dating situations: Incidence and risk factors. *Journal of Counseling Psychology, 34*, 186-196.

Oliver, R. L., Oaks, I. N., & Hoover, J. H.(1994). Family issues and interventions in bully and victim relationships. *School Counselor, 41*, 199-202.

Oliver, W.(1994). *The violent social world of black men*. New York: Lexington.

Olweus, O.(1991). Bully/victim problems among school children: Basic facts and effects of a school based intervention program. In Pepler, D. J., & Rubin, K. H.(Eds), *The development and treatment of childhood aggression*(pp. 411-448). Hillsdale, NJ: Erlbaum.

Olweus, O.(1995). Bullying or peer abuse at school: Facts and intervention. *Current*

Directions in Psychological Science, 4, 196-200.

Osofsky, J. D.(1995). The effects of exposure to violence on young children. *American Psychologist, 50*, 782-788.

Perry, D. G., Kusel, S. J., & Perry, L. C.(1988). Victims of peer aggression. *Developmental Psychology, 24*, 807-814.

Plotnik, R.(1999). *Introduction to psychology*(5th ed.). Belmont, CA: Wadworth.

Polaschek, D. L. L., Ward, T., & Hudson, S. M.(1997). Rape and rapists: Theory and treatment. *Clinical Psychology Review, 17*, 117-144.

Rigby, K., & Slee, P. T.(1991). Dimensions of interpersonal relation among Australian children and implications for psychological well-being. *The Journal of Social Psychology, 133*, 33-42.

Roberts, W. B., Jr., & Coursol, D. H.(1996). Strategies for intervention with childhood and adolescent victims of bullying, teasing, and intimidation in school settings. *Elementary School Guidance and Counseling, 30*, 204-212.

Shih, J. C.(1996, June 6). Cited in T. Monmaney, Of mice and mayhem. *Los Angeles Time*, B-2.

Shotland, R. L., & Hunter, B. A.(1995). Women's "token resistant" and compliant sexual behaviors are related to uncertain sexual intentions and rape. *Personality and Social Psychology Bulletin, 21*, 226-236.

Slee, P. T.(1995). Bullying in the playground: The impact of inter-personal violence on Australian children's perceptions of their play environment. *Children's Environments, 12*, 320-327.

Sutton, J., Smith, P. K., & Wettenham, J.(1999). Bullying and "theory of mind": A critique of the 'social skills deficit' view of anti-social behavior. *Social Development, 8*, 117-127.

Troy, M., Sroufe, L. A.(1987). Victimization among preschoolers: Role of attachment relationship history. *Journal of Consulting and Clinical Psychology, 62*, 766-775.

Ullman, S. E.(1997). Review and critique of empirical studies of rape avoidance. *Criminal Justice and Behavior, 24*, 177-204.

Vessey, J. A., DiFazio, R. L., & Strout, T. D.(2013). Youth bullying: A review of the science and call to action. *Nursing Outlook, 61*, 337-345.

Wilson, B.(1996, February 7). Cited in G. Braxton, TV violence poses risk to viewers, study says. *Los Angeles Time*, F-1.

제2부

학교폭력의 실제

제 4 장

학교폭력 예방과 대책을 위한 학교의 노력

1. 학교폭력 예방을 위한 시스템 구축
2. 학교폭력 발생시 처리 시스템 구축
3. 학교폭력 힐링 프로그램 운영

제4장에서는 일선 학교현장에서 학교폭력 예방을 위한 시스템을 어떻게 구축해야 하고, 실제 학교폭력이 발생했을 때 처리 시스템을 어떻게 구축해야 하며, 학교폭력 힐링을 위한 프로그램의 운영 실제에 대해서 알아보기로 한다.

1. 학교폭력 예방을 위한 시스템 구축

1) 신고 및 상담 시스템

학교라는 집단생활 속에서 많은 힉생들이 함께 생활하다 보면 크고 작은 다툼이 발생할 수 있다. 문제는 그 갈등을 사전에 예방하려는 노력과 함께 일단 발생하더라도 최소화하려는 노력이 필요할 것이다. 따라서 학교폭력이 발생하지 않게 억지력을 가질 수 있도록 하는 시스템을 갖출 필요가 있고, 일단 유사시 발생한 폭력사태를 즉각 신고하여 그 해결책을 찾을 수 있도록 하는 시스템이 필요하다.

일단 학교폭력이 발생했을 때 신고가 이루어지도록 하는 것은 물론 가능하다면 학교폭력이 발생하지 않게 사전에 예방하기 위하여 학생들이 사전에 상담을 할 수 있도록 하는 시스템을 갖출 필요가 있다.

2012년 학교폭력예방을 위하여 경찰서의 도움으로 모든 학교에 학교폭력신고함이 설치되었다. 이런 신고함과 함께 국번 없이 전국 어느 곳에서나 117번으로 학교폭력을 신고할 수 있도록 되어 있다. 충남교육청에서는 모든 초·중·고등학교에서 학교폭력상담 및 신고 전용 스마트폰을 운영하도록 하고 있다.

예스폰[1]이라고 불리는 스마트폰을 마련하고 학생들이 학교폭력과 관련된 상담이나 신고를 할 수 있도록 하고 있는 것이다. 또 대부분의 학교가 학생의 등교와 동시에 스마트폰을 수거하여 하교시에 나누어 주기 때문에 학교에서는 사용할 수 없는 점에 착안해 학교 내에서 발생하는 폭력을 신고할 수 있도록 우정벨[2]을 설치하여 운영하는 학교들이 늘어나고 있다. 우정벨이란 식당에서 음식을 주문할 때 종업원을 호출하기 위해 테이블마다 마련되어 있는 무선으로 된 벨처럼 학교의 여기저기에 무선벨을 설치해 놓고 학생들이 폭력을 당하는 경우 누르도록 하여 교무실에 있는 호출기에 장소를 알려주는 번호가 나타나게 되고 교사들이 현장으로 달려가 사태를 진압하게 되는 시스템을 말한다.

또한 급박한 상황은 아니더라도 교사들에게 건의할 사항이나 신고할 내용이 있는 학생들을 위해 건의 및 쪽시 상남함을 설치해 두고 신청용지와 필기도구를 마련해 주어 언제든지 필요한 학생들이 건의나 상담 신청을 할 수 있도록 하는 시스템도 운영할 수 있을 것이다.

2) 학생들 사이의 신뢰와 협조 분위기 구축

학교폭력을 미연에 방지하려면 학생들이 서로 좋은 관계 속에서 도우면서 지낼 수 있는 분위기를 만들어 주어야 한다. 이런 분위기를 만들기 위해서는 여러 가지가 필요하겠지만, 우선 학생들의 자치활동을 통한 자율적인 분위기를 만들어 줄 필요가 있다.

먼저, 민주적인 절차에 따라 학급회와 학생회를 운영하여야 한다. 학급의 경우는 정 · 부반장(정 · 부회장)을 절차를 준수하여 다수결로 선발하고, 전체 학

1) 학교폭력 예방 스마트폰을 줄여서 만든 신조어로 학교폭력예방을 위한 상담과 신고에 사용하기 위하여 마련한 학교폭력예방전용 스마트폰으로 2012년 2월 1일부터 전국에서 최초로 천안부성중학교에서 사용하기 시작하였음.
2) 경찰에서 학교 내에서의 폭력발생시 신고를 목적으로 설치한 신고용 벨로 폭력이 발생했을 때 피해학생이 벨을 누르면 무선으로 교무실의 학교폭력담당교사에게 위치가 알려져 즉각적으로 달려가서 폭력상황을 해결하도록 만들어진 학교폭력 신고시스템의 일종.

생회를 민주적인 선거방식을 활용하여 조직하여야 한다.

조직된 학생회를 최소한 매월 1회 이상 정례적으로 회의를 개최하고 학생들의 자유로운 토론 분위기를 유도해 내며, 건의사항이 있으면 책임있는 위치의 담당자(가능하면 학교장)가 건의사항의 해결방안을 제시하거나 해결할 수 없는 이유를 자세히 설명하여 이해를 구해야 한다.

또한 학교규칙 등을 학생과 학부모 그리고 교직원들이 함께 참여하여 자유로운 토론으로 결정함으로써 학생들 스스로 자율적으로 준수하여야겠다고 다짐을 할 수 있는 분위기를 만들어야 한다.

상벌점제와 학생자치법정[3]을 운영함으로써 학생들이 벌점보다는 상점을 받으려고 노력할 수 있게 하고, 과벌점 학생들은 학생자치법정을 통해 학생들로 구성된 판사, 검사, 변호인 그리고 배심원들의 판단에 따라 긍정벌을 받고 이를 수행하게 함으로써 과벌점 학생이 규칙 준수 의지를 다지게 함은 물론 일반학생들에게 경각심을 일깨우는 기능을 할 수 있다.

학생들이 자발적으로 학교규칙지키기나 욕설없는 학교 만들기 캠페인을 전개하게 함으로써 학생들 스스로 서로 믿고 배려하는 행복한 학교를 만들어 가도록 한다.

학급회와 학생회 등이 모범학생을 스스로 선정하면 이를 그대로 인정하여 학교장 표창을 하게 하는 등의 학생들이 서로 신뢰하고 협조할 수 있는 분위기를 만들어 가야 한다.

3) 학교폭력 예방 프로그램 운영

학교폭력을 예방하기 위해 활용할 수 있는 프로그램들은 매우 많다. 그들

3) 미국의 청소년법정(Teen Court)에서 유래한 대표적인 법교육 프로그램인데, 경미한 학칙 위반 사안에 대하여 학생 스스로 재판부를 구성하여 토론, 변호, 판결 등을 통해 문제를 해결함으로써 갈등과 문제를 학생 스스로 해결하는 학생 징계 처리 과정의 하나.

중 몇 가지를 소개함으로써 학교폭력 예방을 위한 학교에서의 프로그램들의 특성을 파악하고 더욱 다양한 프로그램으로 확산시키고 활용할 수 있기를 바란다.

(1) 교과와 연계한 학교폭력 예방 프로그램

① 인성중심 수업 등 수업내용을 통한 폭력예방

모든 교과에서 프로젝트형 인성수업과 같이 소집단별로 프로젝트를 제시하여 함께 머리를 맞대고 고민하고 토론하도록 함으로써 바른 인성을 함양하게 하는 수업방식을 활용한다면 학교폭력 예방에도 크게 보탬이 될 것이다. 특히, 모든 교과에서 해당교과의 내용 속에 공동체 의식, 배려와 나눔, 타인존중, 비폭력의 정당성, 소통과 공감 등 인성적인 요소와 학교교폭력 예방을 위한 요소를 포함시킨다면, 부지불식간에 학생들은 학교폭력보다는 친구들과 더불어 함께하며 행복한 삶이라는 공동의 목적달성을 위해 노력하게 될 것이다.

② 협동학습 등 수업방법을 통한 폭력예방

어떤 내용을 학습하든지 학생들은 학습의 내용 못지않게 학습의 방법에서 큰 영향을 받게 된다. 예를 들어 협동학습을 실시한다면 평상시처럼 자기 자리에 혼자 앉아 교사를 바라보고 설명을 듣고 노트필기를 하고, 필요시 질문과 답변을 하는 것으로 수업을 마치게 될 것이다. 그러나 이질집단이든 동질집단이든 학생들을 모둠으로 조직화하여 공통 주제를 가지고 서로 토론하게 한다거나, 학습의 결과물을 공통의 성과로 인정하여 모둠별로 일정비율은 동일점수를 부과하는 방식 등을 활용한다면 학생들은 구성원 서로서로를 배려하고 존중하게 될 것이다.

(2) 상담프로그램을 활용한 학교폭력 예방

① OFF-LINE 상담프로그램

• 담임교사 상담 활동

모든 담임교사가 담임반 전체 학생을 월 1회 이상 개별상담을 실시하도록 하고, 별도로 제작된 상담기록장(생활지도 도움카드)에 기록을 남기도록 한다. 모든 교사가 하루에 3회 이상 담임반 학생들을 만날 수 있도록 1일 3방을 생활화하도록 계획하여 실천할 필요가 있다.

• Wee 클래스를 통한 상담 활동

대부분 학교가 Wee 클래스를 구축하고 전문상담교사를 배치받아 Wee 클래스를 운영해 오고 있다. Wee 클래스는 학교 건물 중 가장 접근이 용이한 위치에 마련하는 것이 바람직하며, 실내환경도 최대한 아늑하게 꾸며 놓고 편안한 가운데 상담활동이 이뤄지도록 하는 것이 좋겠다.

Wee 클래스에서는 전문상담교사의 상담활동을 중심으로 운영하는데, 전문상담교사가 학급별로 연 1회 이상의 집단상담을 실시하고, 희망하는 학생과 담임교사가 의뢰한 학생에 대한 개별상담을 실시한다. 다음은 어느 학교 Wee 클래스의 운영 계획이다.

〈Wee 클래스 운영 계획〉

1. 목적

가. 현실적 이해를 바탕으로 한 실질적이고 적극적인 상담실 운영

나. 학생들의 문제행동 예방과 긍정적 자아개념 형성을 통하여 학교 적응력 향상

2. 방침

가. 적극적 홍보와 다양한 상담 활동을 통한 상담에의 인식 변화와 관심 유도

나. 유기적인 상담망 형성을 통한 적극적이고 실질적인 지원체제 구축

다. 다각적 차원에서의 현실적 이해를 바탕으로 한 내실 있는 상담 활동 전개
라. 외부 유관기관과의 다각적인 연계를 통한 다양한 상담지원체제 구축

3. 기대효과
가. 학생 측면
1) 자신과 타인에 대한 이해 증진
2) 정서적 안정감 향상
3) 의사결정기술의 향상
4) 원활한 대인관계 능력 증진
5) 행복한 학교생활 영위
나. 학부모 측면
1) 자녀의 교육적 발달에 대한 지식 획득
2) 자녀에 대한 이해로 자녀와의 관계 향상
3) 자녀의 행복한 학교생활을 위한 유기적인 협력체제 구축
다. 교사 측면
1) 학부모, 담임교사, 상담교사의 상호작용의 기회 증진
2) 긍정적이고 지원적인 관계 조성
3) 학생에 대한 이해를 바탕으로 효율적인 지도 방법과 교육과정 개발의 정보 획득

4. Wee 클래스 활동 계획
가. 전체 활동 계획

추진과제	내용	
Wee 클래스 운영	상담활동	개인상담, 집단상담, 사이버상담, 심리검사 실시
	조사활동	학생기초조사, 상담요구 및 실태파악조사
	연계활동	각 영역별 전문기관 연계활동
	교육활동	학교폭력 예방교육 및 자살 예방교육 실시
	상담카드 구비	학생개별상담카드 구비를 통한 학생 파악 및 관리
	학생상담자원봉사자 운영	학급 응집력 향상을 위한 학급별 집단상담 운영
	상담실 홍보	상담소식지 발간, 게시판을 활용한 안내

학생·학부모 상담주간 운영	찾아가는 방문 상담서비스 실시	연 3회 가정방문을 통한 학생 · 학부모 상담 실시
	학생·학부모 교육	학생·학부모를 대상으로 한 학교폭력 예방교육 실시
	상담실 홍보 및 조사활동 실시	상담소식지, 가정통신문, 게시판을 활용한 홍보 및 학생기초조사와 상담실태 파악 설문조사 실시
	집단심리검사 실시	학년 초 학생파악을 위한 학생정서행동발달특성검사 실시 및 선별학생 관리(상담, 의뢰 등)

나. 영역별 세부 운영 계획

영역		세부 운영 계획	
개인상담		대상	자원 신청한 학생, 학생기초조사나 심리검사를 통해 선별된 학생, 교사나 학부모가 의뢰한 학생, 선도나 학교폭력 관련 학생
		방법	– 상담신청서 접수 ⇨ 상담 시간 협의 ⇨ 상담실시 – 교과시간 이용 시에는 교과교사의 사전 동의하에 실시 – 종결 또는 전문상담기관 의뢰
대안교육 프로그램 운영	대안 교실 운영	대상	벌점 규정에 따라 벌점 20점 이상으로 교내봉사 이상의 징계를 받은 학생
		방법	징계기간 내 오후 5, 6교시에 대안교실 입소하여 대안교육 프로그램에 따라 활동 및 상담
	격리 조치 상담	대상	무단 결과한 학생 수업 중 교사지도 불응으로 다른 학생의 교육활동에 방해가 되는 학생
		방법	– 무단결과인 경우 벌점 2점이 부여되나 위클래스에서 활동한 경우에는 벌점 1점 경감 – 수업 중 교사지도 불응으로 벌점을 부과받고도 행동에 개선 없이 다른 학생의 교육활동에 방해가 되는 경우 벌점 1점 재부과와 함께 위클래스에서 격리 상담 실시

학생 교육	1,2 학기	대상	전교생
		내용	학교폭력 예방교육 및 정신건강증진(자살예방)교육
		방법	창의적 체험활동 시간 등을 활용한 학급별 교육 실시
또래상담자 및 또래조정자 프로그램 운영		대상	전교생 중에서 자원 신청 또는 추천받은 학생으로 한 학급당 한 명씩 선정
		방법	동아리 활동 시간을 활용하여 1학기 동안은 양성교육 실시 후 2학기에는 추수교육과 상담활동 및 조정활동 실시

Wee 클래스에서는 전문상담교사에 의한 상담활동 뿐만 아니라 학생상담 자원봉사자를 통한 상담활동도 전개할 수 있는데, 학생상담 자원봉사자 3명을 초빙하여 학급당 3개 모둠으로 학급 응집력 향상 집단상담 프로그램과 같은 집단상담을 실시할 수도 있다.

• 찾아가는 맞춤형 상담활동(가정방문)

종래의 가정방문을 '찾아가는 맞춤형 상담활동 프로그램'으로 이름을 바꾸어 우선 학생과 학부모에게 신청을 받아서 신청학생의 집을 방문하여 맞춤형으로 상담활동을 전개한다. 이를 위하여 매학기 시작 첫 2주간을 담임교사 집중상담 기간으로, 다음 2주간을 맞춤형 상담 기간으로 정하여 운영하며, 여름방학과 겨울방학 동안에도 맞춤형 상담활동을 지속적으로 전개한다. 사실상 연중 이뤄지는 가정방문인 셈이다. 담임교사뿐만 아니라 필요에 따라 전문상담교사, 보건교사, 특수교사 그리고 학교장이 동행하여 집단으로 맞춤형 상담을 실시할 수도 있다.

② ON-LINE 상담프로그램

• '예스폰'을 활용한 상담활동

학교폭력 예방 상담 및 신고 전용 스마트폰인 예스폰을 활용하여 언제 어디서

나 문자, 전화, 메신저(카카오톡)로 유비쿼터스 상담을 실시할 수 있다. 예스폰은 학생부장 등이 업무상으로 담당하게 하는 것보다는 상담교사나 학생들로부터 신망이 높은, 즉 학생과 눈높이가 비교적 잘 맞는 교사가 관리하는 것이 좋다. 학교장이 직접 관리하는 것도 한 방법이 될 수 있다. 가능하다면 학생들의 고민과 건의 사항을 24시간 연중 무휴로 접수하고 즉각적으로 상담에 응하거나 전문가를 연결시켜 주는 노력이 필요하다. 예스폰 상담활동은 지난 2012년 2월 천안의 어느 중학교에서 전국 최초로 운영을 시작하여 2013년 말까지 220여 건의 상담과 신고가 접수되어 처리된 기록을 가지고 있다.

- 학교홈페이지나 학급 카페를 활용한 상담활동

학교홈페이지에 마련된 상담 창구를 전문상담교사가 관리하면서 학생들의 상담 신청에 응하도록 할 수 있다. 이 때 자신의 이름을 밝히지 않은 무기명 상담 신청에 대하여도 신원을 파악하려 하지 않고 성실히 상담에 응하는 자세가 필요하다.

담임교사들도 학급별 카페나 개인카페를 통하여 학생들의 상담에 적극적으로 응하도록 한다. 뿐만 아니라 담임교사나 교과담당교사들도 자신의 카페를 활용하여 학생들이나 학부모들과 활발한 상담활동이 이뤄질 수 있도록 하여야 한다. 이 때 익명성이 보장될 수 있도록 상담활동을 전개하는 것이 바람직하다.

(3) 예술 · 체육활동을 통한 학교폭력 예방

① 학교 스포츠 리그 운영

학교 스포츠 리그는 학생들의 체력증진과 바른 인성 함양을 통해 활기찬 학교분위기를 형성하여 학교폭력 없는 행복한 학교를 만들기 위한 목적으로 준비된다. 전교생을 대상으로 학기 초인 3월에 시작하여 학기 말인 7월 중에 마치는 일정으로 점심시간을 이용하여 남학생은 풋살을 여학생은 피구 종목을 운영하는 식으로 종목을 정하여 학급대항으로 운영한다. 모든 학생이 참여하여 선수들은 선의의 경쟁을 벌이도록 하고 선수가 아닌 학생들은 응원을 펼치도록 지도한다. 결과에는 승복하고 승리한 팀에게는 박수를 패배한 팀에게는 격려와 위로를 할 줄 아는 스포츠 정신을 기를 수 있도록 노력한다. 승리한 팀에게는 학교장 명의의 표창장과 함께 부상(자장면 쿠폰 등)을 수여하여 학생들의 참여 동기를 높이는 노력이 필요하다.

학교 스포츠 리그나 스포츠 클럽 활동 이외에도 학생들이 럭비나 유도와 같이 엄격한 규칙을 중시하는 스포츠 활동을 통해 땀을 흘리며 체력을 단련한다면 바른 인성이 함양되는 것과 동시에 학교폭력이 예방될 수 있을 것이다.

② 학생 준거집단 운영

학생들에게 다양한 체험활동과 집단생활을 통해 호연지기를 기르고 이웃과 사회에 봉사하는 건전한 민주시민을 육성하기 위한 노력으로 청소년준거집단 활동이 있다. 우리에게 잘 알려져 있는 보이 · 걸스카우트, 청소년 적십자단(RCY), 청소년연맹 등을 비롯하여 국제로타리클럽에서 지원하고 있는 청소년 단체인 인터랙트까지 다양한 준거집단 조직이 운영될 수 있다. 이러한 준거집단에 가입하여 활동하는 학생들이라면 학교폭력 유발과는 정반대의 생활, 즉 서로 배려하고 이웃에 대하여 봉사하는 삶을 살아갈 수 있게 될 것이다.

③ 수요 드림 콘서트 운영

학생회 주관으로 매월 2, 4주째 수요일마다 학생들의 특기적성을 맘껏 뽐낼 수 있는 '수요 드림(DREAM) 콘서트'를 개최한다. 예를 들어 점심시간인 12시 40분부터 1시 10분까지 30분간 수요 드림 콘서트를 준비하고 점심식사를 마친 학생들이 와서 참관하게 한다면 학생들의 열띤 호응을 받을 수 있을 것이다. 주로 밴드, 댄스, 독창, 기타나 바이올린, 국악기 연주 등이 발표되지만, 공연 기획, 아나운서, 방송, 조명 등 다양한 직업을 탐색해 볼 수 있는 기회로 학생들의 꿈과 끼를 발현시키기에 손색이 없다. 이렇게 학생들의 예술

활동을 발표할 수 있는 기회를 마련해 줌으로써 학생들이 자신의 스트레스를 예술활동을 통해 발산할 수 있도록 하여 학교폭력을 예방하는데 큰 도움이 될 것이다. 프로그램의 명칭은 다양하게 붙여질 수 있을 것이며 중요한 것은 학생들이 자신의 꿈과 끼를 발산할 수 있는 무대를 마련해 준다는데 있다.

(4) 독서교육을 통한 학교폭력 예방교육

① 도서관으로 등교하는 날 운영

매일 아침 아침 8시 20분까지 학급별 순번제로 도서관으로 등교하여 독서를 하다가 8시 40분에 아침 조회를 하고 1교시 수업이 있는 교실로 이동하는 방식으로 학생들은 월 1회 이상 도서관으로 등교하여 독서를 하도록 한다.

이 '도서관으로 등교하는 학급' 운영은 학생들의 독서에 대한 관심을 높이고 친구들과 더불어 책을 읽는 분위기 조성으로 독서 습관을 길러 궁극적으로 독서력을 높이고 인성교육과 학력신장이라는 두 마리 토끼를 잡을 수 있을 것으로 기대된다.

연중 계획에 따라 시험 때나 학교 행사 등으로 아침에 도서관으로 등교할 수 없는 날을 제외하고 해당학급의 교실 문에는 하루 전 하교시간부터 다음 날 아침까지 '오늘은 도서관으로 등교하는 날입니다'라는 표찰이 붙게 되며, 학생들은 책가방을 홈베이스(사물함)에 넣어 두고 도서관으로 이동하여 자기가 읽고 싶은 책을 대출받아 독서를 하게 된다.

고전읽기를 비롯하여 위인전 독서 등 독서를 통한 인성교육의 효과는 이미 여러 학자들에 의해 검증된 바 있기 때문에 교육과정 계획에 '바른인성 함양을 위한 독서교육 운영 계획'으로 포함시켜 독서교육을 통한 인성교육을 강화한다면 학교폭력 예방에 크게 기여하게 될 것이다. 다음은 독서교육 운영 계획의 내용이다.

<바른인성 함양을 위한 독서교육 운영 계획>

1. 목 적
  가. 교육과정 운영과 연계한 독서교육 운영으로 독서교육 활성화
  나. 독서 환경의 조성 및 독서 동기 강화를 통한 독서 습관 형성
  다. 독서 생활화를 통한 평생 학습 기반으로서의 독서 습관 배양
  라. 풍부한 독서 및 독후활동을 통한 종합적 사고력과 의사소통 능력 및 자기 주도적 학습능력을 신장
  마. 지적 영역의 확장, 정서 순화 및 바람직한 가치관 정립에 필요한 독서 기회 제공

2. 추진방침
  가. 독서 생활화를 위한 학교도서관으로 등교하는 날 운영
  나. 도서 상품 수여 및 기증을 통한 독서활동 선순환 체계 확립
  다. 독서 습관 형성을 위한 독후감 쓰기 우수학생 포상제 운영
  라. 너와 내가 함께하는 독서 활성화를 위한 교육공동체 도서 기부 운동 전개
  마. 융합적 표현 능력과 문학예술 감상 능력 신장을 위한 시 외우기 추진

3. 추진내용

주요 내용	세부 실천 내용	추진 시기
학교도서관으로 등교하는 날 운영	■ 독서 생활화를 위한 학교도서관으로 등교하는 날 운영 • 학급별로 돌아가며 도서실로 등교하여 책을 읽음 • 학급구성원 모두가 함께 하며 10분 이상 책을 읽음 • 읽는 것 외에는 아무것도 하지 않고 그냥 읽는 것에만 집중 • 좋아하는 책에서 시작하여 점차 수준 높은 책을 읽도록 유도함	연중
독서활동 선순환 체계 확립	■ 도서 상품수여 및 기증을 통한 독서활동 선순환 체계 확립 • 모든 학교 시상은 수상 학생이 읽고 싶은 도서를 시상함 • 시상 도서를 읽고 독후감을 작성하여 제출할 경우 짜장면 쿠폰 수여 • 시상 도서를 읽고 학교 도서관에 기증을 할 경우 책표지에 기증자의 이름을 기입하고 게시판에 홍보 • 개인적으로 읽은 도서를 학교에 기증할 경우도 책표지에 기증자의 이름을 기입하고 게시판에 홍보 • 독서 활동의 결과물을 서로 공유하고 양서에 대한 정보를 나눌 수 있도록 공간 마련	연중

독후감 쓰기 우수학생 포상제 운영	■ 독서 습관 정착을 위한 독후감 쓰기 우수학생 포상제 운영 • 교내 독후감 쓰기 대회를 개최하여 우수 학생 시상 • 양서 중심의 교내 골든벨 대회를 개최하여 우수학생 시상 • 시상 도서를 읽고 독후감을 작성하여 제출한 학생 중 우수작품 시상 • 시상 도서를 읽고 독후감을 작성하여 제출한 학생에게 짜장면 쿠폰 수여	연중
교육공동체 도서 기부 운동 전개	■ 너와 내가 함께하는 독서 활성화를 위한 교육공동체 도서 기부 운동 전개 • 학생들에게 도서를 상품으로 수여한 후 시상도서를 읽고 학교도서관에 기증 • 학생들이 개인적으로 읽은 도서 및 가정에 있는 도서를 학교도서관 또는 학급문고도 기증 • 교사 및 학부모가 함께 하여 도서 기증 문화가 확산되도록 함	연중
시 외우기 캠프 운영	■ 융합적 표현 능력과 문학예술 감상 능력 신장을 위한 시 외우기 추진 • 「다정다감 시 외우기」 책자를 중심으로 국어 수업시간에 시낭송 시간 운영 • 국어 수업 시간을 활용하여 돌아가며 좋아하는 시를 외우고 소감을 발표 • 국어시간을 이용하여 학생들로 하여금 시와 그림이 있는 예쁜엽서 및 시화를 그리도록 함 • 시 수업이 끝난 후 시 감상문 쓰기 및 해당 시로 만들어진 노래 감상	연중

4. 기대효과

가. 교육과정 운영과 연계한 독서교육 전개로 독서능력을 신장

나. 다양한 독서능력 향상 프로그램 운영으로 자기 주도적 학습 능력을 배양

다. 올바른 독서 및 독후활동 지도를 통해, 바람직한 가치관과 인성 함양

라. 좋은 시 외우기 및 표현 활동을 통한 바람직한 독서 습관 및 문학예술 감상 능력 신장

② 독서치유반 운영

독서를 통하여 학생들의 스트레스를 힐링할 수 있다는 생각에서 매주 화요일 오후 시간을 활용해 교내 도서관에서 전문가를 초청해 희망학생을 대상으

로 독서치유 시간을 운영한다. 이 시간에는 학생들이 책을 읽고 책 속의 사물들의 특성이나 스토리를 통하여 자신의 감정을 표현하고 의견을 나눔으로써 잘못된 생각을 털어 내고 마음을 가다듬는 시간을 가짐으로써 심리적인 치유가 되도록 한다.

인근 대학이나 평생교육기관 등 유관기관의 협조를 받는다면 독서치유 전문가를 얼마든지 교육기부 형태로 초빙할 수도 있다. 특히 학교폭력의 가해 · 피해학생 등 힐링이 필요하다고 판단되는 학생을 추천하여 프로그램에 참여하도록 한다면 해당학생들에게 큰 만족을 줄 수 있다.

③ 도서상품제와 도서기부제 운영을 통한 인성교육

도서상품제와 도서기부제를 운영하여 독서하는 분위기를 조성하고 책을 서로 나누며 함께 독서를 권장하는 분위기를 만들어 나간다. 도서상품제는 모든 시상에서 상품은 학생수준에 맞는 도서로 수여하고, 학생이 읽고 책을 학교에 기증하거나 소정의 양식으로 독후감을 제출하면 인센티브(자장면 쿠폰)를 수여하는 방식으로 운영해 볼 만하다.

도서기부제는 학생들은 물론 교직원, 학부모, 지역사회 주민들이 자신이 읽은 책들을 학교도서관에 기증을 하면 책표지에 기증사실을 표시하는 것은 물론 도서관 앞에 기증자 명단과 도서명을 표시하여 두고 많은 학생들이 함께 읽을 수 있도록 한다.

그 밖에도 학급별 학급문고를 비치하고 아침독서 30분 운동을 전개하고, 교내 독서골든벨, 시가 외우기, 독서 포트폴리오 등의 프로그램을 운영하며, 미디어센터 등에 다양한 책과 함께 신문, 잡지 등을 비치하여 두고 언제 어디서나 읽을거리를 접할 수 있도록 할 필요가 있다.

④ 급식시간 고사성어 학습카드 독서

급식시간에 줄을 서서 기다리는 자투리 시간을 활용해 고사성어를 공부할 수 있도록 지도한다. 질서도 지키고 한문공부는 물론 인성교육에도 도움이 될 것으로 판단된다.

학생 수로 보아 급식시간에는 어느 정도의 대기시간이 필요해 이 시간을 지루하게 여긴 일부 학생들이 친구들과 장난을 치거나 지나치게 떠드는 사례가 있어 왔는데, 이를 개선하기 위하여 고사성어를 정리한 학습카드를 만들어 급식실 입구에서 한 장씩 손에 들고 읽으면서 급식대 앞까지 가게 한 뒤 급식대에서는 정해진 상자에 반납하고 배식판을 받아서 식사를 하도록 지도한다.

(5) 봉사활동 프로그램 운영

① 봉사활동단 조직 운영

봉사활동이야말로 다른 사람에 대한 배려와 나눔의 정신에서 출발하는 것이기에 봉사의 소중함을 알고 활동하는 학생이라면 학교폭력을 예방하는데 앞장서게 될 것이다. 따라서 학교폭력을 예방하기 위해서라도 봉사활동 프로그램을 잘 기획하여 학생들에게 봉사활동을 통해 배려와 나눔의 생활태도를 길러주는 것이 필요하다.

다음은 어느 중학교의 봉사활동단 운영 계획이다.

〈예사랑봉사단 운영 계획〉

1. 목적

가. 실천 중심 봉사활동 활성화로 바른인성 함양 및 더불어 사는 문화 조성

나. 공동체 생활과 동아리활동 등을 통하여 남을 배려하고 협동하는 청소년 문화를 통해 학교폭력 예방

다. 지역 독거노인 및 지역복지시설을 방문하여 봉사활동을 실시함으로써 지역사회에 대한 관심과 어른 공경 및 사회적 약자에 대한 사회적 책임 자각학부모봉사단과 연계한 자발적인 봉사활동을 통해 지역사회 봉사활동 저변 확대

2. 필요성

가. 실천 중심 봉사활동 활성화로 바른인성 함양 및 더불어 사는 문화 조성

나. 공동체 생활과 동아리활동 등을 통하여 남을 배려하고 협동하는 청소년 문화를 통해 학교폭력 예방

다. 지역 독거노인 및 지역복지시설을 방문하여 봉사활동을 실시함으로써 지역사회에 대한 관심과 어른 공경 및 사회적 약자에 대한 사회적 책임 자각

3. 추진 방향

가. 봉사활동의 취지에 대한 이해와 소양을 갖추고 참여하도록 함

나. 지역사회와 연계한 사회봉사 활동 협력 체제 활성화

다. 학부모봉사단과 연계하여 봉사활동을 실시함으로써 봉사활동의 조직을 체계화함

4. 실시 계획

가. 동아리 조직 및 운영

① 무학년제를 원칙으로 봉사활동에 관심이 많은 학생들의 자발적 신청을 원칙으로 한다.

② 매주 토요일 동아리 회원들의 봉사활동 장소를 선정하여 봉사활동을 실시한다.

③ 인터넷 카페를 개설하여 회원들의 정보를 나누고 봉사활동 후기를 올려 서로 마음을 나누고 활동을 공유한다.

④ 학부모봉사단과 연계하여 다양한 미술작품 만들기 봉사 및 체험활동을 하여 실천 위주의 봉사활동이 운영되도록 한다.

나. 봉사활동 장소 : 직산지역 독거노인, 북일경로당, 등대의 집(지체장애인시설), 온유한 집(노인복지시설)

다. 봉사활동 일정

1) 첫째주 토요일 : 직산지역 독거 노인 방문 위문 활동
2) 둘째주 토요일 : 북일경로당(천안시 서북구 부대동)
3) 셋째주 토요일 : 등대의 집(오전), 온유한 집(오후)
4) 넷째주 토요일 : 등대의 집(오전), 온유한 집(오후)

5. 봉사활동 내용

장소	활동 내용
독거노인 봉사활동	• 반찬 배달해 드리기 • 1일 손자 되어 드리기(말벗 및 안마해 드리기) • 집안 청소 및 정리 정돈해 드리기

장소	활동 내용
북일경로당	• 1일 손자 되어 드리기(말벗되어 드리기 및 안마해 드리기) • 경로당 내 청소 및 주변 정리 정돈하기
등대의 집 온유한 집	• 미술작품 만들기 • 천연염색 머플러 만들기 • 피자 체험 및 쿠키 만들기 • 알밤줍기 체험활동 • 다양한 기구를 이용한 미니 체육대회

6. 기대효과

가. 실천 위주의 내실있는 봉사활동으로 바른인성을 함양할 수 있다.

나. 교육공동체와 함께하는 맞춤 사회봉사활동으로 공동체 의식을 함양할 수 있다.

다. 공동체 생활과 동아리활동을 통하여 남을 배려하고 더불어 사는 삶의 자세를 배울 수 있다.

라. 학생동아리 활성화로 주 5일 수업제를 대비하고 교육과정이 추구하는 인간상을 구현할 수 있다.

마. 타인의 어려움을 이해하고 존중함으로써 학교폭력을 예방하고 즐거운 학교 문화를 형성할 수 있다.

이 학교의 봉사단은 2006년에 조직되어 오늘에 이르고 있는데 2013년 12월 현재, 학생 92명과 학부모 13명 그리고 전체 교직원으로 구성되어 활동 중이다.

② 복지시설기관 내 봉사활동

복지시설과 결연된 봉사단이라면 먼저 복지시설 내의 봉사활동을 실시할 수 있을 것이다. 위 학교의 예사랑봉사단의 경우 매월 3개 기관에 각 두 차례씩 방문하여 봉사활동을 실시한다고 한다. 2, 4주 토요일엔 부대동 예·충효교실인 북일경로당을 찾아 경로당 주변의 환경정화 활동과 함께 어르신들에게 말벗과 안마를 해 드리고 때로는 음식도 나누면서 친손자 손녀처럼 행복한 시간을 선물하는 봉사활동을 전개한다.

또한 예사랑봉사단은 매월 3, 4주 토요일 오전에는 학교 인근의 중증장애인 복지시설인 등대의 집에서 시설 안팎의 청소나 정리 정돈, 장애인들의 말벗이나 안마는 물론 미술작품활동을 도와 드리거나 음악 공연, 스포츠 활동을 함께 하기도 하고, 시설 밖 체험활동시 보조를 해 드리는 등 다양한 봉사활동을 펼친다.

매월 3, 4주 토요일 오후에는 노인들의 복지시설인 온유한 집을 찾아 어르신들의 말벗과 안마 등과 함께 준비해간 재료들을 가지고 어르신들이 미술작품활동을 할 수 있도록 옆에서 보조하는 봉사활동을 전개한다. 봉사활동을 마친 학생들은 할머니들이 마치 친손자나 손녀처럼 대해 주었고, 학생들도 친 할머니 만큼이나 정을 느끼며 즐거운 시간을 보냈다고 소감을 밝힌다.

③ 복지시설 밖 봉사활동

예사랑봉사단은 연중 몇 차례 복지시설 식구들의 시설 밖 활동을 지원하기도 한다. 알밤줍기 체험 봉사활동이나, 고구마 캐기 체험 봉사활동, 치즈와 피자만들기 체험 봉사활동 등이 여기에 속한다.

몸이 불편한 중증장애인들이나 노인 어르신들을 1대 1로 짝꿍이 되어 그들의 차량 승하차를 돕고 체험활동을 옆에서 보조하는 활동을 하게 된다.

2. 학교폭력 발생시 처리 시스템 구축

1) 신속한 사건 조사 및 처리

지금까지 학교폭력은 “아이들끼리 조금 다툰 것이다”, “어린 아이들은 모두 싸우면서 자란다", "뭐 아이들이 장난 좀 친 걸 가지고", "그 까짓 것을 가지고 무슨 난리냐." 등의 표현으로 비교적 허용적인 분위기 속에서 생활해 왔다. 최소한 2011년 12월 대구에서 권모학생이 자살사고가 발생하기 전까지는 그랬다. 그래서 학교폭력이 발생하면 쉬쉬하고 숨기고 축소하기에 바빴다.

이제는 학교폭력은 절대 숨길 일이 아니다. 일단 사안이 발생하면 정해진 매뉴얼에 따라 숨김없이 보태고 빼는 일없이 신속하게 사안을 조사하고 처리해야 한다.

2) 학교폭력전담기구 운영

(1) 학교폭력전담기구의 구성

학교폭력전담기구의 구성권자는 학교장으로 교감, 전문상담교사, 보건교사 및 책임교사 등 학교폭력과 관련된 자로 구성한다. 따라서 생활지도부장이나 상담부장 등의 보직교사도 구성원이 될 수 있다.

(2) 학교폭력전담기구 역할

① 학교폭력 사안발생 시

학교폭력 신고 접수 및 관련 학생 보호자에게 통보	• 전담기구는 학교폭력신고 접수대장을 비치하고 117신고센터, 학교장, 교사, 학생, 보호자 등 학교폭력 현장을 보거나 그 사실을 알게 된 자 및 기관으로부터 신고받은 사안에 대해 기록 · 관리함 • 학교폭력신고 접수대장은 학교장, 교원의 학교폭력 은폐 여부를 판단하는 중요한 기초자료로 활용되므로, 사소한 폭력이라도 신고한 것은 접수하여야 함 • 접수한 사안에 대해서는 즉시 관련 학생 보호자에게 통보하고, 통보일자, 통보방법 등 통보사실 등을 기록함

학교폭력 사안조사	• 학교폭력을 인지한 경우 피해 및 가해사실 여부에 대해 조사하여야 함. 이 경우, 담임교사의 협조를 구할 수 있음 • 인지 : 학교폭력 사태를 인지한 경우, 학교의 장은 지체없이 전담기구 또는 소속교원으로 하여금 가해 및 피해사실 여부를 확인하도록 해야 함[4]
학교폭력대책자치위원회 개최전 사전심의	• 신고된 학교폭력사안에 대해 사전심의를 실시하고 심의내용을 상황보고서로 작성하여 학교장 및 자치위원장에게 보고 함
집중보호 또는 관찰대상 학생에 대한 생활지도	• 해당학생 담임교사와 함께 지속적인 상담 및 기록을 진행함

② 학교폭력 예방활동

학교폭력 실태조사	• 연 2회 이상 정기적으로 학교폭력에 대한 실태조사를 실시하여 학교폭력 사안처리의 기초자료로 활용하고 학교폭력 예방계획 수립에 반영함
학교폭력 예방교육	• 학생, 교직원, 보호자에게 시행할 예방교육 프로그램 계획을 수립하고 운영함 • 학교폭력 예방교육 계획 수립 시 자치위원회의 심의를 거치도록 함(필요시 외부 전문기관의 자문 실시)

③ 학교폭력전담기구 구성원의 역할

학교폭력전담기구 담당교사들은 서로 유기적인 협력을 통해 효과적으로 사안을 처리할 수 있도록 한다. 학교의 장 및 자치위원회의 요구가 있을 때에는 조사결과 등 활동결과를 보고하여야 한다.

---

4) 학교폭력 예방 및 대책에 관한 법률 제14조 제3항.

책임교사	보건교사	전문상담교사
• 사안조사 시 피해 · 가해학생의 담임교사 및 전문상담교사 등의 협조를 얻어 사안의 진상을 조사함 • 학교폭력, 진행상황 등을 육하원칙에 따라 기록하고 증인 및 증거자료 확보 후 자치위원회에 보고함	• 피해 · 가해학생의 신체적 · 정신적인 피해 상황을 파악함 • 신속하게 피해학생을 파악하여 전문기관에 의뢰할 수 있도록 함 • 긴급한 사안일 경우 119에 연락을 취하고 피해학생 병원 이송 시 동승함	• 학생에 대한 조사과정 자체가 상담의 과정이므로 상담의 기본태도를 지키면서 조사가 진행되도록 함 • 피해 · 가해학생과의 상담을 통해 심리적 · 정서적 상황을 파악하도록 함 • 필요한 경우 피해 · 가해학생에 대한 심리검사를 실시하여 학생의 상태에 대한 소견을 제시함

④ 사안조사 진행과정

전담기구

학교폭력 사건 발생 인지 ▶ 신고 접수 및 학교장 보고 ▶ 즉시 조치 (긴급조치 포함) ▶ 사안 조사 ▶ 관련 학생/보호자 면담 ▶ 사건 보고 ▶ 자치 위원회

단계	처리내용	비고
학교폭력 사건 발생인지	사건발생을 인지한 교사, 학생, 보호자 등은 학교폭력 전담기구에 신고	

↓

단계	처리내용	비고
신고 접수 및 학교장 보고	• 학교폭력 전담기구는 신고된 사안을 신고대장에 반드시 기록하고, 학교장과 담임교사에게 보고한 후 피해 · 가해학생 보호자에게 통지 • 사안이 중대한 경우, 학교장 및 자치위원장에게 즉시 보고	학교폭력 전담기구

↓

단계	처리내용	비고
즉시조치 (긴급조치 포함)	• 피해학생과 가해학생 즉시 격리 • 피해학생 및 신고 · 고발한 학생이 가해학생으로부터 보복행위를 당하지 않도록 조치	학교장, 학교폭력 전담기구,

	〈피해학생〉 • 「아동 · 청소년의 성보호에 관한 법률」에 따라 성폭행에 대해서는 반드시 수사기관에 신고하고, 성폭력 전문상담기관 및 병원을 지정하여 정신적 · 신체적 피해 치유 • 피해학생의 신체적 · 정신적 피해를 치유하기 위한 조치 실시 • 피해학생의 보호가 긴급한 경우, 「학폭법」 제16조제1항에 따라 학교장은 피해학생에 대한 조치(제1호, 제2호, 제6호)를 취한 후, 자치위원회에 즉시 보고하여 추인 **〈가해학생〉** • 가해학생의 선도가 긴급한 경우, 「학폭법」 제17조제4항에 따라 학교장은 가해학생에 대한 조치(제1호부터 제3호까지, 제5호 및 제6호의 조치를 할 수 있으며, 제5호와 제6호는 병과조치할 수 있음)를 취한 후, 자치위원회에 즉시 보고하여 추인	담임교사

↓

사안조사	• 학교폭력전담기구에서 구체적인 사안조사 실시 – 피해 · 가해학생의 면담, 주변학생 조사, 설문조사, 객관적인 입증자료 수집 등 • 피해 · 가해학생 심층면담 • 조사한 결과를 바탕으로 사건보고서 작성 • 성폭력의 경우 비밀유지에 유의	학교폭력 전담기구, 담임교사

↓

관련 학생/ 보호자 면담	• 조사결과에 대해 해당학생 부모님께 알리고, 향후 진행 절차 등에 대해 통보	학교폭력 전담기구, 담임교사

↓

사건보고	• 가해 및 피해사실 여부에 관하여 종합적으로 정리하여 학교의 장 및 자치위원회(자치위원회의 요청이 있는 경우)에 보고	학교폭력 전담기구

↓

자치위원회

⑤ 전담기구의 사안 조사 기준

▸ **학교폭력 조사 기준**

전담기구는 폭력행위의 유형별 중점 파악 요소, 폭력 행위의 경중 판단 요소 등을 파악

폭력 유형		중점 파악 요소
신체적 폭력		상해의 심각성, 감금 · 신체적 구속 여부, 성폭력 여부
경제적 폭력		반환 여부, 손괴 여부, 협박/강요의 정도
정서적 폭력	괴롭힘	지속성 여부, 협박/강요의 정도, 성희롱 여부
	따돌림	
언어적 폭력		욕설/비속어, 허위성, 성희롱 여부
사이버 매체 폭력		명의도용, 폭력성/음란성, 유포의 정도, 사이버 성폭력 여부

※ 사안에 해당하는 모든 폭력 유형 검토

▸ **면담 시 유의사항**

• 피해학생 면담

- 적절한 위로와 지지를 해 준다.
- 피해 상황과 욕구를 파악한다.
- 가해학생으로부터 보복을 당하지 않도록 교사가 책임감을 가지고 지도 · 관리해 줄 것을 인지시켜 준다.
- 자치위원회 절차 및 내용 설명 : 진행 과정, 준비 사항(확인서, 증거자료 등), 보호 조치 등을 설명해 준다.

• 가해학생 면담

- 폭력에 대한 왜곡된 인식 교정 : 폭력은 용인되지 않으며 가해학생이 저지른 행동은 잘못된 것이라는 사실을 알려주고 피해학생이 당한 충격과 상처를 이해시킨다.

- 상황에 대한 탐색 : 가해학생들이 폭력을 사용하게 된 상황에 대해 충분히 탐색한다.
- 절차 설명 : 가해학생에게 어떤 과정을 거쳐 조치가 내려지는지 알려 준다.
- 재발 방지 : 추후에 가해행동이 재발되지 않도록 주의를 주고, 재발할 경우 심각한 수준의 처벌을 받을 수 있음을 알려 준다.
- 조사과정에서 가해학생을 낙인찍거나 체벌해서는 안 된다.

• 목격학생 면담

- 비밀 보장에 대해 충분히 안내해서 보복에 대한 두려움을 갖지 않도록 한다.
- 관련 정황을 구체적으로 확인서에 쓰도록 한다.

• 피해학생 보호자 면담

- 확인된 사실을 부모가 정확히 알고 있는지, 오해가 있는지 등에 대해 파악한다.
- 조사한 사실에 대한 추가 의견이나 자료 여부에 대해 점검한다.
- 피해측이 가해측과 면담을 요청할 경우, 교사나 전문가 입회하에 면담을 실시하도록 한다. 왜냐하면 단독으로 피해측과 가해측이 만날 경우 갈등이 심화되거나 다른 문제가 생길 수 있다.
- 학생의 재발방지에 대해 안심할 수 있도록 한다.
- 피해를 당한 학생의 심리적 안정을 위해 가정에서의 부모역할을 안내한다.
- 학교의 공정한 진행절차에 대해 안내한다.

• 가해학생 보호자 면담

- 가해학생의 부모가 '우리 아이도 피해자다'라고 주장하는 경우가 있다. 그럴 때는 명확한 자료를 근거로 의견을 말할 수 있도록 한다.
- 조사한 사실에 대한 추가 의견이나 자료 여부에 대해 점검한다.
- 학교폭력 사안처리의 진행절차에 대해 안내한다.

- 학교폭력 행위에 대하여 책임과 결과가 따른다는 인식을 갖도록 한다.
- 학교폭력 상황을 정확하게 전달을 한다.
- 학생의 보호를 위하여 어떤 노력을 할지 안내한다.
- 가해학생의 재발방지에 대하여 가정에서의 부모역할을 안내한다.

3) 학교폭력대책자치위원회 운영

(1) 학교폭력대책자치위원회란?

학교폭력의 예방 및 대책에 관련된 사항을 심의하는 심의기구로 다음과 같은 내용을 심의한다.

- 학교폭력의 예방 및 대책을 위한 학교의 체제 구축
- 피해학생의 보호
- 가해학생에 대한 선도 및 조치
- 피해학생과 가해학생간의 분쟁조정
- 그 밖에 대통령으로 정하는 사항(법률 제12조 제2항)

(2) 학교폭력대책자치위원회 구성

자치위원회는 위원장 1인을 포함하여 5인 이상 10인 이하의 위원으로 구성하되, 대통령령으로 정하는 바에 따라 전체위원의 과반수를 보호자전체회의에서 직접 선출된 보호자 대표로 위촉하여야 한다(법률 제13조 제1항).

자치위원회의 위원은 다음 각 호의 어느 하나에 해당하는 사람 중에서 학교장이 임명하거나 위촉한다(시행령 제14조 제1항).

① 해당 학교의 교감

② 해당 학교의 교사 중 학생생활지도의 경력이 있는 교사

③ 학부모 대표

- 전체위원의 과반수를 보호자전체회의에서 직접 선출된 학부모 대표로 위촉
- 학부모 전체회의에서 보호자 대표를 선출하기 곤란한 사유가 있는 경우에는 학급별 대표로 구성된 보호자대표회의에서 선출된 보호자 대표로 위촉
- 가급적 전문성을 갖춘 학부모 위촉

④ 판사 · 검사 · 변호사

- 대한법률구조공단(132) 및 지역변호사회 연계
- 졸업자 중 법률전문가 초빙

⑤ 해당 학교를 관할하는 경찰서 소속 경찰공무원

- 해당 지역 경찰청 여성청소년계, 지구대, ONE-STOP지원센터, 학교폭전담경찰관
- 의사의 자격이 있는 사람
- 그 밖에 학교폭력 예방 및 청소년보호에 대한 지식과 경험이 풍부한 사람
- 학교폭력SOS지원단(1588-9128), 청소년상담복지센터, ONE-STOP지원센터, 배움터지킴이 등의 청소년 전문 인력 등을 연계

(3) 학교폭력대책자치위원회 구성원의 역할

위원장	위 원	간 사
· 필요하다고 판단할 때 교장에게 위원회 소집 요청 · 회의 주재 · 간사 1인 지명	· 회의 안건 심의 · 분쟁조정 참여	· 회의록 작성 및 자치위원회 사무 처리

(4) 학교폭력대책자치위원회 운영

① 자치위원회의 위원장 호선 및 위원의 임기

- 위원장은 위원 중에서 호선하며, 위원장이 부득이한 사유로 직무를 대행할 수 없을 때에는 위원장이 미리 지정하는 위원이 그 직무를 대행한다(시행령 제14조 제2항).
- 자치위원회의 위원의 임기는 2년으로 한다. 다만, 사임 등으로 새로 위촉되는 임기는 전임 위원 임기의 남은 기간으로 한다(시행령 제14조 제3항).

② 자치위원회 회의의 개의와 의결

- 자치위원회의 회의는 재적위원 과반수의 출석으로 개의하고, 출석위원 과반수의 찬성으로 의결한다(시행령 제14조 제4항).

(5) 학교폭력대책자치위원회 역할

① 피해 · 가해학생 및 보호자 의견확인 기회부여

- 자치위원회는 피해학생에 따른 조치를 요청하기 전에 피해학생 및 그 보호자에게 의견확인의 기회를 부여하는 등 적정한 절차를 거쳐야 한다.
- 자치위원회는 가해학생에 따른 조치를 요청하기 전에 가해학생 및 그 보호자에게 의견확인의 기회를 부여하는 등 적정한 절차를 거쳐야 한다.

② 피해학생 보호조치

- 자치위원회는 피해학생의 보호를 위하여 필요하다고 인정하는 때에는 피해학생에 대하여 해당하는 조치를 하도록 학교의 장에게 요청할 수 있다.

③ 가해학생 선도 · 교육조치

- 자치위원회는 피해학생의 보호와 가해학생의 선도 · 교육을 위하여 가해학생에 대하여 해당하는 조치를 하도록 학교의 장에게 요청할 수 있다.

④ 분쟁조정

- 자치위원회는 학교폭력과 관련하여 분쟁이 있는 경우에는 그 분쟁을 조정할 수 있다.

(6) 학교장의 역할

① 자치위원회의 피해학생에 대한 소치 요청이 있는 때에는 학교의 장은 피해학생 보호자의 동의를 받아 7일 이내에 해당 조치를 하여야 하고 이를 자치위원회에 보고하여야 한다(법률 제16조 제3항).

② 제1항에 따른 요청이 있는 때에는 학교의 장은 14일 이내에 해당 조치를 하여야 한다(법률 제17조 제6항).

③ 학교의 장은 교육감에게 학교폭력이 발생한 사실 및 제16조, 제16조의 2, 제17조, 제17조의 2 및 제18조의 규정에 따른 조치 및 그 결과를 보고하고, 관계기관과 협력하여 교내 학교폭력 단체의 결성 예방 및 해체에 노력하여야 한다(법률 제19조).

(7) 학교폭력대책자치위원회 소집

① 자치위원회의 소집주체, 요건, 방식, 회의록 작성

▶ **소집의 주체 : 자치위원회 위원장**

- 자치위원회는 분기별 1회 이상 회의를 개최하고, 자치위원회의 위원장은 소집 요건이 충족되는 경우 반드시 소집하여야 한다.

▶ **소집의 요건**

- 자치위원회 재적 위원 4분의 1 이상이 요청하는 경우
- 학교의 장이 요청하는 경우
- 피해학생 또는 그 보호자가 요청하는 경우
- 학교폭력이 발생한 사실을 신고받거나 보고받은 경우
- 가해학생이 협박 또는 보복한 사실을 신고받거나 보고받은 경우
- 그 밖에 위원장이 필요하다고 인정하는 경우(법률 제13조 제2항)

▶ **소집의 방식**

- 원칙 : 위원장이 서면으로 통보한다.
- 예외 : 긴급을 요하는 사안이 있는 경우에는 전화통화 등을 이용하여 신속하게 소집을 통보할 수 있다.

▶ **회의록 작성**

- 회의의 일시, 장소, 출석위원, 토의내용 및 의결사항 등이 기록된 회의록을 작성하여야 한다(법률 제13조 제3항). 〈양식 23〉

(8) 학교폭력대책자치위원회 개최 시 준비사항

① 서류준비

필요한 서류를 미리 준비한다. (예: 사안조사서, 관련 학생확인서, 증거자료 등)

② 공간준비

▶ **피해 · 가해측 대기 장소 준비**

자치위원회 개최 전에 책임교사가 사전에 가해측과 피해측이 있을 장소를 따로 지정한다.

▶ **회의 좌석 배치 준비**

자치위원회 진행시의 대립과 갈등을 완화하기 위해 회의 좌석 배치도 미리 준비하도록 한다.

③ 자치위원회 회의 참석비

자치위원회에 출석한 위원에게는 예산의 범위 내에서 수당과 여비를 지급할 수 있다. 학교장은 학교 회계 예산안 편성 시 현실성 있는 수당과 여비가 지급될 수 있도록 이를 반영해야 한다.

(9) 학교폭력대책자치위원회 진행

① 자치위원회 진행과정

개최알림 ▶ 자치위원회 개요 안내 ▶ 사안 보고 ▶ 피해측 확인 ▶ 가해측 확인 ▶

질의응답 ▶ 피해학생 보호조치, 가해학생 선도 · 교육조치 논의 ▶ 조치결정 ▶ 결과 통보

② 자치위원회 진행과정 예시

▸ **개최알림 : 위원장**

위원장이 자치위원회 개최를 알린다.

▸ **자치위원회 개요 안내 : 책임교사**

자치위원회 목적

진행절차

주의사항 전달

- 발언을 하기 위해서는 먼저 동의를 구해야 함을 알린다.
- 욕설, 폭언, 폭행 등을 할 경우에는 퇴실조치됨을 알린다.
- 회의 참석자 전원은 자치위원회에서 알게 된 사항에 대한 비밀유지 의무가 있음을 알린다.

참석자 소개

자치위원회 진행과정이 녹취됨을 공지한다.

▶ **사안 보고 : 책임교사**

사안 조사 결과 보고를 한다.

▶ **피해측 확인(사안확인, 요구사항) 및 질의응답**

사안을 확인하고 피해측의 입장에서 욕구를 말하도록 한다.

위원회에서 피해측에 질문하고 피해측에서 답변한다.

▶ **가해측 확인(사안확인, 가해측 입장) 및 질의응답**

사안을 확인하고 가해측의 입장을 말하도록 한다.

위원회에서 가해측에 질문하고 가해측에서 답변한다.

▶ **피해학생 보호조치, 가해학생 선도 · 교육조치 논의 및 결정**

자치위원들 간의 협의를 통해 피해학생 보호조치와 가해학생 선도 · 교육조치를 논의하여 결정한다.

▶ **피해 · 가해측에 결과 통보**

서면으로 결과 통보한다.

(10) 피해학생 보호조치

① 피해학생 보호조치 요청

자치위원회는 피해학생의 보호를 위하여 필요하다고 인정하는 때에는 피해학생에 대하여 다음 각 호의 어느 하나에 해당하는 조치(수 개의 조치를 병과하는 경우를 포함한다)를 할 것을 학교장에게 요청할 수 있다(법률 제16조 제1항).

- 제1호 : 심리상담 및 조언
- 제2호 : 일시보호
- 제3호 : 치료 및 치료를 위한 요양
- 제4호 : 학급교체

• 제5호 : 삭제
• 제6호 : 그 밖에 피해학생의 보호를 위하여 필요한 조치

② 자치위원회 개최하기 전 긴급한 경우의 조치

학교의 장은 피해학생의 보호를 위하여 긴급하다고 인정하거나 피해학생이 긴급보호의 요청을 하는 경우에는 자치위원회의 요청 전에 심리상담 및 조언, 일시보호 및 그 밖에 피해학생의 보호를 위하여 필요한 조치를 할 수 있다. 이 경우 자치위원회에 즉시 보고하여야 한다(법률 제16조 제1항).

위의 조치를 요청하기 전에 피해학생 및 그 보호자에게 의견확인의 기회를 부여하는 등 적정한 절차를 거쳐야 한다(법률 제16조 제2항).

③ 피해학생 보호조치에 대한 구체적 설명

▶ 제1호 : 심리상담 및 조언

학교폭력으로 받은 정신적 · 심리적 충격으로부터 회복할 수 있도록 하기 위하여 학교 내의 교사 혹은 학교 외의 전문상담기관의 전문가에게 심리상담 및 조언을 받도록 하는 조치이다. 학교 내 상담교사가 없을 때는 외부 상담기관과 연계한다.

▶ 제2호 : 일시보호

지속적인 폭력이나 보복을 당할 우려가 있는 경우 일시적으로 보호시설이나 집 또는 학교상담실 등에서 보호를 받을 수 있도록 하기 위한 조치이다.

▶ 제3호 : 치료 및 치료를 위한 요양

학교폭력으로 인하여 생긴 신체적 · 정신적 상처의 치유를 위하여 일정기간 출석을 하지 아니하고 의료기관 등에서 치료를 받도록 하는 조치이다.

피해학생이 보호조치로 집이나 요양기관에서 신체적 · 심리적 치료를 받을 때는 치료기간이 명시된 진단서 또는 관련 증빙자료를 첨부하여 자치위원회에 제출하도록 보호자에게 안내한다.

▶ **제4호 : 학급교체**

지속적인 학교폭력 상황 및 정신적 상처에서 벗어나도록 하기 위해서 피해학생을 동일 학교 내의 다른 학급으로 소속을 옮겨 주는 조치이다.

피해학생 입장에서는 새로운 학급에 적응해야 하는 부담이 있으므로, 조치 결정에 있어 피해학생의 의견을 적극 반영하는 것이 좋다.

▶ **제5호 : 삭제**

▶ **제6호 : 그 밖에 피해학생의 보호를 위하여 필요한 조치**

피해학생 보호를 위하여 필요하다고 판단되는 다양한 조치 방법으로는 치료 등을 위한 의료기관에의 연계, 법률 구조기관 등에 필요한 협조와 지원요청, 신변보호지원 등을 할 수 있다.

(11) 가해학생에 대한 조치

① 가해학생에 대한 조치 요청

자치위원회는 피해학생의 보호와 가해학생의 선도 · 교육을 위하여 가해학생에 대하여 다음 각 호의 하나에 해당하는 조치(수 개의 조치를 병과하는 경우를 포함한다)를 할 것을 학교의 장에게 요청하여야 한다.

- 제1호 : 피해학생에 대한 서면사과
- 제2호 : 피해학생 및 신고 · 고발 학생에 대한 접촉, 협박 및 보복행위의 금지
- 제3호 : 학교에서의 봉사
- 제4호 : 사회봉사
- 제5호 : 학교 내외 전문가에 의한 특별교육이수 또는 심리치료
- 제6호 : 출석정지
- 제7호 : 학급교체
- 제8호 : 전학

• 제9호 : 퇴학처분

② 가해학생에 대한 선도가 긴급한 경우의 조치

학교의 장은 가해학생에 대한 선도가 긴급하다고 인정할 경우 우선 제1호로부터 제3호까지, 제5호와 제6호의 조치를 할 수 있으며, 제5호와 제6호는 병과 조치할 수 있다. 이 경우 자치위원회에 즉시 보고하여 추인을 받아야 한다.

③ 가해학생 보호조치에 대한 구체적 설명

▶ **제1호 : 피해학생에 대한 서면사과**

가해학생이 피해학생에게 서면으로 그 동안의 폭력행위에 대하여 사과를 함으로써 서로 화해하도록 하는 조치이다.

▶ **제2호 : 피해학생 및 신고·고발 학생에 대한 접촉, 협박 및 보복행위의 금지**

피해학생이나 신고·고발학생에 대한 가해학생의 접근을 막아 더 이상의 폭력이나 보복을 막기 위한 조치이다.

▶ **제3호 : 학교에서의 봉사**

가해학생에게 반성의 기회를 주기 위한 조치이다.

▶ **제4호 : 사회봉사**

사회구성원으로서의 책임감을 느끼기 위한 조치이다.

학교에서는 사회봉사를 실시하는 기관과 업무협조를 긴밀히 하고, 각종 확인 자료와 담당자 간의 통신을 통하여 사회봉사가 실질적으로 이루어질 수 있도록 한다.

▶ **제5호 : 학교 내외 전문가의 특별교육이수 또는 심리치료**

교육감이 정한 기관에서 특별교육을 이수하거나 심리치료를 받아야 하며, 그 기간은 자치위원회에서 정하는 조치이다.

▸ **제6호 : 출석정지**

가해학생을 학교에 출석하지 못하게 함으로써 반성의 기회를 주고 일시적으로 피해학생과 격리시킴으로써 피해학생을 보호하기 위한 조치이다. 가해학생에 대한 출석정지 기간은 출석일수에 산입하지 않는다.

▸ **제7호 : 학급교체**

가해학생을 피해학생으로부터 격리하기 위하여 같은 학교 내의 다른 학급으로 옮기는 조치이다.

▸ **제8호 : 전학**

가해학생을 피해학생으로부터 격리시키고 피해학생에 대해 더 이상의 폭력행위를 하지 못하도록 하기 위하여 다른 학교로 소속을 옮기도록 하는 조치이다. 자치위원회에서 가해학생에 대하여 전학조치를 의결하면 학교의 장은 14일 이내에 전학조치를 취해야 하며, 가해학생이 다른 학교로 전학을 간 이후에는 전학 전의 피해학생 소속 학교로 다시 전학 올 수 없도록 하여야 한다.

▸ **제9호 : 퇴학처분**

피해학생을 보호하고 가해학생을 선도 · 교육할 수 없다고 인정될 때 취하는 조치이다. 다만 의무교육과정에 있는 가해학생에 대하여는 적용하지 아니한다.

④ 자치위원회 처분 결정에 대한 이행강제

▸ **협박 또는 보복행위와 조치 가중**

자치위원회가 학교의 장에게 가해학생에 대한 조치를 요청할 때 그 이유가 피해학생이나 신고 · 고발학생에 대한 협박 또는 보복행위일 경우에는 법률 제6조 제1항 각호의 조치를 병과하거나 조치 내용을 가중할 수 있다.

▸ **긴급한 경우 선도조치의 거부나 회피시의 조치**

학교의 장이 선도가 긴급한 경우의 조치를 한 때에는 가해학생과 그 보호자에게 이를 통지하여야 하며, 가해학생이 이를 거부하거나 회피하는 때에는

「초 · 중등교육법」 제18조 및 「초 · 중등교육법」 시행령 제31조에 따라 조치하여야 한다(법률 제17조 제7항).

▶ 조치거부 회피시의 조치

가해학생이 해당 조치를 거부하거나 기피하는 경우 자치위원회는 대통령령으로 정하는 바에 따라 추가로 다른 조치를 할 것을 학교의 장에게 요청할 수 있다(법률 제17조 제11항)

(12) 학교폭력 가피해자 처리 매뉴얼 운영

교육부는 2012년 12월 이화여자대학교 학교폭력예방연구소, 청소년폭력예방재단, 법무부, 자녀 안심하고 학교보내기국민재단 부설 한국법교육센터 등과 함께 학교폭력 사안처리 가이드북을 발행하여 배포한 바 있다.

3. 학교폭력 힐링 프로그램 운영

1) 학교폭력 힐링을 위한 상담 프로그램 운영

학교에 전문상담교사가 배치되어 있고 Wee 클래스가 설치되어 있는 경우 전문상담교사에 의한 상담프로그램이 운영될 수 있을 것이다. 이러한 상담은 전문상담교사와 학생 한 명씩의 개별상담도 있을 수 있고, 전문상담교사가 여러 명의 학생, 즉 학생 집단을 상담하는 집단상담 프로그램을 운영할 수도 있을 것이다. 또한 외부 전문기관의 도움을 받아 여러 명의 상담 전문가들이 학생들을 몇 개의 그룹으로 나누어 집단상담을 펼칠 수도 있을 것이다.

2) 다양한 힐링 프로그램 운영

학교폭력 가해 · 피해학생들에 대한 힐링 프로그램은 가해학생을 위한 프로그램과 피해학생을 위한 프로그램으로 나누어 운영할 수 있을 것이고, 가해 · 피해학생들이 함께 어울릴 수 있도록 하는 어울림 프로그램으로 운영할 수도 있을 것이다.

먼저 스포츠를 통한 힐링 프로그램이 있을 수 있는데, 풋살 경기와 같이 소규모 학생들이 팀을 이루지만 다른 팀원의 협력이 절대적으로 필요한 경기가 효과적일 것이다. 비단 풋살 뿐만 아니라 피구, 야구, 축구, 농구 등과 같이 팀을 이루어 서로 협력하고 선의의 경쟁을 하는 구기종목이 힐링에 큰 도움이 된다.

다음으로 사찰에서 스님들의 수행의 한 방법으로 활용하는 도반포행[5]과 같은 프로그램이 힐링에 많은 도움이 될 것이다. 가해 · 피해학생이 짝을 이루어 한 학생의 눈을 안대로 가리고 다른 학생이 안내를 하여 일정거리를 걸어 보도록 하고, 다시 역할을 바꾸어 수행하도록 함으로써 서로서로 상대방의 소중함을 깨닫게 할 수 있을 것이다.

다음으로 미술치료방법도 의미가 있을 것이다. 모둠을 이루어 모둠원들이 서로 상의해 가면서 주제를 정하고 잡지 등에서 모양을 오려서 콜라주기법으로 작품을 함께 완성해 보도록 함으로써 서로 어울려 하나가 될 수 있도록 해 보는 방법도 있다.

그 밖에도 함께 산행이나 여행을 하는 등의 힐링 프로그램을 활용할 수도 있을 것이다.

---

5) 한 사람이 안대 등으로 눈을 가리고 옆에서 도움을 주는 도반의 안내대로 걸음을 옮기는 수행 방법.

참고 문헌

관계부처합동(2012). 학교폭력근절 종합대책.
교학사(2013). 교육법전.
천안부성중학교(2013). 2013학년도 학교폭력대책자치위원회 운영 계획.
천안부성중학교(2013). 2013학년도 학교 교육과정 운영 계획.

제 5 장

학교폭력 예방과 개입을 위한 전략

1. 학교폭력 예방을 위한 교사의 역할
2. 학교폭력 중재와 분쟁의 개입 전략

제5장에서는 학교폭력 예방을 위해 교사가 어떠한 역할을 해야 하며, 학교폭력 발생 시 학교에서 중재와 분쟁을 위해 어떻게 개입해야 하는지 그 전략에 대해서 알아보기로 한다.

1. 학교폭력 예방을 위한 교사의 역할

1) 학급담임으로서의 역할

(1) 지속적인 학생에 대한 이해 노력

흔히 비행청소년을 구제할 수 있는 세 가지 사례가 있다고 한다. 첫째가 학부모님의 끝없는 사랑이다. 단지 학부모이기 때문에 묻지도 따지지도 않고 지구 끝까지 쫓아가 자녀를 악의 구렁텅이에서 건져 낸다. 두 번째가 친구의 바보같은 사랑이다. 우리 학부모들 중에는 “너보다 공부 잘하는 친구 사귀어라!”라고 말하거나 그러기를 은근히 바라는 마음을 가지고 있다. 그러나 학부모의 뜻과는 달리 자신보다 못한 친구를 사귀고 그 친구를 위하여 식음을 전폐한 채 쫓아다니는 어찌 보면 바보 같은 친구들의 우정이 한 인간을 바른 길로 안내할 수도 있게 된다. 세 번째가 선생님의 헌신적인 사랑이다. 비행을 저지른 학생들의 가정은 교육기능이 상실되었거나 약화된 경우가 대부분이다. 이런 학생들은 또한 바른 길로 이끌어 줄 친구를 만나지 못했다고 볼 수 있다. 이제 남은 것은 선생님이라는 존재뿐인 것이다.

우선 학급담임으로서 학급 학생들에 대한 이해가 우선되어야 한다. 오래전 학교에서는 가정환경을 조사한다고 학생들을 눈을 감게 해 놓고 ‘집에 자동차가 있는 사람 손들어?', '피아노가 있는 사람 손들어?' 하는 식으로 조사하던 적도 있었지만, 요즘에는 학생의 인권보호 차원에서 교육적이지 못하다는 이유로 그런 방법을 사용해서는 안 되는 것으로 되어 있다. 따라서 학생들에 대한 이해를 위해 우선 개별상담을 해야 할 필요가 있다. 필요하다면 특별히 구안된 상담카드를 활용할 수도 있고, 교무일지라고 불리는 업무수첩에 나와 있는 양식을 활용하거나 교무업무시스템의 양식을 활용할 수 있을 것이다. 다음은 어느 교사가 활용했던 학생상담기록장인 생활지도 도움카드 양식이다.

생활지도 도움카드

성명 : OOO (학생명)

학교명 : OOO 중학교

사 진 3cm×4cm	학년	반	번호	담임성명
	1학년			
	2학년			
	3학년	(O)	(O)	아 무 개

1. 학생정보					
성 명	학 생 명	취미		특기	
주 소	충남 천안시 서북구 직산읍 삼은리 코아루 A 000동 0000호				
전화번호		휴대전화			
E-mail		출신학교			
신체 특이사항					

2. 가족사항				
관 계	성 명	생년월일	직업(직장)	연 락 처
부	아버지		크센크루프 차장	010-0000-0000
모	어머니		한지공예강사	010-0000-0001
특이사항				

3. 교우관계	본 교			타 교			
학년도	학년 반	성 명	연 락 처	학교	학년 반	성 명	연 락 처
특이사항							

4. 조치사항		
연월일	조치종류	조치사유

5. 생활지도 누가기록 사항

연번	연월일	지도유형	상담 및 생활지도 내용	지도교사
1	2013. 3. 5 방과 후	폭력가해□ 폭력피해□ 부 적 응□ 교우관계□ 정보통신□ 진로문제■ 학업문제□ 기 타□	· 진로희망 : 초등학교 교사, 아나운서 · 북일여고 진학 희망 · 영어과목 좋아함, 수학성적 좋음 · 외동딸로 사랑을 많이 받고 생활	담임
2	2013. 3. 6 가정방문	폭력가해□ 폭력피해□ 부 적 응□ 교우관계■ 정보통신□ 진로문제□ 학업문제□ 기 타□	· 친구를 폭넓게 사귐 · 3학년답게 친구들과의 시간 줄이도록 안내 · 진로에 대하여 구체적인 고민하도록 안내	담임
		폭력가해□ 폭력피해■ 부 적 응□ 교우관계□ 정보통신□ 진로문제□ 학업문제□ 기 타□		

(2) 1일 3방 등 지속적인 관찰 활동

학생들이 학교에 등교해서 하교시간이 될 때까지 학생들은 하루 종일 학교 안에서 생활하게 된다. 일반적으로 담임교사는 담임반 학생들을 아침과 저녁 조례와 종례시간과 수업시간에 만나게 된다. 그런데 수업이 매일 들어 있는 것이 아닐 수 있으므로 조례와 종례를 빠짐없이 실시한다고 할 때 하루 두 번 담임교사와 담임반 학생이 만날 수 있게 되는 것이다. 문제는 바쁜 업무나 출장 등으로 담임교사가 조례나 종례를 매일 할 수 없는 경우가 발생할 수 있다.

따라서 가능하면 담임교사는 조례와 종례를 매일 빠짐없이 수행해야 하고 점심시간이나 쉬는 시간에도 하루 한번 이상 교실을 방문해야 한다. 이것이 바로 하루 세 번 이상 담임반 교실을 방문한다고 해서 붙여진 1일 3방으로 이를 꾸준히 실천한다면 그만큼 학생을 잘 파악하고 이해할 수 있게 될 것이다.

(3) 매력있는 학급 만들기를 통한 예방 활동

학생들이 학교생활의 중심무대인 학급에서의 생활이 재미있어야 학교생활에서 행복을 찾고 즐거운 마음으로 학교로 향하게 될 것이다. 따라서 학급은 학생들을 끌어들이는 매력이 있어야 한다. 그래서 담임교사 주관하에 학급을 매력있게 만들도록 해야 한다. 2012학년도에 교육부는 학교폭력을 예방한다는 이유로 모든 학급에 생활지도에 활용할 수 있도록 학급당 30만 원씩의 예산을 지원한 바 있다. 물론 한 해의 지원으로 그치고 말았지만, 최소한 2012학년도 모든 학교에서 학급별로 활발하게 학급단위 또는 학년 단위의 사업이 계획되고 추진되었다. 그로 인해 학교폭력 예방에도 큰 효과가 있었던 것으로 분석되지만, 문제는 2013학년도부터는 그 훌륭한 학급활동 프로그램들이 예산의 부족으로 사장되고 말았다는 데 있다.

따라서 일부 학교에서는 발전기금 등을 재원으로 2013학년도 이후에도 학급운영비를 일정수준 지원함으로써 지속적인 매력있는 학급을 만들어 가고 있다.

다음은 어느 학교의 매력있는 학급 만들기 계획서의 예시이다.

〈매력있는 학급 만들기 계획서의 예시〉

월	실천주제	실 천 내 용	비고
3월	멋진 만남	■ 학급운영계획 및 방향 설명 / 학급 청소구역 정하기 / 학급반장 및 부장 선출 / 학급규칙 및 급훈, 반 구호 정하기 ■ '멋진 만남' – '나'에 대해 소개하기 ■ '멋진 만남' – 우리 반 '행복통신' 가정통신문 발송 ■ 일일학습태도 및 생활태도 GOOD & BAD–월말 자기반성 시간 갖기	아침 조례 및 자율시간 활용
4월	'나', '너', 그리고 '우리'	■ 진로문화체험 학습여행– 모둠별 사진찍기 ■ 교과부장 중심의 1학기 1회 고사 함께 준비하기 (good morning TEST 실시) ■ '나', '너' 그리고 '우리' 알기 – 개별 상담, 칭찬 릴레이 ■ 일일학습태도 및 생활태도 GOOD & BAD–월말 자기반성 시간 갖기	쉬는시간 및 점심시간 활용
5월	THANK YOU	■ '친구 사랑' – 학급 마니또 실시 ■ '부모님 사랑' – 부모님께 편지 쓰기 및 효도권 만들기 ■ '선생님 & 학생 사랑' – 학급 단합도모 '런투육~ 모꼬지' 실시 ■ 일일학습태도 및 생활태도 GOOD & BAD – 3, 4, 5월 굿보이, 굿걸 시상	아침 조례 및 자율시간 활용 * 굿보이, 굿걸 시상 (도서상품권 각 만원) * '런투육 모꼬지' 상품 및 다과 (10만원)
6월	두근두근 초록	■ 모둠별 집단상담 ■ '두근두근 초록'–나만의 식물 기르고 가꾸기 ■ 일일학습태도 및 생활태도 GOOD & BAD–월말 자기반성 시간 갖기	쉬는 시간 및 점심시간 활용 * 나만의 식물 화분구매(각출)
7월	樂	■ 교과부장 중심의 1학기 2회 고사 함께 준비하기 (good morning TEST 실시) ■ 1학기 자기반성하기/여름방학 계획표 만들기 ■ 일일학습태도 및 생활태도 GOOD & BAD – 6, 7월 굿보이, 굿걸 시상 ■ 우리 반 '행복통신' 가정통신문 발송 ■ '樂' – 방학 즐겁게 즐기기 (방학 때 사진 찍어 담임선생님한테 보내줄 것. "매사–매력적인 사진 & 웃사–웃긴 사진" 콘테스트 개학 후 실시함)	아침 조례 및 자율시간 활용 * 굿보이, 굿걸 시상 (도서상품권 각 만원) 이메일 활용

월	실천주제	실 천 내 용	비고
8월	나눔의 소중함	■ 방학 이야기 나누기 / "매사","웃사" 콘테스트 시상 ■ 각자 한 봉사활동 점검 및 봉사활동 느낌 발표 ■ '나눔의 소중함' – 학급 프리 마켓 실시 (각자 집에서 안 쓰는 물건들 가지고 와서 프리마켓에서 판매 또는 봉사단체 기부) ■ 일일학습태도 및 생활태도 GOOD & BAD–월말 자기반성 시간 갖기	쉬는 시간 및 점심시간 활용 * 매사, 웃사 시상(학용품–1만원 내외)
9월	SMILE	■ 아침조례 때 1분 '하호히낄~'웃기/ 종례 때 1분 '하호히낄' 웃기 ■ 친구에게 웃음 주기 – 개그 콘테스트 ■ 일일학습태도 및 생활태도 GOOD & BAD–월말 자기반성 시간 갖기	아침 조례 및 자율시간 활용
10월	가을 느낌	■ 교과부장 중심의 2학기 1회 고사 함께 준비하기 (good morning TEST 실시) ■ '가을느낌' – 소중한 사람에게 낙엽에 편지 써서 주기 ■ 일일학습태도 및 생활태도 GOOD & BAD–월말 자기반성 시간 갖기	쉬는시간 및 점심시간 활용
11월	'같이'의 '가치'	■ '같이'의 '가치' – 학급 단합도모 '런투육~ 런닝육반' 실시 ■ '같이'의 '가치' – 학급 소설 만들기 (모둠별 소설 이어 써서 만들기, 4개 모둠) ■ 일일학습태도 및 생활태도 GOOD & BAD – 9,10,11월 굿보이, 굿걸 시상	아침 조례 및 자율시간 활용 * '런투육 런닝육반' 상품 및 다과 (10만원) * 굿보이, 굿걸 시상 (도서상품권 각 만원)
12월	畵龍 點睛	■ 교과부장 중심의 2학기 2회 고사 함께 준비하기 (good morning TEST 실시) ■ 1년간 자신의 목표 확인 및 반성하기 / 겨울방학 계획표 만들기 ■ '화룡점정' – 학급 단합도모 '런투육– 교실 밖으로' 문화체험 ■ 일일학습태도 및 생활태도 GOOD & BAD–월말 자기반성 시간 갖기 ■ 우리 반 '행복통신' 가정통신문 발송	아침 조례 및 자율시간 활용 * '런투육 –교실 밖으로' 문화체험(각출)
1월	하얀 겨울	■ '하얀 겨울' – 방학 즐겁게 즐기기 (방학 때 '하얀겨울' 배경으로 사진 찍어 담임선생님	이메일 활용

월	실천주제	실 천 내 용	비고
		한테 보내줄 것, 사진 콘테스트 개학 후 실시함) ■ 차 학년도 계획 세우기	
2월	END … ING	■ 방학 이야기 나누기 / "하얀 겨울" 사진 콘테스트 시상 ■ 일일학습태도 및 생활태도 GOOD & BAD – 12, 2월 굿보이, 굿걸 시상 ■ 'END… ING' – 헤어지는 아쉬움 속에 계속되는 우리, 새로운 시작(학급 활동 추억 사진첩 영상 시청, 롤링페이퍼, 학급 활동 추억 이야기첩 배부)	아침 조례 및 자율시간 활용 * '하얀겨울' 사진시상 (학용품 –1만원내외) * 굿보이,굿걸 시상 (도서상품권 각 만원)
총 계			예상경비 30만원

2) 교과담당교사로서의 역할

(1) 훈화를 통한 인성교육

국어교사는 국어교과의 내용만 가르치는 사람이 아니다. 국어를 바르게 사용하는 것만큼 중요한 것이 바로 바른 사람이 되는 일이다. 자라나는 청소년들에게는 귀가 따갑도록 반복적인 훈화지도가 필요하다. 교사들의 반복적인 훈화를 학생들은 자칫 잔소리로 생각할 수 있으나 꼭 필요한 일이고 중요한 일일수록 자주 반복해서 이야기해야 한다. 반드시 수업시간만이 아니더라도 등하교길이나 복도에서 만나는 학생의 말이나 태도가 바르지 못하다면 마땅히 바른 방향으로 지도하여야 한다. 옛말처럼 벼가 주인의 발자국 소리에 자라나듯, 학생들은 교사들의 관심과 훈화로 성장한다고 해도 과언이 아니다. 이렇게 교과담당교사가 수업시간이든 쉬는 시간이든 학생들을 대할 때마다 관심을 가지고 칭찬하고 격려하며 바른 길로 안내하기 위해 노력한다면 자연스럽게 학교폭력은 예방될 수 있을 것이다.

(2) 프로젝트형 인성수업 전개

국어, 도덕, 사회 교과 등을 중심으로 프로젝트형 인성수업을 권장하고 있다. 학생들을 모둠별로 조직하여 프로젝트 과제를 부과하고 협동학습을 통하여 탐구활동과 토의활동을 전개하여 프로젝트를 수행하는 과정에서 어울림을 배울 수 있게 해야 한다.

비단 세 교과뿐만 아니라 모든 교과에서 교육과정을 재구성하여 인성관련 수업을 할 수 있고, 토론 · 토의활동을 통하여 어울림을 배울 수 있도록 하여야 한다. 모든 교과에서 교육과정을 재구성한다면 프로젝트형 인성수업이 가능해질 것이다. 이렇게 인성수업이 이루어진다면 학생들은 협동학습 과정에서 서로의 소중함을 느끼고 배려하고 함께 어울리는 기술을 배우게 될 것이며 궁극적으로 학교폭력은 찾아보기 힘들어질 것이다.

(3) 교과연계지도 인성교육

국어교사가 국어교과 내용만을 가르치는 사람이 아니듯이 모든 교과교사는 자신의 교과내용만을 가르치는 것으로 끝나는 사람들이어서는 안 된다. 어쩌면 모든 교과의 공통적인 목적은 우리나라 교육기본법 제2조[1]에 명시되어 있는 교육이념인 홍익인간(弘益人間), 즉 널리 인간을 이롭게 하는 사람을 기르는 데 있는 것이다. 따라서 교과담당교사들은 자신의 교과에서 인성교육적 요소를 최대한 추출하여 학생들에게 가르쳐야 한다. 그렇게 한다면 학생들은 해당 교과의 내용을 학습하는 과정에서 자연스럽게 인간다움을 익히게 되고 친구들

1) 교육기본법 제2조(교육이념) : 교육은 홍익인간(弘益人間)의 이념 아래 모든 국민으로 하여금 인격을 도야(陶冶)하고 자주적 생활능력과 민주시민으로서 필요한 자질을 갖추게 함으로써 인간다운 삶을 영위하게 하고 민주국가의 발전과 인류공영(人類共榮)의 이상을 실현하는 데에 이바지하게 함을 목적으로 한다.

과 다투기보다는 서로 존중하는 생활을 할 수 있게 될 것이다.

3) 업무담당자로서의 역할

(1) 학생에 대한 기초 조사 철저

모든 학교에서는 학생들의 생활지도를 위해서 학생부를 운영하고 있다. 학교마다 명칭은 다소 다를 수 있지만 학생 생활지도 부서는 반드시 운영하기 마련이다. 그런데 꽤 오래전부터 많은 학교에서 학생부의 업무를 기피하는 경향이 있다. 그만큼 학생 생활지도가 어렵고 책임도 무겁다는 반증일 것이다. 그러나 누군가는 그 업무를 맡아야 한다. 따라서 바로 나 자신이 그 업무를 맡을 수 있다는 점에 명심할 필요가 있다.

이제 각자가 바로 업무 담당자가 되었다고 생각하고, 내가 생활지도 업무를 맡았다면 그것도 학교폭력 예방 업무 담당자라면 어떻게 업무를 추진할 것인지 생각해 보아야 한다. 그러한 생각을 바탕으로 학생 개개인에 대한 충분한 기초조사를 실시하고 의미있는 통계들을 확보하여 필요시 활용하여야 한다.

(2) 요선도 학생에 대한 사전 상담 및 예찰 활동

모든 학교에는 일반적인 학생들과 달리 가는 곳마다 사고를 치는 사고뭉치들이 있기 마련이다. 한때는 문제 학생이라고 불렸던 이 학생들을 요즘에는 요관심 학생 또는 요선도 학생이라고 부른다. 이러한 요선도 학생을 잘 파악하고 그들을 잘 지도하는 것이 학교폭력 예방 담당교사의 업무추진에서 매우 중요한 부분이다.

요선도 학생을 파악하는 데는 우선 담임교사의 도움을 받아야 한다. 정해진 양식을 만들어서 담임교사들에게 나누어 주거나 학내통신망(쿨메신저 등)에 양식 파일을 올려놓거나 하여 기한 내 요선도 학생을 파악하여 보내 주도록 협조를 요청하여야 한다. 그것만으로는 부족할 수 있다. 신규교사이거나 다른 학교에서 옮겨온 교사의 경우는 요선도 학생 파악이 잘 안 될 수도 있기 때문에, 기존에 근무 중이던 교사들에게 추가적인 정보를 얻어야 한다.

일단 파악된 요선도 학생 명단은 그들에 대한 보다 구체적인 정보를 포함하여 다른 교사들에게 공유시키고 학생들에게는 보안을 유지해야 한다.

다음으로 중요한 것은 해당 학생들을 주의 깊게 살펴보면서 지도해야 한다는 점이다. 가능하면 그들을 중심으로 동아리를 조직하여 자주 만날 수 있는 기회를 마련하는 것도 좋겠다. 등산 동아리라든가 스포츠 동아리와 같이 학생들이 즐거워할 수 있는 동아리를 해당 학생들의 희망을 유도하여 자연스럽게 조직하여 운영할 필요가 있다.

(3) 담임교사 및 학생들을 통한 사전 정보 수집

요선도 학생 이외에도 학생들의 학교폭력은 언제 어느 곳에서 누군가에 의해 발생할 수 있다. 따라서 상시 정보 수집 시스템을 갖추어야 할 필요가 있다. 담임교사는 물론이고 교과담당교사와 부장교사 등 학생들에 대하여 많이 알고 있는 교사들에게 수시로 학생들의 생활과 관련된 정보를 파악하고 확인하는 노력을 경주해야 한다.

또 하나의 정보 획득 방법은 인터넷을 활용하는 것이다. 다음아고라, 네이트판, 카카오스토리 등과 인터넷 사이트나 SNS 또는 학생들의 카페나 블로그 등에 떠도는 학생들과 관련된 정보를 여러 가지 방법을 동원하여 얻을 수 있어야 한다. 그 한 방법으로 학생들을 정보도우미로 하여 협조를 얻는 방법도 있다.

2. 학교폭력 중재와 분쟁의 개입 전략

1) 학교 내에서의 중재와 분쟁 개입

(1) 담임교사에 의한 중재

학교폭력을 예방하는 것이 최선이다. 그렇지만 한창 혈기왕성하고 감정조절이 안 되는 질풍노도의 시기인 학생들이기에 크고 작은 학교폭력 사안이 발생하게 된다. 일단 학교폭력이 발생하면 담임교사는 학교폭력의 상황을 신속히 파악하고, 피해자 학생의 학부모에게 사실을 알려야 한다.

이 때 학생의 현재 상태를 자세히 알려서 필요한 조치를 요구하도록 할 필요가 있다. 물론 피해학생이 외상 등으로 응급한 상태라면 먼저 119로 구급차를 요청하여 병원으로 후송하여야 하겠지만, 그 정도로 응급상황이 아니라면 학부모에게 어떻게 하면 좋을지, 어느 병원으로 가면 좋을지 등을 물어서 학부모가 원하는 대로 조치하는 것이 바람직하다.

응급조치가 끝나면 가해학생의 학부모에게도 전화를 걸어 사실을 알리고 현재 상황을 잘 전달하며 가해학생의 부모로서 할 수 있는 조치에 대하여 상의를 해 본다.

그런데 가해학생과 피해학생이 잘 드러나지 않는 상황이 문제가 된다. 이 경우에는 가해와 피해를 떠나 두 학생이 다툰 것 같다는 정도로 양쪽 학부모에게 안내하고 필요한 조치를 해야 한다. 확실치 않은 상황에서 가해 · 피해를 속단하지 말아야 한다. 가해 · 피해학생의 구분이 모호할 때는 자세한 조사나 경찰 수사로 밝혀진 뒤에 확정지어도 늦지 않기 때문이다.

가해 · 피해학생이 명확한 사안의 경우 먼저 피해학생에 대한 구제책을 마련해 놓고 가해학생에 대하여도 안정을 취할 수 있도록 조치를 해야 한다. 피해학생에 관심을 쏟다 보면 자칫 가해학생을 방치해 두어 제2, 제3의 학교폭력을 야기시키거나 처벌이 두려워 자칫 잘못된 선택을 할 수도 있기 때문이다.

담임반에 가해 · 피해학생이 모두 포함되어 있는 상황이라면 담임으로서, 만약에 두 반 이상에 걸쳐 있는 경우라면 해당 학급 담임교사와 함께 공동대응을 해야 한다.

담임으로서 가해 · 피해학생의 학부모에게 알리고 응급상황을 잘 마무리했다면 이제는 학교폭력의 발생 상황을 원인부터 결과 나아가서 향후 걱정되는 부분까지 자세히 살펴보아야 한다.

가해학생과 피해학생이 명확히 가려지고 양쪽 학부모들도 그 사실에 이의가 없다면 이제 본격적으로 담임교사가 나서야 한다. 가해 · 피해학생의 학부모들을 만나서 자초지종을 설명하고 해결책을 찾는 노력을 기울여야 한다. 피해학생의 경우는 담임교사가 학교로 오도록 안내하면 쉽게 달려오겠지만, 피해학생의 학부모는 학교로 오게 해도 잘 응하지 않을 수 있다. 따라서 가해학생의 학부모는 학교로 나오게 하기보다는 가정이나 직장으로 직접 찾아가는 담임의 헌신적인 노력이 학부모들의 마음을 더욱 빨리 움직이게 할 수도 있다는 점을 염두에 둘 필요가 있다.

담임교사가 피해학생을 먼저 만나서 심심한 위로와 사과의 인사를 하고 병원 치료 등 사안해결을 위한 노력은 물론 향후 사건의 재발방지를 위해 담임교사와 학교당국이 함께 최선의 노력을 다할 것을 잘 이해시키고 원만한 해결책이 마련될 수 있도록 노력해야 한다.

담임교사가 가해 · 피해학생의 학부모를 만나는 것은 학교폭력 사건 처리의 첫 번째 단계이기 때문에 원만한 해결을 위해 처음에는 피해학생의 부모와 가해학생의 부모를 따로 만나 양쪽의 입장을 파악해 보아야 한다. 그 결과, 피해학생측 학부모의 요구를 가해학생측 학부모가 받아드린다면 문제는 쉽게 해결될 수 있다. 이렇게 담임과 가·피해학생의 학부모들과의 몇 차례 만남과 대화로 문제가 원만히 해결된다면 그나마 다행스런 일이다.

담임교사의 중재노력은 무엇보다도 신속히 양측 학부모에게 사실을 통지하고 응급구호를 끝낸 상태에서 시작되어야 한다는 점과 양측 학부모로부터 불편부당하지 않게 사안처리를 하고 있다는 신뢰를 얻는 일이 중요하다.

(2) 업무담당자의 지원

크고 작은 학교폭력 사안이 발생했을 때 담임교사 못지않게 속을 썩는 교사가 학교폭력 예방 업무담당교사다. 필요하다면 직접 중재에 나서기도 해야 하고, 중재가 쉽게 이루어지든 아니든, 학교폭력전담기구 회의를 소집하고 필요시 학교폭력대책자치위원회도 소집해야 하며 그 소집과 결과 처리에 대한 공문 기안 및 부속 업무 처리도 담당해야 하기 때문이다.

사안이 발생했음을 업무담당자로서 인지하였다면 즉각 개입하는 것이 바람직하다. 왜냐하면 자칫 일부 담임교사들은 종래의 일반적인 생각처럼 사건이 불거져 복잡해지는 것을 원하지 않는 성향이 있기 때문에 자신의 담임반과 관련된 사안을 축소하려고 하는 경향을 보일 수 있다. 따라서 업무담당자로서 사안이 내용을 파악하고 필요한 조언을 담임교사에게 해 주어야 한다. 그리고 담임교사가 가해·피해학생의 가정을 방문한다거나 학부모가 학교에 와서 면담을 할 때에도 담임교사의 동의를 얻어 동석하고 필요한 조언이나 대안을 제시해야 한다.

문제는 사안이 두 개 학급 이상에 걸쳐 발생했을 때는 한 개 반 담임의 힘으로는 해결의 실마리를 찾기가 어렵게 된다. 이러한 때에는 반드시 업무담당자의 개입과 중재 노력이 필요하게 된다. 중재하는 노력은 담임교사와 다를 것이 없겠지만 역시 중요한 것은 양측 학부모들로부터 신뢰를 잃어서는 안 된다는 것이다.

(3) 전문상담교사의 지원

학교폭력 사안은 적지 않은 경우 두 학생의 경제적, 육체적인 갈등보다도 감정의 문제에서 비롯되는 경우가 많다. 평상시 잘 지내다가도 나와 친했던 친구가 나 말고 다른 친구와 사이좋게 지내는 모습을 보고 질투심이 발동하여 시기를 하게 되는 것과 같은 경우다. 학교폭력 사안의 해결도 결국 양측 학생들의 감정이 해결되고 공감이 이뤄져야 해결책을 찾을 수 있는 경우가 많다. 따라서 전문상담교사의 도움을 받아 학생들의 심리적인 문제를 분석해 보고 그 문제를 양측 학부모들에게 설명하고 함께 해결책을 찾는 것이 효과적이다. 필요하다면 전문기관의 전문상담자들의 도움을 받아야 한다.

전문상담교사는 평소 양측 학생들과의 상담활동 자료를 근거로 하여 학부모들과 만나 폭력 발생의 원인을 진단하고 향후 재발방지를 위해 필요한 조치를 제시하게 된다. 이 경우 대부분의 학부모들은 자신의 자녀들의 심리상태에 대하여 놀라게 되고 전문상담교사의 처방을 받아들여 함께 협력하게 된다. 그러나 간혹 전문상담교사를 신뢰하지 못하는 학부모들이 있을 수 있는데, 이런 경우에는 전문기관의 도움을 받는 것도 필요하다.

(4) 교감 및 교장의 중재 지원

담임교사나 업무담당자가 피해학생의 학부모를 여러 차례 만나 설명을 하고 이해시키려 해도 도무지 듣지를 않는 경우도 있다. 이 경우 중재노력은 수포로 돌아가고 시간만 허비하는 상황이 이어지게 된다. 이러한 상황을 극복할 수 있는 카드 중 하나가 교감이나 교장이 나서는 방법이다.

이 방법은 학부모들이 담임이나 업무담당교사를 신뢰하지 못하고 사안의 중재가 원점에서 맴돌 때 유효할 수 있다. 교감이나 교장이 직접 피해학생의 가정을 방문하여 학부모의 속마음을 이해하고 향후 재발방지와 해당 학생에 대한 학교생활에의 지원을 약속함으로써 피해학생 학부모의 마음을 움직일 수가 있는 것이다.

이 방법을 활용할 때 사안의 내용과 학부모들의 성향을 잘 파악하여 타이밍을 잘 잡는 것이 중요하다. 여러 가지 여건이 성숙되었을 때 학교의 책임 있는 관리자가 나서서 피해학생의 편의증진을 약속함으로써 사건해결의 실마리가 풀릴 수 있는 것이다. 다음은 학교폭력 사안에 대하여 학교장의 성공적인 중재 사례이다.

<사례>

중학교 1학년 여학생인 A는 같은 학교 10여 명의 여학생들에게서 집단 사이버 따돌림을 당했다. 한 학생이 A 학생의 사진을 SNS에 올리자, 다른 친구들이 "얼굴 쏘라시 하고는~", "화장 만센티" 등 상대방을 조롱하는 듯한 댓글을 올렸다가, A학생이 부모에게 알림으로써 학교폭력으로 신고되기에 이르렀다.

피해학생의 부모는 가해학생들에 대하여 다른 학교로의 전학 등 엄한 처벌을 요구하며 대화를 거부하고 있는 상태였다. 담임교사가 중재에 나섰지만 뾰족한 방법을 찾지 못하고 시간만 보내고 있는 상태였다.

학교장이 피해학생의 가정을 방문하여 부모들과 대화를 시작했다. 학교장은 피해학생의 힐링 프로그램 운영과 가해학생들에 대한 처벌 그리고 피해학생의 소속 학급 학생들에 대한 어울림 프로그램 운영을 약속하는 수준에서 피해학생의 부모와의 중재안을 만드는데 성공했다.

학교폭력대책자치위원회가 열리고 가해학생들이 참여 정도에 따라 처벌 수위가 다르게 결정되고, 약속했던 힐링 프로그램과 어울림 프로그램이 운영되었다. 학교장의 성공적인 중재로 사안이 확대되지 않고 조기에 해결될 수 있었다.

2) 학부모를 통한 중재 및 분쟁 개입

(1) 학부모회 임원들에 의한 중재

학교에는 공식적으로 학교운영위원회를 두도록 되어 있고 학부모회도 조직

할 수 있게 되어 있다. 한때 사친회이니 자모회라고 해서 일부 학부모들의 내 자식만 잘 봐 달라는 식의 지나친 치맛바람으로 사회적인 물의를 빚었던 시대나 학교도 있었지만, 이 조직을 잘 활용하면 학교폭력 등 학교 내에서 발생한 문제들을 쉽게 해결할 수도 있다.

학부모회는 일반적으로 최고학년을 중심으로 운영되는 경향이 있기는 하지만 그렇더라도 전체 학년에 안배하여 학년별로 많은 학부모들로부터 신망을 얻고 있는 대표성을 지닌 학부모가 임원을 맡게 된다. 그 임원들로 하여금 해당 학년과 학급의 학부모들의 특성들을 대부분 파악하고 있게 마련인데, 일단 사안이 발생하면 학부모회장을 비롯한 해당학년의 임원들과 대책을 강구할 필요가 있다.

적지 않은 학교에서는 사안이 발생했을 때 번거롭게 하지 않을 생각으로 또는 괜히 알려서 소문만 나빠질까 봐 등의 이유로 학부모회에 알리지 않는 경우가 많은데, 이 경우 나중에라도 임원들이 알게 되면 학교측에 비난을 퍼붓는 경우가 종종 발생한다. 특히, 사안이 긍정적으로 잘 매듭지어지면 다행이지만 그렇지 못할 경우에는 그 비난의 강도가 더욱 세어지게 된다. 따라서 학교는 학교폭력 등 학교자체로만 해결하기 버거운 사안에 대하여 지체 없이 학부모회의 임원들과 상의하는 노력이 필요하다.

물론 학교장을 비롯한 학교의 관리자들은 평소 학부모회 임원들과의 원만한 관계 유지가 필요할 것이며, 담임교사의 입장에서도 해당 학급이나 학년의 임원들과 서로 전화로 소통하는 등의 관계 개선이 필요하다.

(2) 학교운영위원회 학부모 위원들의 중재

현재 학교운영위원회는 과반수 이상의 학부모위원으로 구성하도록 되어 있다. 따라서 일단 학교와 관련된 사안이 발생하면 학교운영위원회 위원장을 비롯한 학부모 위원들에게 사실을 알리고 해결방안을 함께 모색할 필요가 있다. 학교폭력의 경우도 마찬가지이다. 학부모 위원들 중에는 그 가해학생의 학부모나 피해학생의 학부모들에 대한 정보를 가지고 있는 경우가 많다. 직접 해당 학부모들을 모르더라도 몇 사람만 걸치면 그들에 대한 정보를 얻을 수 있고, 중간에서 말을 건네주거나 조정해 줄 사람을 만날 수 있게 된다.

가해 · 피해학생의 학부모를 잘 알고 있고 중재할 용의가 있는 학부모가 있다면, 담임교사나 업무담당교사가 찾아가서 전후 사정을 잘 설명하고 먼저 가해학생의 학부모를 만나게 하여 피해학생에 대한 필요한 조치에 대한 구체적인 내용과 필요하다면 직접 찾아가서 사과 인사를 할 것 등을 약속받은 뒤 피해학생의 학부모를 만나서 중재를 할 수 있도록 해야 할 것이다.

첫 만남으로 피해학생 학부모측에서 긍정적으로 나온다면 중재를 쉽게 마무리되겠지만, 순순히 응하지 않는 경우 여러 차례 만나서 설득을 하는 노력이 요구된다. 따라서 학교는 평소 학교운영위원회의 학부모 위원들과 친밀한 관계를 유지해 놓는 일이 중요하다.

(3) 당사자 친구들의 학부모에 의한 중재

가해 · 피해를 막론하고 해당 학생들 중에는 평소 친하게 지내는 친구들이 있기 마련이다. 친구들과 친하게 지내다 보면 서로 집에까지 오고가면서 친해져 친구의 학부모님들과도 친하게 지내는 경우도 많다. 또한 자녀들이 친하게 지내다 보면 학부모들까지도 자주 만나게 되면서 모임을 만드는 일까지 생기기도 한다. 이러한 친구관계나 학부모들의 친밀도 등을 평소 담임교사가 상담활동이나 가정방문 등에서 파악해 두었다가 일련의 사건들이 발생하면 적절히 활용할 필요가 있다.

특히, 학교폭력의 피해학생의 학부모 중에는 자식의 몸과 마음에 상처를 속상해한 나머지 담임교사를 포함한 일체의 외부 사람을 만나지 않고 경찰에 신고해 놓고 두문불출 연락두절인 경우도 생길 수 있다. 이런 경우 합의가 이뤄지지 않아 사안의 정도에 따라 가해학생들이 입건되는 일까지 발생할 수 있게 된다.

이런 경우 한시라도 빨리 피해학생의 학부모의 마음을 누그러뜨리는 노력이 필요한데, 이 경우 해당 학생 친구들의 학부모님들의 역할이 중요하다. 다행이 그런 노력을 해줄 해당 학생 친구의 학부모가 있다면 담임교사나 업무담당교사가 찾아가서 전후 사정을 잘 설명하고 해당 학생의 학부모를 만나 충분한 위로의 말과 함께 합의 조건을 넌지시 던지게 하는 등의 노력으로 사건의 실마리를 풀어 나가야 한다.

3) 외부 전문기관을 통한 중재 및 분쟁 개입

(1) 지역 청소년상담센터 등의 지원

학교로서 가장 슬픈 것이 학부모들로부터 신뢰를 잃었을 때와 이해심 부족한 학부모를 만났을 때이다. 여러 가지 이유로 인해서 학교가 신뢰를 잃으면 학교가 아무리 좋은 프로그램으로 학생을 지도하려 해도 학부모들의 지원을 얻어 낼 수가 없다.

학교폭력이 발생했을 때도 마찬가지다. 학교가 지역사회와 학부모로부터 신뢰를 잃은 상황이라면 담임교사나 업무담당자의 중재 노력이 씨가 먹힐 리 없다. 교감이나 교장의 노력도 별로 효과를 거둘 것으로 기대하기 어렵게 된다.

이해심 없는 학부모를 만났을 때도 마찬가지다. 학부모 중에는 유독 까다로운 사람도 없지 않다. 누가 봐도 상식적으로 해결할 수 있는 사안이고 중재안인데도 학교를 불신하고 들어주려고 하지 않을 때 학교가 대처할 수 있는 방안은 제한적일 수밖에 없다.

이렇게 학교가 신뢰를 잃었을 때나 이해심 부족한 학부모를 만났을 때 학교가 할 수 있는 방법 중 하나가 신뢰할 수 있는 전문기관에 위탁하는 것이다. 전문기관 중 하나가 지역 청소년상담센터이다.

이 경우는 전문가의 도움을 받아 주로 가해학생의 심리상태를 학부모에게 이해시키는데 유효하다. 학부모들 중에는 "우리 아이가 그럴 리 없다"며 자녀의 잘못된 정신 상태를 이해하려 들지 않는 경우가 많다. 마치, "우리 애는 괜찮은데 친구를 잘못 사귀어서"라며 씁쓸한 미소를 짓는 학부모의 그 심정과 다르지 않다. 이 경우의 학부모들은 전문기관의 상담결과에 대하여는 어느 정도 귀를 기울이는 경향이 있다.

(2) 정신과 전문의 등 의료전문가들의 지원

지역 청소년상담센터와 같은 전문기관에 위탁하는 중재방식과 마찬가지로 정신신경과 전문의 등 의료전문가들의 전문성에 의존해야 하는 경우도 발생한다.

실제 사례를 한 가지 들어 보면 다음과 같다.

<사례>

중소규모 A시의 한 중학교에 1학년으로 입학한 B라는 남학생은 초등학교 때부터 ADHD가 있는 학생으로 알려져 있었다. 중학교에 들어와서도 증세가 호전되지 않아 교사들과 학생들을 긴장시켜 오던 중, 하루는 급식실에서 B가 C라는 친구의 발을 밟는 일이 발생하였다. C학생이 "B야, 발을 밟았으면 미안하다는 인사 정도는 해야지?"라고 말하자, B가 발끈하면서 가까이에 있던 급식용 젓가락을 한 움큼 집어 들고 C학생의 몸을 사정없이 찍어버린 사건이 발생했다.

이에 학교폭력대책자치위원회가 열렸고 B학생에게 법원의 통고제도를 활용해 치료를 받은 후에 등교하도록 결정하였다. 그러나 학생의 학부모는 이에 따르지 않았다. 법원의 통고제도가 마치 자신의 아들을 법정에 서게 하는 것으로 오해를 한 것 같았다. 아무리 설명을 해도 이미 초등학교 때부터 학교와 교사에 대한 불신이 깊어진 학부모는 결정을 따르지 않았다.

설득 끝에 B학생의 학부모는 B학생을 신경정신과에 입원시키기로 하였다. 의사의 진단과 권고에 따라 B학생은 한 달간 병원에 입원하였고, 아들의 정신 상태의 심각성을 깨닫게 된 학부모는 B학생을 대안학교로 전학시켰다.

위 사례와 같이 학교에 대하여 불신을 하고 있는 학부모들의 경우 의사나 검사 등 전문가들의 권고에는 쉽게 따른 경향을 보이고 있음을 감안하여 필요한 조치를 해야 한다.

(3) 경찰 등 사법기관의 지원

예로부터 "기자와 경찰은 불가근불가원(不可近不可遠)이다"고 말해 왔다. 그만큼 멀리할 수도 가까이할 수도 없는 존재라는 말이었을 텐데, 그것도 다 옛날 이야기가 아닌가 싶다. 요즘에는 학교도 적극적인 홍보가 필요한 시대가 되었다. 학교의 장점을 알려서 학생과 학부모 그리고 지역사회로부터 신뢰를 얻어 내자는 것이다. 이 경우 언론사의 기자를 많이 가까이 안다면 큰 도움이 될 것이다.

경찰도 마찬가지다. 예전에는 경찰을 가까이 지내다 보면 자신도 모르는 사이 주변의 정보를 노출하게 되어 불리한 상황이 생길 수 있음을 두려워했던 것 같다. 그러나 요즘은 경찰이 아니더라도 자신들이 스스로 자기의 정보를 트위터나 페이스북 등 SNS에 앞 다투어 올리고 있는 시대인 것이다.

학교폭력 문제가 발생하면 우선 보도통제를 할 필요가 있다. 확실치 않은 내용이 언론에 보도되면 사건을 해결하는데 도움이 되기보다는 그 반대인 경우가 많다. 일단 문제가 발생했을 때 보도통제를 할 수 있으려면 평상시 언론사측과 원만한 관계를 유지할 필요가 있다. 막상 사안이 발생하면 우선 평소의 유대관계를 통해 보도가 되지 않도록 해야 한다. 언론을 통해 보도는 사실이 확인되고 해결방안이 마련된 뒤에 이루어져도 될 것이기 때문이다.

학교폭력의 경우 경찰의 도움을 받아야 하는 경우가 많이 생긴다. 우선 117로 신고가 될 경우 경찰에서 먼저 인지하고 학교에 연락을 해오게 된다. 또 비교적 큰 학교폭력 사안의 경우 대부분 경찰에 신고가 되기 마련이다. 이 경우 경찰 등 사법기관의 적극적인 도움이 필요하다. 일단 사안이 발생하면 경찰관이 가해자와 피해자의 중간적인 입장에서 사안을 원만히 중재해 줄 수 있을 것이다. 그러니 만큼 평소 담당경찰관과의 관계유지가 중요하다. 그래야 해당 사안의 수사과정 등의 정보를 파악할 수 있게 될 것이기 때문이다.

모든 것이 순리대로 상식대로 되어 가는 세상이라면 법이 무슨 필요가 있겠는가? 일부 학교폭력 피해학생의 학부모가 억울한 마음에 학교나 지역사회의 중재노력에도 불구하고 정도 이상의 요구를 하면서 억지를 쓴다면 이제 남은 방안은 법에 의존하는 일이다.

학교폭력 사안이 법의 잣대에 맡겨졌다면, 우선 학교담당경찰관과 상의를 해서 해결방안을 찾아야 한다. 좀 더 나아가서 검찰에까지 송치되었다면 학교담당변호사를 찾아 해결방안을 모색해야 할 것이다.

참고 문헌

관계부처합동(2012). 학교폭력근절 종합대책.
교학사(2013). 교육법전.
천안부성중학교(2013). 2013학년도 학교폭력대책자치위원회 운영 계획.
천안부성중학교(2013). 2013학년도 학교 교육과정 운영 계획.

제 6 장

학교폭력 상담

1. 학교폭력 상담의 필요성과 특징
2. 학교폭력 상담기술과 상담전략
3. 학교폭력 상담실제

제6장에서는 학교폭력 상담의 특징과 필요성에 대해 살펴본 뒤에 구체적인 학교폭력 상담의 기술과 전략, 그리고 학교폭력 상담 대상에 따른 상담실제에 대해서 알아보기로 한다.

1. 학교폭력 상담의 필요성과 특징

1) 학교폭력 상담의 필요성

학교폭력 상담에 대해 이야기하기 위해서는 먼저 상담에 대한 이해가 있어야 할 것이고 학교폭력에 대한 이해가 있어야 할 것이다. 학교폭력의 특징은 앞에서 살펴보았으므로 여기서는 상담에 대해 설명을 하고 학교폭력 상담에 대해 다루고자 한다.

상담심리학은 상담과 심리학의 합성어이다. 상담심리학에서 명사는 심리학이고 상담은 한정어이다. 따라서 상담심리학을 이야기하기 위해서는 먼저 심리학의 정의를 이해해야 하고 상담의 정의를 이해해야 한다.

심리학의 정의는 다양하게 제시되어 있지만, 간단명료하게 말하면 "행동과학"이고 좀 더 풀어 제시하면 "인간과 동물의 행동과 정신과정을 연구하는 과학의 한 분야"라고 할 수 있다. 즉, 심리학에서는 행동을 체계적으로 기술, 설명, 예측, 통제하고자 한다.

상담의 어원은 라틴어 "counsulere"이다. 그 의미는 고려하다(to consider), 반성하다(to reflect), 숙고하다(to deliberate) 등이다. 상담에 대한 정의는 학자들에 따라 다양하다. 개인의 자율성과 통합성을 목표로 하는 것으로 문제를 해결하는 것이 목적이 아니라 개인의 성장을 도와주고 현재나 미래의 문제에 대해 통합된 방법으로 적응할 수 있도록 해 주는 것(Rogers, 1951)으로 정의한 학자도 있고, 인지, 감정, 행동 영역에서 나타나는 무능력이나 기능 장애를 개선시키기 위한 목적으로 이루어지는 두 사람간의 상호작용 과정(Corsini, 1988)이라고 말한 학자도 있다. 국내 대표적 정의에는 '도움을 필요로 하는 개인과 전문적 훈련을 받아 조력자로서의 자격을 갖춘 전문상담자 사이에 이루어지는 하나의 조력 관계의 과정'(이형득, 1982), '도움을 필요로 하는 사람이, 전문적 훈련을 받은 사람과의 대면관계에서, 생활과제의 해결과 사고, 행동 및 감정 측면의 인간적 성장을 위해 노력하는 학습과정'(이장호, 1982), '상담자가 내담자와의 관계에서 촉진적인 의사소통을 통하여 내담자가 개인적인 문제에 대한 자기 이해와 자기 지도력을 터득하도록 전문적으로 도와주는 과정을 통하여, 현재의 문제를 효과적으로 해결하고 미래에도 일어날 수 있는 삶의 문제에 대한 조망과 해결능력을 갖게 되어 자기효능감과 자존감을 느끼도록 인도하는 일련의 학습 과정'(홍경자, 2001) 등이 있다.

상담에 대한 여러 학자들의 정의를 살펴보면 3가지의 공통 요소가 있다. 첫째, 두 사람이 있다. 도움이 필요한 사람과 훈련받은 전문가이다. 심리상담이 필요한 사람의 상태를 보면 정서(불안, 우울, 분노) 조절이 힘들거나 정서적 혼란을 겪고 있고 현실 지각에 있어 왜곡과 무시를 보인다. 전문적 훈련을 받은 상담심리사는 상담과 관련하여 체계적 교육을 받고 전문적 자질과 인간적 자질을 갖추고 상담심리학의 지식을 습득하여 적용할 수 있는 사람이라고 할 수 있다. 둘째, 대면 관계이다. 상담은 면 대 면 만남이자 지금-여기 만남이고 쌍방향 관계이다. 셋째, 적응이다. 적응은 주어진 환경에 자신을 맞추는 과정과 자신의 욕구를 충족시키기 위해 환경을 변화시키는 과정(Bruno, 1983; Lazarus, 1976)을 말한다.

상담에 대한 다양한 정의들에서 나타나는 세 가지 공통 요소를 통해 추구하는 것은 결국은 행동변화이고 심리적 문제 해결이자 부적응 해결이다. 적응에 대한 이해는 매우 중요하다. 상담자의 이해뿐만 아니라 적응에 대한 내담자의 이해가 명확해야 한다. 그래야 내담자가 "무엇을 어떻게 할 것인지?"를 자기주도적이고 주체적으로 계획하고 실행해 나아갈 것이다.

학교폭력 상담의 중요성은 학교폭력이 그 자체로 끝나는 것이 아니라 제2차, 제3차 피해가 발생하여 문제가 더 심각해 질 수 있다는 것이다. 학교폭력은 물리적 폭력뿐만 아니라 집단 따돌림과 괴롭힘, 언어적 폭력, 금품 요구, 협박이나 위협 등의 신체적 및 심리적 폭력을 모두 포함한다. 보복이 두렵거나 도움을 요청해도 소용이 없다는 생각에 피해학생들은 보호자들(선생님, 부모님, 상담교사 등)에게 피해 사실을 알리려 하지 않는 경우도 있다. 이러한 체념, 방관, 무력감으로 학교폭력은 점점 악화되는 것이다.

학교폭력 상담에서는 피해자 뿐만 아니라 가해자, 동기생, 학부모들이 적응적인 행동을 할 수 있도록 도와주어야 한다. 자녀가 가해학생이든 피해학생이든 학부모도 학교폭력에 관여하게 되고, 학부모의 대처 혹은 적응능력에 따라 그 양상이 달라진다. 교육장면에서 추구하는 학생의 인격적, 지적 성장을 도모하면서 학생들 사이의 상호관계도 다루어야 한다. 즉, 학교폭력 상담은 문제해결을 넘어서 예방까지도 포함한다. 앞에서 제시한 적응에 대한 이해를 넓히기 위해 부적응을 살펴볼 필요가 있다. 적응의 정의에서 부적응 상태를 도출해보면 크게 네 가지로 나눌 수 있다. 첫째, 자신의 욕구를 알지 못하는 경우, 둘째, 자신의 욕구를 충족 못시키는 경우, 셋째, 환경의 요구를 알지 못하는 경우, 넷째, 환경의 요구를 충족 못시키는 경우다.

학교폭력에 당면하고 있다면, 이는 가해자든 피해자든 부적응 상태에 있다는 것이고 결국 자신의 욕구를 모르거나 적절하게 충족시키지 못하고 있고, 환경(학교든 가정든)에서 자신에게 요구하는 것이 무엇인지 알지 못하거나 충족시키는 방법을 모르고 있다고 할 수 있다. 일선 학교에서 교사들은 학생들을 가르치면서 다른 업무들도 처리하는 과정에서 학교폭력 피해자 및 가해자와 상담을 해야 한다. 심지어 학부모들과의 상담 및 중재까지도 해야 한다. 이

장에서는 교사들이 학교폭력 상담을 수행하는데 도움이 될 수 있도록 "누구랑 무엇을 어떻게 할 것인지?"에 초점을 두고자 한다. 이를 통해 학교폭력에 좀 더 효과적으로 대처하고 학생들에게 꿈과 희망을 주고 소통을 배우고 가르칠 수 있길 기대한다. 이것이 곧 교사, 학생, 학부모의 적응일 것이다.

2) 학교폭력 상담의 특징

학교폭력 상담에는 당면과제 해결, 예방, 사후관리를 포함한다. 학교폭력 상담은 위기 개입이 요구되는 경우가 종종 있으며 치러야 할 사회적 · 경제적 측면을 고려할 때 예방적 측면이 매우 강조된다. 상담종료 후에 재발 및 학생의 인간적 성장을 위한 사후관리도 중요하다. 이런 점에서 학교폭력 상담이 가지는 특징을 먼저 살펴보고, 학교폭력 상담에서 이해가 필요한 분노 악순환, 가해학생과 피해학생의 인식에 대해 설명한다.

학교폭력 상담은 특유의 특징을 가진다. 첫째, 학교폭력 상담은 즉각적이고 신속한 중재가 요구된다. 피해 사실의 휘발성을 볼 때 그리고 2차, 3차 피해를 예방하기 위해 신속한 개입이 이루어져야 한다. 둘째, 학교폭력 상담은 인간관계에 관한 것이다. 또래관계의 회복과 함께 하는 삶의 통찰이 중요하다. 셋째, 자기실현 및 자기성장을 돕는 상담이다. 긍정적 방향으로 성장할 수 있는 잠재력을 실현하고 충분히 기능하는 인간으로 성장할 수 있도록 다양한 기회를 제공한다. 넷째, 사후관리가 매우 중요하다. 적응 및 관계회복이 지속될 수 있도록 추후상담을 제공해야 한다. 다섯째, 엄격한 서류관리가 요구된다. 학교폭력 상담에서는 위기관리 및 민원관리를 위해, 좀 더 심각한 경우에는 법적 다툼을 대비하여 상담과정을 서류로 정리하여 보관해야 한다. 여섯째, 교사와 학부모의 협력관계가 요구된다. 학교폭력 상담은 일반 심리상담과 달리 관여 당사자가 여러 명일 수 있다. 상담에 대한 여러 학자들의 정의에서 나타나는 공통 요소에서 볼 수 있듯이, 일반적인 심리상담에서는 두 명이 있다. 도움이 필요한 사람과 전문적 훈련을 받은 사람이다. 이와 달리 학교폭력 상담에서는 가해학생과 피해학생뿐만 아니라 학부모, 학급친구, 또래친구 등 많은 사람들이 관여된다. 성공적 상담을 위해서는 교사와 학부모의 협력이 매우 중요하다. 일곱째, 지역사회 상담서비스가 중요하다. 학교장면에서 다루기 힘든 경우에는 지역사회의 전문상담기관 혹은 정신건강센터에 의뢰가 되어야 한다. 상담 의뢰는 상담자 쪽에서만 결정되는 것이 아니라 내담자가 상담 의뢰에 대한 이해가 있어야 한다. 지역사회 상담기관 또한 학교폭력 상담에 대한 협력이 있어야 한다.

학교폭력 상담은 초점이 되는 당면과제에서 여러 심리적 과제들이 파생되는 경향이 있다. 학교폭력은 그 폭력만으로 끝나는 것이 아니라 우울, 분노, 무기력 등 다양한 심리적 문제를 유발시킬 수 있고 그 고통이 심한 경우에는 어린 학생의 목숨까지도 빼앗아가는 자살도 낳을 수 있다. 그래서 학교폭력 상담에서는 "누구랑 무엇을 어떻게 할 것인가?"가 매우 중요한 질문이다.

학교폭력과 그 파생 문제에 대한 이해를 돕기 위해 먼저 '분노의 악순환' 및 '분노조절모형'을 소개하고자 한다. 분노(anger)는 적대감(hostility)이나 공격행동(aggression)과 관련이 있으면서도 구별되는 개념이다. 분노 혹은 화는 친구나 가족과 같이 가까운 관계에서 자주 발생한다. 분노의 외부 위협이나 모욕에 대한 정상적 반응인 경우도 있지만 부적절한 반응은 인관관계를 훼손하거나 심장질환이나 소화계 질환과 같이 분노를 경험하는 사람의 신체 질환에 악영향을 줄 수도 있다.

분노의 표현에서 수동과 능동이 매우 중요하다. 수동과 능동에 따라 분노조절이 달라진다. 윌리암 글래스(William Glasser)는 현실치료의 행동선택이론을 통해 수동적이고 개인의 책임을 회피하는 정서적 표현을 거부하고 동사 형태로 표현할 것을 강조한다(조현춘 · 조현재 · 문지혜 · 이근배 · 홍영근, 2013). 예를 들어, '머리 아픈(having a headache), 우울한(being depressed), 화가 난(being angry)'을 '두통 행동하기(headaching), 우울 행동하기(depressing), 분노 행동하기(anxietying)'로 표현하는 것이 더 정확하다는 것이다. 영어에서는 이러한 차이점을 명료하게 표현하기 힘들지만 한국어에서는 명확하다. 예를 들어, 한국어에는 '화나다'가 있고 '화내다'가 있다. '화나다'는 수동적이고, '화내다'는 능동적이다. '화나다'는 어쩔 수 없이 화나는 것이므로 조절이 힘들다는 것이고, '화내다'는 능동적이고 자신이 화를 내는 것이므로 화를 안 낼 수도 있다는 의미를 가진다. 많은 경우에 자신의 분노를 회피하기 위해 '화내다'보다는 '화나다'를 더 자주 사용한다. 정서의 주체를 명확하게 인정할 때, 정서를 참는 것이 아니라 정서를 적절하게 표현하고 다룰 수 있는 능력에 대해 그리고 그 방법에 대해 이야기할 수 있다.

분노에 대한 설명이 주로 분노의 경험이나 표현에 집중된 측면이 있는데, 최근에 들어 분노의 유지나 악화에 대한 관심이 커지고 있다. 한 사건에서 분노가 발생하고 소멸되는 것이 아니라 한 사건(대상)에서의 분노가 다른 사건 혹은 대상에게로 넘겨지거나 확대 · 악화될 수 있다는 것이다. 다른 대상에게로 옮겨가 표출되는 것을 치환된 공격성(displaced aggression)이라 한다. 분노의 유지 및 악화, 치환된 공격성에서 분노반추가 중요한 역할을 하는 것으로 나타난다(Bushman & Bonacci, Pedersen, Vasquez, Miller, 2005; 이근배 · 조현춘, 2008).

분노의 발생, 유지, 악화의 과정에 대한 설명을 보면 인지적 평가, 분노반추가 중요한 개념으로 다루어지고 있다. 분노는 사건 자체 때문에 발생하기보다는 사건에 대한 지각 혹은 평가에 따라 달라진다. 예를 들어, 도로에서 자동차를 운전해 가는데 다른 자동차가 끼어들기를 할 경우, '급한 일이 있구나. 저렇게 끼어드는 것을 보니깐'이라고 평가를 한다면 끼어들기를 한 운전자에 대해 가벼운 화 혹은 짜증이 발생하지만 '머 저런 여석이 있어. 급하지 않는 사람이 어디 있어. 위험하게 끼어들다니'라고 지각을 한다면 끼어들기를 한 운전자에게 매우 화가 나거나 보복을 해 주고 싶어질 것이다. 이러한 과정을 잘 설명해 주는 것이 분노인지모형(이근배, 2008)이다.

사건에 대한 인지적 평가에 따라 분노경험을 하게 되고 분노경험에서 분노행동을 하게 된다(조현춘 · 이근배, 2007). 조현춘과 이근배(2007, 2008)의 연구에 따르면 분노행동에는 직접 분노표출(direct anger-out), 자기표현(assertion), 사회적 지지 추구(support-seeking), 분산(diffusion), 회피(avoidance), 반추(rumination)가 있다. 직접 분노표출은 언어적으로나 행동적으로 분노를 직접 드러내는 것이고, 자기표현은 문제해결을 위해 자신의 감정을 공격적이지 않은 방식으로 표현하는 것을 말한다. 사회적 지지 추구는 친한 사람에게 자신의 감정을 하소연하거나 지지를 구하는 것이고, 분산은 분노를 삭이기 위해 다른 일을 열심히 하는 것이다. 회피는 분노 사건을 잊어버리기 위해 노력하는 것이고 반추는 분노 사건을 반복적으로 생각하는 것이다.

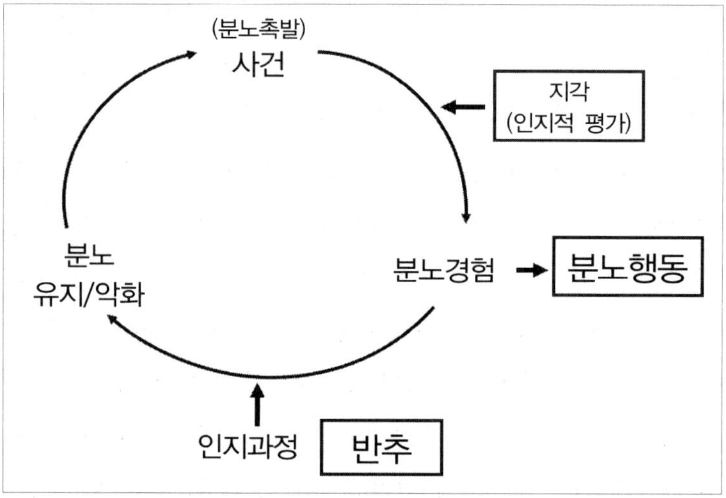

[그림 6-1] 분노인지모형

이러한 분노행동에 대한 설명은 학교폭력에서도 그대로 볼 수 있다. 폭력피해로 화가 날 경우 상대방에게 직접 화를 표출하는 학생도 있을 것이고, 다른 사람에게 하소연하거나 도움을 요청하는 학생이 있을 것이고, 그 사건을 잊기 위해 다른 것에 몰입하는 학생도 있을 것이고, 어떻게 하면 앙갚음을 할 것인지 곱씹는 학생도 있을 것이다. 학교폭력에 따른 피해자 및 가해자의 행동을 이해하는데 분노행동의 설명은 많은 시사점을 준다.

특히, 분노행동에서 관심을 가져야 할 반응은 반추이다. 분노반추가 분노를 유지시키거나 악화시키는데 중요한 역할을 한다. 반추는 자신을 화나게 한 사건을 곱씹는 것을 말한다. 예를 들어, 도로에서 끼어들기를 당했을 경우, 이미 끼어든 차량은 지나갔는데도 불구하고 잊어지지 않고 계속적으로 생각하면서 욕이 나오거나 화를 참을 수 없어 하는 것이다. 이러한 반추는 다른 사건에 대한 분노를 증폭시킬 수도 있다. 예를 들어, 짱구가 아침에 좀 늦게 일어났는데 엄마에게 아침도 안 먹고 등교를 한다고 잔소리를 듣는다. 엄마의 잔소리에 기분이 상한 짱구는 아침의 사건을 계속 생각하면서 화가 유지되고 있다. 그런데 등교길에 친구가 짱구에게 '너 아침 먹었니?'라고 물었는데, 짱구의 화가 폭발해 버린다. 평소 같으면 그래 먹었다든지 안 먹었나든지 간단하게 넘어길 수 있는 일이었음에도 불구하고 짱구는 격노하게 된 것이다.

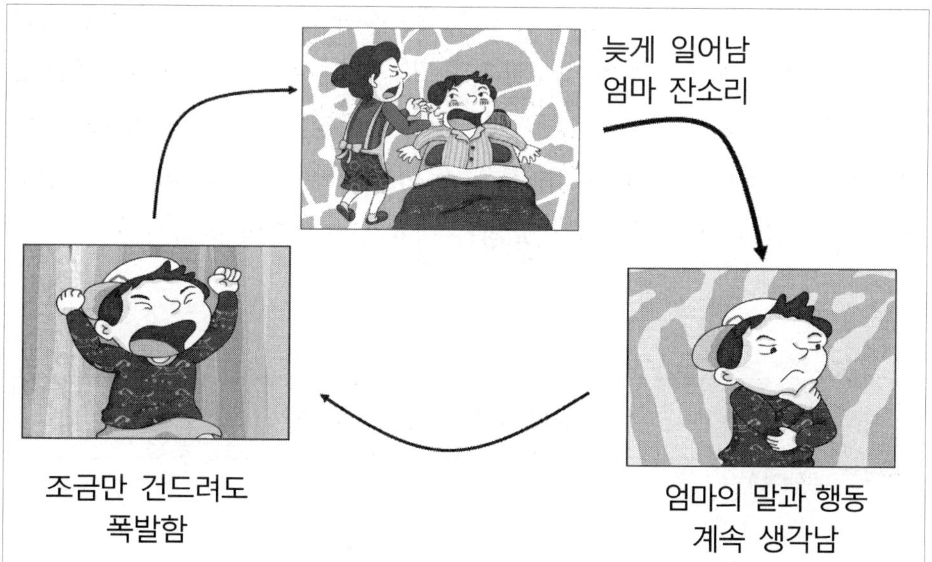

[그림 6-2] 분노 악순환에서 반추의 역할

학교폭력 상담에서 중요한 다른 특징은 "누구랑"에 따라 그 목표가 달라질 수 있다는 것이다. 즉, 학교폭력 상담에서는 가해자와 피해자의 인식을 다루어야 한다. 피해자의 경우에는 학교폭력에 대한 대처능력을 향상시켜야 하겠지만, 가해자의 경우에는 정서조절 능력 향상이 중요할 것이다. 학부모의 경우에는 학교에 대한 이해와 인내심이 중요할 것이다. 피해자들은 학교폭력의 대상이 된다는 이유가 자신의 약한 모습을 널리 노출시키는 것이 될 수도 있다는 점에서 학교폭력의 피해를 회피하거나 숨기려 할 수 있다. 이는 곧 대처능력을 약화시키는 것이다. 가해자는 폭력이 또래집단에서 우월성을 표출하는 것으로 인식할 수 있고 이로 인해 자신의 공격성을 정당화할 수 있다.

학교폭력 장면을 보면 제3자가 있다. 또래 친구들이다. 또래 친구들의 반응에 따라 학교폭력의 심각성은 달라질 것이다. 또래 친구들이 폭력을 하나의 유희로 여기거나 볼거리로 생각한다면 학교폭력 상담에서 가해자와 피해자를 다루어도 학교폭력이 재발할 확률이 높아질 수 있다.

학교폭력의 과정과 심각성을 깊이 이해하지 못하는 가해 학부모나 피해 학부모는 그 자녀의 심정을 깊이 들어주고 헤아려 주지 못하고 피상적으로 접근할 수 있다. 가해 학부모는 폭력의 정당성을 주장할 수 있고 피해 학부모는 억울함에 사로잡혀 적절한 대처를 못할 수 있다. 이것까지도 다루어야 할 경우가 생기는 것이 일반 상담과 비교되는 학교폭력 상담의 특징이다.

2. 학교폭력 상담기술과 상담전략

상담은 행동의 변화를 목표로 한다. 행동의 변화는 쉽게 이루어지는 것이 아니고 그렇다고 일방적 조언이나 지시로 달성될 수 있는 것도 아니다. 상담심리 관련 전문가들이 수년 동안 상담에 체계적으로 접근하기 위해 많은 연구와 노력을 기울이고 있다.

체계적 상담을 이야기하려면 시중에 나와 있는 전문서적처럼 많은 내용을 다루어야 할 것이다. 일선 학교에서 학교폭력을 체계적으로 다루고자 하는 선생님이나 학부모들에게 도움이 될 수 있는 실질적 내용을 정리하기란 쉽지 않는 일이다. 학교장면에서 실제적으로 활용할 수 있는 상담접근은 상담기술과 상담과정일 것이다.

상담기술과 상담과정은 "관찰, 기술, 설명, 이해, 행동변화 중재"로 그 단계를 정리할 수 있다(조현춘 · 이근배, 2005; 주은선, 2012). 관찰은 상대방의 음성적 및 비음성적 의사소통에 집중하는 것이고 대표적인 상남기술로 관심 기울이기와 경청하기, 질문하기를 들 수 있다. 기술은 상담자가 관찰한 내담자의 행동을 있는 그대로 정리하는 과정이다. 여기에는 상담자의 생각이나 평가가 중요한 것이 아니라 객관적이고 사실적인 정리가 중요하다. 특히 6하 원칙에 따른 기록을 권장한다. 설명은 기술한 내용에 근거하여 내담자에 대한 개념화를 시도하는 것이다. 상담자는 자신이 선호하는 상담접근에 따라 사례개념화를 시도하여 좀 더 내담자에게 도움을 줄 수 있는 방법을 찾을 것이다. 이러한 "관찰, 기술, 설명"을 통해 상담자는 내담자의 문제만을 이해하는 것이 아니라 내담자를 한 인간으로써 전체적으로 그림을 그리고 이해할 수 있게 된다. 이를 바탕으로 내담자의 삶을 윤택하게 하고 좀 더 적응적인 행동을 할 수 있도록 행동변화를 중재할 수 있을 것이다.

상담에서 목표로 하는 행동변화의 방향은 적응일 것이다. 본 장에서는 내담자(폭력 가해자, 폭력 피해자, 학부모)에게 당면한 문제를 이해하고 적응의 방향으로 나아가도록 함께 있어 주고 견뎌 주는 상담기술과 상담과정을 구체적으로 살펴보도록 한다.

1) 행동변화를 위한 상담기술

심리상담의 과정을 보면, 일반적으로 초기상담, 중기상담, 종결상담으로 구분할 수 있다(박태수 · 고기홍, 2007; 홍경자, 2001). 심리상담에서 사용한 상담기술은 매우 다양하고 상담이론에 따라 강조되는 상담기법들이 다르지만 여기서는 공통적으로 다루어지는 상담기술들을 소개하고자 한다.

표 6-1 **심리상담의 과정**

심리상담 단계	중요 과제
초기상담	○ 상담신청서 접수 및 접수면접 ○ 상담구조화 및 신뢰관계 형성 ○ 문제 명료화 및 사례개념화 ○ 상담계획
중기상담	○ 행동변화를 위한 중재 ○ 대안 행동 탐색 ○ 새로운 행동 정립
종결상담	○ 상담 결과에 대한 평가 ○ 상담관계 마무리 ○ 추후상담

상담기술들을 분류할 때 다양한 기준이 있을 수 있다. 숙련된 상담심리전문가는 거리낌 없이 상담기술들을 활용하겠지만 수련 중인 상담심리사 혹은 준전문가들은 심리상담 중에 사용할 상담기술에 집중하다 보면 내담자를 놓치게 되고 기법주의자가 될 수도 있다. 이런 점에서 상담과정에 맞추어 주로 사용되거나 초점이 될 수 있는 상담기술들을 묶어 설명하고자 한다. '관심기울여주기, 경청해주기, 질문해주기'를 한 묶음으로 보고 상담실습을 할 수 있으면 좋을

것이다. 이 상담기술들은 주로 초기상담에서 중점이 된다. '격려해주기, 다른 말로 표현해주기, 반영해주기, 공감해주기'는 내담자에 대한 상담자의 반응으로 상담실습에서 같이 고려하는 것이 좋겠다. 이 상담기술들은 주로 중기상담에서 중점이 된다. '직면, 해석'은 고급 상담기술로 주의할 점이 많고 잘 사용되어야 한다. 이 상담기술들은 내담자와 상담자 사이의 신뢰관계가 확실해야 하며 상담자의 깊은 배려가 요구되는 것이다. 상담기술에서 매우 중요한 요인은 '상담자의 인내심'이라는 것을 강조하고 싶다(김기석, 1978).

(1) 상담 개입의 토대 기술

상담의 초기에 주로 사용되는 상담기술에는 '비음성적 의사소통', '경청해주기', '질문해주기'가 있다. 일반적으로 경청, 질문으로 그 기법을 소개하는데, 상담자의 관심, 경청, 질문이 내담자에게 전달되는 것이 중요함으로, 이를 강조하기 위해 경청보다는 경청해주기, 질문보다는 질문해주기로 표현하고자 한다.

초보 상담자가 범하기 쉬운 실수 중에 하나는 문제 혹은 사회적 이슈에 몰입되어 내담자 자체를 놓친다는 것이다. 의부의 가정폭력, 강간, 성폭력, 학대 등 그 말만으로도 떨리게 하는 사회적 문제들이 언론 매체에 자주 소개된다. 이러한 사회적 부조리를 자주 접하게 되면 내담자가 호소하는 문제에 몰입하거나 그 내용에 더 관심을 가지게 되어 그 사람에 대한 관심은 약해 질 수 있다. 상담은 사람에서 시작해서 사람으로 끝난다. 인간중심치료의 인간관을 설명하지 않는다 하더라도 문제보다는 사람 자체가 더 중요하다. 비음성적 의사소통, 경청해주기, 질문해주기는 한 인간에 대한 관심을 표현하고 이해하고자 하는 상담기술이다(조현춘 · 이근배, 2005).

관심기울여주기(attending skills)는 음성적 의사소통과 비음성적 의사소통에 관련된 일련의 상담기술을 말한다. 관심기울여주기의 비음성적 의사소통

(nonverbal communication)에 대해 먼저 설명한다. 내담자와의 의사소통에서 내담자의 언어적 표현에만 관심을 기울이는 것이 아니라 비음성적 의사소통도 관찰하고 관심을 기울여야 한다. 특히 음성적 의사소통과 비음성적 의사소통의 상호작용에 주목하는 것이 도움이 된다. 그 상호작용 방식에는 반복, 모순, 대체, 보충, 강조, 조정이 있다(조현춘 · 이근배, 2005). 반복은 음성적 메시지가 비음성적 표현으로도 나타나는 것이다. 예를 들어, 학생이 등교하면서 친구에게 '안녕'이라고 말하면서 '손을 흔드는 것'이다. 모순은 음성적 메시지와 반대되는 비음성적 표현이 나타나는 것이다. 예를 들어, 교실에서 학급 친구에게 '난 너를 너무 좋아하잖아.'라고 말하면서 '그 친구를 때리는 것'이다. 대체는 음성적 메시지를 비음성적 표현으로 나타내는 것이다. 친구가 '너 나 좋아하니' 라고 물을 때 '그래'라는 말 대신에 '고개를 끄덕이는 것'이 여기에 속한다. 보충은 음성적 메시지를 좀 더 깊이 있는 비음성적 반응으로 나타내는 것이다. 예를 들어, 이성 친구 사이에서 '나 너 좋아한다.'라고 말하면서 '해맑은 미소를 짓는 것'이다. 강조는 음성적 표현에서 특정 부분을 강조하기 위해 비음성적 반응을 보이는 것이다. 예를 들어, 수업시간에 선생님이 설명을 하시면서 '이 부분은 매우 중요한 것입니다.' 말하면서 '칠판을 쿵하면서 치는 것'이다. 조정은 음성적 의사소통을 조절하기 위해 표현되는 비음성적 반응을 말한다. 예를 들어, 친구와 긴 대화를 나누다가 멈추고 싶을 때 '시선을 돌리거나 다른 친구를 부르는 것'이다.

표 6-2 음성적 의사소통과 비음성적 의사소통의 상호작용

상호작용 방식	음성적 의사소통	비음성적 의사소통
반복	'안녕' 하면서 인사	손 흔들기
모순	'난 너를 너무 좋아하잖아'	때리기
대체		'그래'라는 말 대신에 '고개를 끄덕이는 것'

상호작용 방식	음성적 의사소통	비음성적 의사소통
보충	'나 너 좋아한다.'	'미소짓기'
강조	'이 부분은 매우 중요합니다.'	'밑줄 긋기'
조정		대화 중단하고 싶을 때 '시선 돌리기'

경청해주기(listening)는 내담자가 말하는 것을 방해하지 않으면서 계속 말할 수 있도록 하며 내담자의 이야기 전체를 듣는 것을 말한다(조현춘 · 이근배, 2005). 경청 해주기는 내담자에게 상담자가 자신의 이야기를 듣고 있다는 것을 알게 해 주고 진솔하게 자신을 표현할 수 있는 분위기를 만들어 준다. 교사가 학생에게 경청해 주기를 한다면, 학생은 선생님이 자신에게 관심을 가지고 자신의 이야기를 들어주신다고 인식할 것이다.

경청해 주기를 방해하는 요인들이 있다. 먼저 상담자가 자신의 고민거리를 정리하지 못하고 상담에 들어가서 내담자에게 집중하기보다는 자신의 걱정에 몰입하는 것이다. 업무가 많은 교사가 그 일들을 정리하지 못하고 학생과 상담하게 되는 경우 종종 나타나는 현상으로 학생에게 빨리 요점만 말하도록 독려하거나 건성으로 듣게 되는 것이다. 둘째는 내담자의 표현을 평가하면서 듣는 것이다. 예를 들어, 학생이 어떤 말을 하면 충고하거나 옳고 그름을 말하는 경우다. 이렇게 되면 학생은 더 이상 자신의 이야기를 하지 않을 것이다. 셋째는 상담자가 듣고 싶은 내용만 듣는 것이다. 피해학생은 연약하고 수동적이고 적응력이 떨어진다고 생각한다면, 교사는 자신의 생각과 일치하는 부분만 듣고 싶어할 수 있다. 넷째는 감정은 빼고 사실 중심적으로만 듣고자 하는 것이다. 예를 들면, 학교폭력 상담에서 교사가 피해학생에게 언제 어디서 어떻게 당했는지만 말하도록 하는 것이다. 피해학생의 아픔은 경청해 주지 못하고 있다. 말하기 힘들어 하는 피해학생의 마음을 경정해 주지 못하고 있는 것이다.

질문해주기(questions)는 자주 사용되는 유용한 상담기술이면서도 오용될 수 있는 상담기법이다. 질문해주기는 크게 개방적 질문, 체계적 질문, 명료화 질문으로 구분할 수 있다. 개방적 질문해주기는 상대방에게 둘 중에 하나를 선택하도록 하는 것이 아니라 다양한 가능성에서 내담자 자신을 드러낼 수 있도록 하는 질문을 말한다. 예를 들어, 교사가 학생에게 '오늘 기분이 좋니'라고 질문하기보다는 '오늘 기분이 어떠하니'라고 질문해주는 것이다. '오늘 기분이 좋니'라는 질문은 '좋다-나쁘다'로 그 반응을 몰아가는 경향이 있다. 개방적 질문해주기는 연습이 필요한 상담기술이며 자신의 질문을 녹음해서 들어보면 많은 도움이 될 것이다.

체계적 질문은 특정 영역에 대한 구체적 자료들을 얻기 위해 탐색하고자 하는 주제를 정하여 질문하는 경우를 말한다. 특히 접수면접에서 자주 사용하게 되는 것이다. 예를 들어, 접수면접에서는 내담자의 인적 사항, 가족력, 문제의 발달사, 사회적 관계, 약물복용, 중독 등에 대한 질문이 있을 수 있다. 명료화 질문은 내담자에게 통찰 혹은 인지적 인식을 이끌어 내기 위해 사용되는 질문을 말한다. 명료화 질문은 중기 상담 이후로 주로 사용되는 것인데, 상담을 통해 어느 정도 밝혀진 내담자의 감정, 사고, 행동을 내담자가 통찰 혹은 이해하도록 하고자 하는 목적을 가지고 질문하는 것이다.

질문해주기를 잘못하는 경우도 있다. 다양한 유형이 있지만 여기서는 몇 가지만 소개한다. 먼저 제안적 질문이다. 제안적 질문은 질문 형태로 말은 하지만 실제로는 어떻게 하라는 조언으로 이루어진 표현이다. 예를 들어, 교사가 학생에게 '너는 폭력이 나쁘다고 생각하지 않니?', '앞으로는 짱구를 괴롭히지 않을 것이지?'라고 말하는 것이다. 이러한 질문에는 어떻게 행동을 하라는 제안하는 내용을 포함하고 있다. 둘째는 가정적 질문이다. 가정적 질문에서는 특정 대답을 기대하는 것이다. 예를 들어, '너는 짱구를 괴롭힌 적이 없지, 그렇지?', '우리 반은 모두 잘 지내지, 그렇죠?'이다. 셋째는 판단적 질문이다. 판단적 질문은 내담자를 방어하게 하고 불안하게 만든다. 예를 들어, '왜 짱구를 괴롭히니?', '왜 친구들의 돈을 빼앗니?'라고 말하는 것이다. 넷째는 공격적 질문이다. 공격적 질문은 질문으로 상대방에게 망신을 주거나 수치심을 줄 수 있다. 예를 들어, '야, 너 내 말 안 듣고 있지?', '넌, 그것이 말이 된다고 생각하니?', '넌, 그것도 이해 못해?' 등이다. 다섯째는 폐쇄적 질문이다. 폐쇄적 질문은 상대방에게 '예-아니오'로만 대답하게 하는 것이다. 예를 들어, '넌, 짱구를 좋아하니?', '국어선생님을 존경하니?' 등이다.

(2) 상담 개입의 심층 기술

상담 초기에 관심기울여주기, 경청해주기, 질문해주기를 통해 상담을 진행하게 되면 점차로 내담자는 자신의 속마음을 조금씩 드러내기 시작한다. 내담자의 자기-드러내기를 촉진할 수 있도록 상담자는 내담자에게 잘 반응해 주어야 한다. 내담자의 음성적 혹은 비음성적 표현에 대한 상담자의 반응에는 '격려해주기', '반영해주기', '다른 말로 표현해주기', '공감해주기'가 있다. 상담자의 이러한 반응은 내담자의 음성적 혹은 비음성적 표현을 탐색하고 좀 더 명확하게 하는 역할을 한다. 상담자의 반응은 내담자에게 관심을 가지고 경청하고 있다는 것을 알려주고 내담자로부터 받은 정보를 되돌려 주는 것이고 이를 통해 내담자는 자신의 감정, 사고, 행동을 인식하게 된다.

격려해주기(encouraging phrases)는 격려표현이라고도 하는데 앞에서 설명한 것처럼 상담자의 반응은 내담자로부터 받은 정보를 되돌려 주는 것으로 한국말에서는 격려해주기가 더 좋은 것 같다. 격려해주기는 상담자가 내담자에게 드러내기 혹은 자기-노출을 계속하도록 촉진하는 표현들을 말한다.

격려해주기에는 비음성적 신호, 단순 반복, 준음성적 격려표현, 정보를 요구하는 간단한 표현이 있다(조현춘 · 이근배, 2005). 내담자가 계속 말하도록 그리고 자기 드러내기를 하도록 상담자가 머리를 끄덕이거나 시선을 집중하는 것 등이 비음성적 신호이다. 내담자가 말한 단어 혹은 표현을 상담자가 반복해 주는 것은 단순 반복이다. 예를 들어, 내담자가 '……저는 제 태도를 바꿀 필요가 있다고 생각해요.'라고 했을 때, 상담자가 '태도를 바꿀 필요가 있다'라고 말해 주는 것이다. 준음성적 격려표현은 '음, 오, 아하, 그렇지'와 같은 표현으로 비음성적 격려와 같이 사용되는 경우가 많다. 추가적으로 정보를 요구하기 위한 표현도 격려해주기에 속한다. 예를 들어, '그 다음에는요……', '그래서요……', '좀 더 듣고 싶네요' 등이다.

다른 말로 표현해주기(paraphrases)는 상담자가 내담자와의 의사소통에서 파악한 중요한 내용을 상담자의 언어로 표현해 주는 것이다. 예를 들어, 내담자가 '저는 다른 사람이 하자는 데로 그대로 따라 해요.'라고 표현했을 경우, 상담자가 '본인이 의존적이라고 생각하시는군요.'라고 말해 주는 것이다. 내담자의 언어로 그대로 표현해 주는 것을 재진술(restatements)이라 한다. 즉, 내담자가 표현한 것을 상담자가 그대로 다시 말해 주는 것이다.

재진술이든 다른 말로 표현해주기든 사용하는 목적이 있다. 상담자가 파악한 것을 전달하거나 상담자 자신이 이해한 것이 실제로 맞는지 확인 혹은 명료화하고자 하거나 내담자의 이야기에서 중요한 부분을 강조하기 위해 사용한다.

재진술을 잘못 사용되면 상담자가 자신의 표현을 따라하고 조롱한다고 내담자가 생각할 수 있어 신뢰관계에 영향을 줄 수 있으므로, 재진술보다는 다른 말로 표현해주기를 선호하는 상담심리사도 있다. 재진술을 잘못 사용하면 내담자는 상담자가 앵무새처럼 자신을 따라 한다거나 흉내내고 있다는 인상을 받을 수 있다. 다른 말로 표현해주기는 상담자가 내담자와의 대화에서 미묘한 차이를 파악하게 되고 이것을 내담자에게 전달해 주고자 할 때 특히 선호되는 상담기술이다.

반영해주기(reflections)는 상담자가 내담자와의 대화에서 파악한 혹은 알아챈 숨은 의미 혹은 메시지, 감정을 덧붙여 표현해 주는 것이다. 숨은 의미 혹은 메시지를 덧붙인다는 점에서 반영해주기는 재진술이나 다른 말로 표현해주기보다 고급 상담기술이라 할 수 있다. 반영해주기를 한다는 것은 상담자가 내담자와의 대화에서 중요한 감정 혹은 의미를 알게 되었다는 것을 의미한다. 즉,

내담자와의 대화에서 숨은 메시지 혹은 감정을 찾아냈다면 상담자는 반영해주기를 시도할 필요가 있다.

반영해주기 상담기술은 관심기울여주기를 바탕으로 한다. 내담자의 음성적 의사소통뿐만 아니라 미묘한 비음성적 의사소통에도 귀 기울이고 관심을 가질 때 반영해주기가 가능하다. 따라서 반영해주기는 내담자와의 신뢰관계가 한층 깊게 해 주고, 상담자로부터 이해받고 있다는 느낌을 내담자에게 주게 되고, 내담자가 좀 더 자신의 깊은 속내를 드러낼 수 있도록 해 준다. 내담자가 전달하고 있는 숨겨진 감정 혹은 의미를 찾아 내기 위해서는 상담자의 깊은 경청이 매우 중요하다.

공감해주기(empathy)는 내담자의 자기-드러내기를 넘어 변화의 과정으로 들어가게 하는 매우 중요한 상담기술이다. 공감해주기는 단순히 내담자의 감정을 이해하는 것이 아니다. 본 장에서 공감이라는 말 대신에 공감해주기를 사용하는 이유는 상담자가 내담자의 입장에서 내담자의 감정을 충분히 이해한다는 것을 내담자에게 전달되어야 진정한 공감이기 때문이다(제석봉, 2008; 조현춘 · 이근배, 2005). 즉, 내담자의 감정을 상담자가 받아 내담자에게 주는 것이다.

공감해주기는 행동에 관한 것이 아니라 감정에 관한 것이다. 공감에 대한 오해로 이미 해버린 행동, 특히 옳지 않는 행동에 대해 공감하는 것에 대해 힘들어 하는 경우를 종종 볼 수 있다. 갓 태어난 영아가 점점 성장하면서 어느 날 뒤집기 위해 노력한다. 영아가 뒤집기하기 위해 노력하는 모습을 본 적이 있는가? 영아에게 뒤집기는 아마도 엄청난 큰 도전일 것이다. 구슬땀을 흘리면서 영아는 뒤집기를 시도한다. 이 모습을 보고 있는 엄마는 어떻게 하는가? '넌 왜 그렇게 뒤집기를 하니, 그냥 쉽게 하지 못해?', '시간이 지나면 쉽게 뒤집기할 수 있으니 지금은 하지마.', '짱구야, 뒤집기하기 참 힘들지. 힘들어도 뒤집고자 하는 너의 마음이 잘 느껴지는구나. 그래 조금 더 힘내.' 앞의 두 반응은 감정에 대한 헤아림 혹은 이해는 없고 행동에 대한 반응만 있다. 세 번째 반응과 비교해 보라. 힘들어 하면서 뒤집기 위해 노력하는 구슬땀을 흘리면서도 다시 시도하는 그 아이의 마음을 엄마가 충분히 느껴 주고 있는가? 다른 예를 보자. 5살 된 남자 아이가 부엌칼을 가지고 놀고 있다. 남자 아이가 칼을 가지고 놀고 싶어하는 그 마음을 공감해 주어야 하는가? 그 마음을 이해한다고 해서 그 남자 아이가 칼을 가지고 놀도록 그대로 두어야 하는가? 아동이 위험한 칼을 못가지고 놀도록 해야 한다. 그것은 행동의 문제이고 책임의 문제이다. 호기심 있어 하고 놀고 싶어하는 마음은 헤아려 줄 수 있다. '마음을 헤아려 주는 것'과 '위험한 행동을 용인하는 것'은 별개의 문제이다.

공감을 하나의 표현기술이 아니라 공감순환과정으로 많은 학자들이 강조하고 있다(Brems, 1999; Egan, 1994; Patterson & Welfel, 1993). 공감해주기는 다음의 과정을 거친다(조현춘 · 이근배, 2005). 먼저 내담자가 표현한다. 둘째, 상담자는 내담자가 표현한 감정을 정확하게 받아들인다. 셋째, 상담자는 받아들인 내담자의 감정을 이해하고 해석한다. 넷째, 상담자는 자신의 이해를 내담자의 입장에서 내담자에게 표현한다. 다섯째, 내담자는 상담자의 표현을 듣고서 자신이 이해받고 있다는 느낌을 가진다. 공감순환과정이 복잡해 보일 수 있으나 핵심은 내담자가 표현한 감정을 상담자가 내담자의 입장에서 들어 이해하고 이것을 내담자에게 표현하여 전달되어야 한다는 것이다.

이해한 상대방의 감정을 전달하기란 그렇게 쉬운 일이 아니다. 일상생활에서도 상대방이 어떤 심정인지 충분히 이해하면서도 막상 표현하려면 힘든 경우가 종종 있다. 공감한 내용을 말로 표현하는데 있어 힘들어 하는 사람도 많다. Egan(2006, 제석봉 역, 2008)은 '공감나누기 기본공식'을 제시하면서 공감적 이해를 '…… 때문에 ……한 느낌이 드는군요.'라는 표현법을 소개하였다. 조현춘(1992, 1995)은 '행복언어의 공감표현해주기와 심정표현해주기'를 소개하면서 " 'OO님이 ~하신 기분이 가슴 깊이 잘 느껴집니다.' 그리고 'OO님이 OOO하니깐 지금 내 기분은 OOO합니다.' "라는 표현법을 강조하고 행복훈련 프로그램의 핵심으로 사용하고 있다(이근배, 2008).

표 6-3 공감표현해주기

	상대방 감정	느껴 표현해주기
행복언어	……하신 기분이	가슴 깊이 잘 느껴집니다.
예시	수학점수가 60점이라서 기분 나빠하시는 아드님의 기분이	가슴 깊이 잘 느껴집니다.
	짱구님이 잔소리를 들어 화가 난 기분이	가슴 깊이 잘 느껴집니다.

표 6-4 심정표현해주기

	사건/행동/현상에 대한	지금-여기	내 감정
행복언어	……하니깐,	지금	내 기분은 ……합니다.
예시	아들이 밖에 나갔다 오면서 손을 안 씻으니깐	지금	내 기분은 찝찝합니다.
	남편에게 연락이 되지 않으니깐	지금	내 기분은 매우 걱정됩니다.

공감과 유사하여 일반인들이 혼동을 일으키는 개념들이 있다. 좋은 것일수록 짝퉁도 있다는 것을 명심하라. 공감해주기와 비슷한 개념으로 동감, 동일시, 직감, 온정이 있다(조현춘 · 이근배, 2005). 동감은 상대방의 고통을 느끼고 잘 되길 바라는 것이다. 공감해주기와의 차이점은 공감해주기에서는 상대방의 고통을 인식하여 표현해 주는 것이지 그 고통을 함께 느끼는 것은 아니다. 동일시는 비슷한 상황 혹은 동일 상황에서 개인의 감정 혹은 지각이 비슷할 것이라고 가정하는 것이다. 즉, 자신의 반응한 것처럼 비슷한 상황에서 다른 사람도

자신이 같이 반응할 것이라고 가정하는 것이다. 이에 비해 공감해주기는 상대방의 관점에서 상대방의 반응을 인식하는 것이다. 직감은 감각적으로 상대방의 감정을 느끼는 것이다. 여기에는 자신의 경험에 근거하기 때문에 그러한 직관적 감각이 정확하지 않을 수도 있다. 공감해주기에서는 상대방의 감정 혹은 경험을 정확하고 명료하게 이해하기 위해 상대방의 감정을 깊이 다룬다. 온정은 상대방이 편안함과 위로를 느끼도록 하는 것이다. 일반적으로 온정은 상대방의 기분이 좋아지도록 한다. 이에 비해 공감해주기는 상대방의 성장과 자기인식을 확장시키고자 하는 목표를 가진다.

(3) 상담 개입의 고급 기술

공감해주기를 넘어서서 행동의 변화를 촉진하는 고급 상담기술로 직면과 해석이 있다. 직면과 해석은 잘 사용하면 내담자에게 매우 도움이 되지만 시기적절하게 사용되지 않으면 역효과를 낼 수도 있고 심지어 내담자에게 마음의 상처를 줄 수도 있다. 직면과 해석은 내담자와의 탄탄한 신뢰관계를 바탕으로 상담자의 사려 깊은 배려로 사용될 때 강력한 치료 효과를 발휘한다.

직면(confrontation)은 불일치 혹은 일관되지 않는 측면을 지적해 주는 것이다. 직면은 상대방을 공격하거나 창피를 주기 위해 사용하는 것이 아니다. 직면은 모순되는 부분을 명료화하고 내담자의 이해를 높여 행동의 변화를 일으키고자 하기 위해 사용하는 상담기술이다. 직면은 설익은 관계에서 사용될 경우 상대방에게 상처를 주고 이해받지 못하고 있다고 느끼게 할 수 있다. 충분한 관심을 기울여 주고 공감해 주는 분위기에서 직면이 실시되어야 한다.

직면은 다양한 범주에서 일어날 수 있다. 즉, 불일치 혹은 모순이 다양한 형태로 나타날 수 있다. 말과 말이 불일치할 수도 있고, 행동과 감정이 불일치할 수도 있고, 행동과 사고가 모순될 수도 있다. 좀 더 깊이 들어간다면 실제 감정과 표현된 감정이 불일치할 수도 있다. 예를 들어, 내담자가 '전 괜찮아요.'

라고 말하면서 '눈물을 흘린다'면 이것은 말과 행동의 불일치를 보이는 것이다. '그 사람은 나쁜 사람'이라고 생각한다고 하면서 그 사람을 잊지 못해 그 사람을 찾아간다면 사고와 행동의 불일치를 보이는 것이다. '전 옛날 감정은 다 잊어서요.' 말하면서 그 사건을 말할 때 흥분을 가라앉히지 못하는 모습을 보인다면 말과 감정의 모순을 나타내는 것이다.

표 6-5 불일치 사례

범주	사례	
말 vs. 행동	'전 괜찮아요.'	눈물 흘리기
사고 vs. 행동	'그 사람은 나쁜 사람이야.'	집에 찾아가기, 전화하기
말 vs. 감정	'옛날 감정은 잊어버리자.'	분노

내담자가 불일치 혹은 모순을 보이는 경우에 실제로 내담자가 그러한 자신의 불일치를 인식하지 못하는 경우가 많다. 도움을 받기 위해 상담자를 찾아왔지만 자신의 그러한 불일치를 지적할 때 거부감을 보일 수도 있다. 그러한 불일치가 있다는 사실에 놀라는 내담자도 있다. 상담자는 내담자의 그러한 불일치 혹은 모순을 이해해야 한다.

직면을 사용할 때는 일정한 규칙을 유념하기 바란다. 온화하고 공감 분위기에서 직면을 실시한다. 직면을 실시하기 전에 직면을 실시하기 적절한 시기인지 생각해라. 직면을 실시하기로 했다면 두루 뭉실하게 혹은 빙빙 돌려서 하지 말고 가능한 한 구체적으로 실시하라. 무엇보다 중요한 것은 내담자가 감정적으로 충분히 견딜 수 있는 상태인지를 점검하길 바란다.

해석(interpretation)은 상담자가 내담자에게 현재의 증상 혹은 욕구, 감정, 사고, 행동을 설명해 주고 내담자가 그 의미를 명료하게 알도록 하는 것이다. 이러한 해석은 내담자의 과거력, 과거의 관계, 과거 경험에 근거하여 이루어진다. 해석에서 설명이라는 말이 중요하다. 설명은 내담자가 자신의 욕구 혹은 감정, 사고, 행동을 일으키는 성격의 형성 방식을 인식하도록 하는 것이다. 해석은 내담자에게 문제를 새로운 관점에서 볼 수 있도록 해 준다. 내담자는 해석을 통해 자신의 욕구, 증상, 감정, 행동, 사고 등에서 새로운 의미를 발견하게 되고 원인을 알게 된다.

상담자의 해석은 내담자에게 와 닿은 것일 수도 있고 자신과 동떨어진 것으로 받아들일 수도 있다. 상담자의 해석이 자신과 동떨어진 것으로 인식될 경우 내담자는 상담자의 말을 공격적으로 지각하거나 자신을 이해하지 못하고 있다고 생각할 수 있다. 자신에게 와 닿는 내용이라면 내담자는 상담자가 자신을 깊이 이해하고 있고 자신이 보살핌을 받고 있다고 생각할 것이다. 이러한 점에서 해석의 근거 혹은 원천은 매우 중요하다. 해석의 자료에는 내담자가 표현한 이야기, 과거 경험, 방어 등이 있다. 방어의 경우 정신분석이론에서 매우 중요한 개념이다. 상담자는 내담자의 방어, 저항을 통해 중요한 영역을 건드렸다는 것을 알 수 있고 이에 근거하여 해석을 할 수 있다. 예를 들어, 회사생활을 힘들어 하는 내담자에게 '회사를 그만두고 싶군요?'라고 말하였는데, 내담자가 '제가 언제 회사를 그만둔다고 했어요!'라고 말하면서 저항한다면 내담자의 중요한 부분을 다루고 있다는 자료가 된다. 이 내담자에게 회사를 그만둔다는 것은 '버림을 받는다.'는 의미가 있을 수 있다.

2) 행동변화를 위한 상담전략

행동변화를 위한 상담이론은 매우 많다. 심리치료 혹은 상담심리학에서 소개되는 상담이론은 대략 10~13개 정도 된다. 각 상담이론은 인간관 및 상담절차에서 차이가 있다. 상담이론 중에서 학교장면에서 도움이 될 수 있는 세 이론을 소개하고자 한다. 학교폭력 및 학생상담에서 중점적으로 활용할 수 있는 상담전략이 될 것이다.

먼저 인지치료의 대표적 이론인 엘리스의 합리정서행동치료에서 사건-신념-결과 이론(A-B-C theory)을 설명한다. 이 상담전략을 설명하는 이유는 분노인지 모형과 관련하여 연계성이 있으며, 청소년들에게 사건과 감정을 구분하고 명료화하도록 도움을 주는데 유용할 것이다.

둘째는 현실치료의 희망-행위-평가-계획 이론(WDEP theory)이다. 이 상담전략에서는 인간관계를 매우 중요시한다. 자신에게 중요한 관계를 회복하는 데 도움을 주는데 매우 유용하다. 청소년들은 자신이 원하는 관계가 있지만 의미 있는 관계를 형성할 수 없을 것이라는 생각하는 경향이 있다. 이에 관계 맺기를 회피하거나 무시하는 경우가 많다. 관계 맺는 효과적인 방법에 대해서도 깊이 고려하지 않는 경향이 있다.

셋째는 상담이론에서 최근 경향인 긍정심리치료를 설명한다. 일반적으로 어두움과 밝음은 반대되는 현상 혹은 개념이라고 생각한다. 어두움은 어두움이고 밝음은 밝음이다. 어두움을 몰아 낸다고 밝음이 오는 것은 아니다. 밝음은 빛이 들어야 밝음이 온다. 자신의 단점을 없애면 잘 살 것이라고 혹은 좋아질 것이라고 생각하는 경우가 매우 많다. 단점이 없어진다고 장점이 생기는 것은 아니다.

(1) 사건과 생각의 구별

인지치료인 합리정서행동치료에서는 사건 혹은 사실과 생각을 구분할 것을 강조한다. 일상 대화를 기록해 보라. 사실과 생각을 얼마나 혼용해서 대화를 하고 있는지 알 수 있을 것이다. 예를 들면, 저녁에 잠을 자다가 창문이 흔들리는 소리를 듣고 도둑이 든 것이 아닌가 생각할 수 있다. 옆 사람 혹은 지인에게 도둑이 든 것 같으니 빨리 신고하라고 말한다. 이 예에서 '창문이 흔들리는 소리'와 '도둑이 침입했다'는 별개의 것이다. 창문이 흔들리는 소리가 나는 것은 누군가가 침입해서 그러할 수도 있지만 창문이 낡아서 바람이 조금만 불어도 그러할 수 있다.

인간의 감정 혹은 행동은 사건 자체보다는 그 사건에 대한 생각(신념)으로 발생한다고 합리정서행동치료에서는 강조한다. 이혼을 한 후에 우울을 호소하는 여자 내담자를 보자. 이 내담자는 이혼으로 우울증이 생겼다고 말한다. 그러나 인지치료에서는 이혼에 대한 신념에 의해 우울증이 생겼다고 설명한다. 즉, 이혼은 절망이고 인생 실패라고 생각하거나 좋은 배우자를 잃었다는 이혼이라는 사건에 대한 신념으로 우울이 생겼다는 것이다.

표 6-6 신념과 정서의 관계

사건	신념	정서
교장선생님이 업무 지적을 한다.	감히 날 무시하다니.	적대감
	학교에서 잘릴 것 같다.	우울
	난 능력이 없는 놈이야.	좌절

합리정서행동치료에서는 사건-신념-결과 이론(A-B-C theory)을 통해 사실과 생각을 구분하도록 강조한다. 사건(A)은 실제적 발생한 사실 혹은 개인의 행동을 말한다. 예를 들어, '남자친구가 사랑한다고 말한다.' '중간고사에서 수학점수가 60점이다.' 등이다. 신념(B)은 발생한 사건 혹은 행동에 대한 생각을 말한다. '남자친구가 잘 생겼다.'는 표현이 사실을 나타내는 것이라고 생각하지만 실제는 생각을 나타내는 것이다. 남자친구가 잘 생겼다는 말은 자신이 보기에 혹은 자신의 생각에 그렇다는 것이다. 결과(C)는 정서적 혹은 행동적 결과를 말한다. 앞의 사례에서 일반적으로 남자친구가 사랑한다는 말이 자신을 기쁘게 하고, 수학점수가 60점이라서 죽고 싶은 심정이라고 말한다. 사건-신념-결과 이론에 따르면, 수학점수가 60점이라서 죽고 싶은 것이 아니라 수학점수 60점은 최악이라는 수학점수에 대한 생각 혹은 신념에서 죽고 싶은 심정이

생긴 것이다.

사례를 통해 사실과 생각을 구분하기를 연습해 보자. '창문이 흔들리는 소리가 들린다.'에서 불안을 호소하는 사람이 있을 수 있고, 성가심을 호소하는 사람이 있을 수 있다. 경찰에 신고하는 사람이 있을 수 있고, 창문을 다시 잠그는 사람이 있을 수 있다. 창문이 흔들리는 소리를 듣고, 도둑이 들었다고 생각하면 불안해질 것이고 경찰에 신고할 것이다. 창문이 흔들리는 소리를 듣고, 바람이 많이 불어 그렇다고 생각하면, 낡은 창문에 성가시게 느끼고 다시 꼼꼼하게 닫을 것이다. 학교 집무실에서 업무를 보다가 심장이 빨리 뛰는 것 같을 경우, 이에 불안을 느끼고 병원에 찾아갈 수도 있고, 후회하며 물을 마실 수도 있다. 심장이 빨리 뛰는 것을 보니 심장마비에 걸린 것 같다고 생각하면 불안해지고 병원을 찾게 될 것이고, 커피를 많이 마셔 신장이 빨리 뛴다고 생각하면 약간 후회하면서 물을 마실 것이다.

표 6-7 사건-신념-결과 이론의 사례

사건(A)	신념(B)	결과(C)	
		정서적 결과	행동적 결과
사례 1. 창문이 흔들린다.	도둑이 들었다.	불안하다.	경찰에 신고한다.
	바람이 심하게 분다.	성가시다.	창문을 꼭 닫는다.
사례 2. 심장이 빨리 뛴다.	심장마비가 온다.	불안	병원을 찾는다.
	커피를 많이 마셨다.	후회	물을 마신다.

학교폭력에서 가해학생이나 피해학생과 상담을 할 때 사건-신념-결과 이론은 매우 유용하다. 가해학생은 피해학생의 어떤 행동으로 혹은 기분 나쁜 행동으로 괴롭혔다고 말할 수 있다. 이 때 가해학생에게 피해학생의 행동, 이 행동

에 대한 가해학생의 생각, 가해학생의 감정을 구분해서 전달한다면 가해학생은 자신의 감정과 행동을 좀 더 명료화시키고 되돌아볼 수 있을 것이다.

사건-신념-결과 이론을 좀 더 명확하게 이해하기 위해서는 신념에 대해 좀 더 살펴볼 필요가 있다. 합리정서행동치료에 따르면, 신념에는 합리적 신념과 비합리적 신념이 있고, 비합리적 신념으로 정서적 혼란이 발생한다고 가정한다. 합리적 신념(rational beliefs)은 개인의 심리적 안녕에 도움이 되고 적응적이며 현실과 맞으며 개인의 목표 달성에 도움이 되는 신념을 말하고, 비합리적 신념은 개인의 심리적 안녕을 위협하고 자기-패배적이고 부적응적이며 개인의 목표 달성을 방해하는 신념을 말한다(박경애, 1997; 서수균 · 김윤희, 2007). 비합리적 신념(irrational beliefs)은 주로 당위와 강요(musts)로 표현된다. 합리적 신념과 비합리적 신념을 구분하는 기준(박경애, 1997)은 논리적 일치성, 검증 가능성, 실용성, 경직성이다. 논리적 일치성은 논리적 연결이 되는 정도를 말한다. 예를 들어, '사람들은 성공하기를 원한다(A). 따라서 나도 성공하고 싶다(B).'에서 A와 B는 논리적으로 연결이 된다. 이에 비해 '사람들은 성공하기를 원한다(A). 따라서 난 반드시 성공해야 한다(B).'에서 A와 B는 논리적 연결이 미약하다. 성공하기를 원한다와 반드시 성공해야 한다는 것은 맞지 않는 것이다. 검증 가능성은 실제적 근거가 있는 정도를 말한다. 예를 들어, '이혼은 절망이다.'에 대한 현실적 근거가 있느냐 하는 것이다. 실용성은 개인적 목표를 달성하는데 도움이 되는 정도를 말한다. 비합리적 신념은 개인을 황폐하게 하거나 비난하게 만든다. 경직성은 융통성의 정도를 말한다. 비합리적 신념은 절대적이고 경직된 요구를 나타낸다. 예를 들어, '반드시 해야 한다, 절대로 안 된다, 언제나 그렇다' 등이 있다.

핵심적인 비합리적 신념은 네 가지로 정리할 수 있다(조현춘 등, 2013; 서수균 · 김윤희, 2007). 첫째 당위성(Absolutistic musts and should)이다. 절대적이고 당위적인 사고를 말한다. 예를 들어, '난 모든 사람에게서 인정받아야만 한다.', '절대로 날 거절해서는 안 된다.' 등이다. 둘째 파국화(awfulizing)이다. 파국화는 실제보다 상황을 더 과장되고 악화된 것으로 생각하는 것이다. 예를 들어, 수학점수가

60점인데, '난 해서는 안 될 실수를 했다. 끝이다.', '인정받지 못하면 끔직한 일이다.' 등이다. 셋째 낮은 인내력(I-cannot-stand-it-is)이다. 낮은 인내력은 자신의 욕구가 충족되지 않을 때 참지 못하는 것을 말한다. 예를 들어, '이런 실수를 하고서는 난 살 수 없어.' '다른 사람의 인정을 받지 못하는 것은 참을 수 없어.' 등이다. 넷째 자신과 타인에 대한 경멸(Damning oneself and others)이다. 자신과 타인에 대한 경멸은 자신과 타인을 평가할 때 자기비하 혹은 타인비하하는 것을 말한다. 예를 들어, '60점을 받다니 난 쓸모 없는 인간이다.', '인정을 받지 못하다니 쓰레기 같은 인간이다.' 등이다.

사건-신념-결과 이론과 분노인지모형을 연결해 보면, 학교폭력 상담에 시사점이 많다. 분노인지모형에서 사건에 대한 지각 혹은 인지적 평가에 따라 분노경험을 하고 분노행동을 하게 된다고 하였다. 학교폭력의 가해자는 상대방의 행동 때문에 자신이 화를 내거나 폭력을 행사하게 되었다고 하지만, 상대방의 행동에 대한 가해학생의 신념이 가해학생의 감정이나 행동적 결과를 낳는 것이다. 이러한 과정에 대한 도식적 제시와 이해를 통해 가해학생과 피해학생이 상황을 좀 더 명확하게 이해할 수 있을 것이다. 특히, 가해학생과 피해학생이 가지고 있는 비합리적 신념에 대한 파악이 매우 중요하다. 가해학생이 피해학생에게 '넌 반드시 내 말을 들어야 해.' 혹은 피해학생은 '난 친구에게 절대로 거절당해서는 안 된다.' '다른 사람에게 도움을 요청하는 것은 끔찍한 일이다.'와 같은 비합리적 신념을 보일 수 있다.

(2) 관계욕구 인식

현실치료에서는 인간의 심리적 고통이 불만족스러운 관계 혹은 관계의 결여에서 생긴다고 가정한다. 인간은 관계 속에서 산다. 자신에게 중요한 사람과의 만족스럽지 않은 관계에 문제의 원인이 있다는 것이다(Glasser, 1998). 이런 점에서 현실치료의 목표를 간단하게 정리하면 자신의 행복세상에서 자신이 선택한 사람들과 관계를 맺거나 재관계를 맺도록 도와주는 것이다. 자신의 욕구를 좀 더 효과적으로 충족시키기 위한 더 좋은 방법을 학습하는 것이다. 행복세상(quality world)은 자신이 살고 싶은 세계를 말한다. 소원의 세상이라 할 수 있다. 행복세상에는 중요 사람들, 활동, 믿음, 욕구를 채워 주는 상황 등이 포함된다.

현실치료에서는 생존(survival), 사랑과 소속(love and belonging), 권력(power), 자유(freedom), 즐거움(fun, enjoyment)의 다섯 가지 욕구를 가정한다. 정도와 강도의 차이가 있을 뿐 인간은 누구나 이 다섯 가지 욕구를 가지고 있다. 윌리암 글래서(2001)는 사랑과 소속의 욕구를 기본 욕구로 본다. 생존, 권력, 자유, 즐거움의 욕구들을 충족시키기 위해서는 사람이 있어야 한다. 이 네 가지 욕구들을 충족시키는데 함께 할 사람들이 있어야 함으로 만족시키기 힘들다.

만족스러운 관계를 맺는 것은 매우 중요하며 그렇게 하기 위해서는 행동선택이론을 이해해야 한다. 행동선택이론에서는 모든 행동이 선택된다고 가정한다. 현실치료에서는 전체 행동(total behavior)이 활동하기(acting), 생각하기(thinking), 느끼기(feeling), 생리적 반응(physiology)으로 구성된다고 본다(조현춘 등, 2013). 이 구성요소 중에서 활동하기와 생각하기가 강조된다. 활동하기와 생각하기는 직접 선택할 수 있다고 보기 때문이다.

행동의 변화를 위한 현실치료 상담전략은 현재의 자신 행동이 자신의 욕구를 충족시키지 못하고 있고 욕구 충족을 위해 다른 행동을 선택할 수 있다고 믿을 때 활용될 수 있다. 현실치료의 상담절차는 희망-행위-평가-계획(W-D-E-P) 체계로 설명할 수 있다(Wubbolding, 2000). 현실치료는 내담자가 '무엇을 원하는지'를 질문함으로써 시작된다. 희망(Wants)은 욕구, 바램, 지각의 탐색을 말한다. 즉, 내담자의 욕구를 탐색하는 것을 말한다. 희망 혹은 욕구는 앞에서 설명한 기본 다섯 가지 욕구와 밀접한 관련이 있다. 희망을 탐색하는 상담자의 질문은 "무엇을 원하십니까?"이다. 행위(Doing)는 자신의 욕구를 충족시키기 위해 과거에 했던 혹은 현재 하고 있는 행동을 말한다. 이 단계에서는 현재의 총체적 행동을 인식하고 변화시키는데 초점을 두도록 한다. 상담자의 대표적 질문은 "당신은 지금 무엇을 하고 있습니까?"이다. 평가(Evaluation)는 내담자가 스스로 자신의 행동의 결과를 평가하도록 하는 것이다. 즉 내담자의 자기-평가이다. 상담자의 전형적 질문은 "지금 행동이 본인의 욕구를 충족시켜 주고 있습니까?" 현재의 행동이 자신의 욕구를 충족시켜 주는지를 평가하도록 한다. 현재의 행동이 욕구 충족에 도움이 되는지 방해가 되는지, 지금 행동이 본인이 하고 싶은 행동인지, 지금 행동이 규정이나 신념에 일치하는지, 그렇게 했을 때 자신의 희망이 달성될 수 있는지 평가하도록 한다. 계획(Plan)은 현재의 행동에 대한 자기-평가를 통해 욕구 충족에 효과적이지 않다는 것을 인식하게 되었을 때 현재의 행동을 개선하거나 향상시킬 다른 방법 혹은 대안 행동을 찾도록 도와주는 것을 말한다. 상담자의 대표적 질문은 "변화를 위해 지금 무엇을 하겠습니까?"이다. 계획 단계는 자신의 욕구를 좀 더 효과적으로 충족시켜 줄 수 있는 행동을 찾도록 돕는 것이다. 일단 행동을 계획했다면 실행해야 한다. 그렇게 하기 위해서는 달성 가능한, 평가 가능한, 즉각적인, 통제되는, 지속적으로 실행할 수 있는 행동을 계획해야 한다.

표 6-8　희망-행위-평가-계획 체계에서의 상담자 질문

단계	상담자 질문
희망(Wants)	당신은 무엇을 원하십니까?
행위(Doing)	당신은 지금 무엇을 하고 있습니까?
평가(Evaluation)	지금 행동이 본인의 욕구를 충족시켜 주고 있습니까?
계획(Plan)	변화를 위해 지금 무엇을 하겠습니까?

현실치료의 상담전략에서 평가와 계획은 특히 학교상담에서 유용하다. 일반적으로 청소년들은 자신의 행동이 자신의 원하는 것을 충족시켜 주는데 효과

적인지 평가해 보지 않는다. 행동의 결과에 대해 심사숙고하지 않는다. 친구들을 괴롭히는 것이 자신의 원하는 것인지, 친구를 괴롭혀서 충족되는 자신의 희망이 무엇인지 알지 못하는 경우가 많다. 대안 행동을 찾을 때 보면, 의지만 앞서거나 과장하여 실현 가능한 행동인지 달성 가능한 행동인지 고려하지 않는다. 수학점수가 30점인 학생이 다음 시험에서 100점을 받겠다는 계획을 수립한다면 목표를 좀 더 낮추어야 한다. 실제로 달성 가능한지 명료하게 점검해 봐야 하는 것이다. 가해학생에게 친구를 괴롭히지 않거나 폭력을 행사하지 않겠다고 할 때 가능한 행동계획인지 점검해 봐야 한다. 하지 않겠다고 해서 하지 않는 것이 폭력이라면 폭력문제는 간단하게 해결되는 과제가 된다. 실제로는 그렇지 않다. 행동계획을 구체적이고 지속적으로 실행할 수 있는 것이어야 하고 나중에 그 효과를 검증할 수 있는 것이어야 한다. 이를 위해서는 자신이 무엇을 원하는지를 명확하게 해야 한다.

희망-행위-평가-계획 체계를 학교폭력 상담에 활용할 때 부적응의 개념을 함께 고려하는 것이 도움이 될 것이다. 앞에서 적응과 부적응에 대해 다루었다. 적응은 현실의 요구와 자신의 욕구를 충족시킬 수 있는 것을 말한다. 결과 부적응이란 현실의 요구를 모르는 경우, 현실의 요구를 충족시킬 방법을 모르는 경우, 자신의 욕구를 모르는 경우, 자신의 욕구를 충족시킬 방법을 모르는 경우로 구분할 수 있다. 희망(Wants) 단계에서 부적응의 개념을 활용하여 가해학생 혹은 피해학생이 현실의 요구를 파악하고 있는지, 현실의 요구를 충족시킬 방법은 알고 있는지, 자신의 욕구는 알고 있는지, 자신의 욕구를 충족시킬 방법을 알고 있는지 상담자가 파악한다면 현실치료를 좀 더 잘 활용할 수 있을 것이다.

학교폭력 상담에서 현실치료의 상담전략을 사용할 때는 상담자가 개입할 때 문제와 문제점을 구분하는 것은 도움이 될 것이다. 문제는 바람직한 상태와 실제 상태 사이의 차이를 말하고, 문제점은 관여를 해야 할 사항을 말한다. 문제는 어떤 상태이고 문제점은 어떤 조치를 말한다. 예를 들어, 우울은 평소 상태와 비교해 볼 때 기분이 축 가라앉는 상태를 말한다. 여기서 문제점은 우울을 일으킨 원인과 관련하여 어떤 조치를 취해야 하는 사항을 말한다. 문제점이 무엇인가에 따라 취해야 할 조치 혹은 대처 방안이 달라진다.

(3) 장점 살리기

많은 상담이론들이 증상 중심적이고 부정적 측면을 강조하는 것에 비해 인간의 긍정적 측면에 관심을 가지며 충분히 기능하는 인간을 강조한 상담심리학자도 있다. 매슬로우(1970)는 기존의 상담이론이 불안이나 신경증을 너무 강조하여 인간의 건강한 측면이나 자기 만족감을 간과하는 경향이 있다고 강조하였다. 로저스(1961)는 문제보다는 내담자 존재 자체에 관심을 가져야 하고 성장할 수 있는 잠재력을 믿기를 강조하면서 충분히 기능하는 인간의 특징을 제시하였다. 자신의 경험에 대해 개방적이고, 자기 자신을 신뢰하고, 내적 기준을 가지며, 계속 성장하고자 하는 의지를 갖기를 강조하였다.

이러한 인본주의 상담심리학자와 일관되는 관점을 가지면서 최근에 긍정심리학과 긍정심리치료가 강세를 보이고 있다. 긍정심리학은 1998년 마틴 셀리그맨(Martin Seligman)의 주장으로 시작되었다. 그는 제2차 세계대전 이전의 심리학이 정신질환 치료, 타고난 재능 양성, 충만한 삶이라는 세 가지 사명을 가지고 있었는데, 심리학이 정신질환 치료에만 몰입되어 있다고 지적하면서 긍정심리학을 강조하였다(Seligman & Csikszentmihalyi, 2000; 정봉교 · 추선희, 2013). 즉, 긍정심리학은 타고난 재능을 양성하고 충만한 삶이라는 사명을 달성하는 것에 목표를 둔다. 내담자의 장점, 참살이(well-being)를 더 강조한다.

긍정심리학에서는 장점 살리기를 강조한다. 일반적으로 약점에 초점을 두는 경향이 있다. 자신이 잘한 것보다는 못한 것에 더 초점을 둔다. 100점 받은 과목보다는 30점 받은 과목에 더 집중한다. 자신이 맞춘 문제보다는 틀린 문제에 초점을 둔다. 이러한 접근은 본인뿐만 아니라 주변인들도 마찬가지이다. 약점 혹은 틀린 문제에 초점을 두어야 발전할 수 있다고 생각하는 것이다. 그러나 이것은 실패감과 좌절감을 낳는다.

상담이론에서 건강한 측면보다는 부정적 측면에 더 초점을 둔다. 이는 부정적 측면을 연구하면 건강한 측면에 대해 알 수 있을 것이라고 생각하는 경향을 반영한다. 어두움을 이해한다고 밝음을 만들 수는 없다. 어두움을 몰아 낸다고 밝음이 생기지는 않는다. 예를 들어, 컴컴한 방에서 어두움을 몰아 내기 위해 온갖 행동을 해 보아라. 어떤 행동을 해도 어두움은 사라지지 않는다. 빛이 있으면 밝음이 생긴다. 빛을 알아야 밝음을 알 수 있다. 빛을 켜는 행동을 하면 방이 밝아진다.

긍정적 혹은 건강한 정서를 경험할 때 더 많은 가능성이 열린다(이훈진 · 최현정, 2012). 부정적 정서는 마음을 협소하게 하고 주눅들게 하며 실패감을 준다. 긍정적 정서는 사고를 열어 주고 구체적인 대안 행동들을 탐색할 수 있게 해 준다.

학교폭력 상담에서 폭력에 집중한다고 하여 좋은 교우 관계를 맺는 방법이 알아지는 것은 아니다. 좋은 교우를 이해하고 좋은 교우 맺는 방법을 다루어야 학생들이 배울 수 있다. 장점을 찾아 피드백 주고 계속 성장하고자 하는 의지를 심어 줄 때 학교폭력을 예방할 수 있을 것이다. 피해학생의 피해 사실을 다루는 것이 도움을 주기 위한 것이지만 이것이 좌절을 줄 수도 있고 자기존중감(self-esteem)을 해칠 수도 있다. 피해학생도 장점을 가지고 있다. 그 장점을 감지하고 인식하지 못했을 뿐이다. 자신의 장점을 감지하고 인식하여 표현하는 힘을 육성할 필요가 있다. 잘 살기 위해서는 잘 사는 행동을 해야 하고, 좋은 관계를 맺고 싶으면 좋은 관계를 맺는 행동을 해야 한다.

3. 학교폭력 상담실제

최소 10회기 이상 되는 상담의 실제를 제시한다는 것은 지면상 제약이 있다. 여기서는 학교폭력과 관련하여 호소하는 피해학생 및 학부모의 사례를 통해 상담심리학적 접근을 제시하고자 한다. 이를 통해 학교폭력에서 상담개입에서 “누구랑 무엇을 어떻게 할 것인지?”를 함께 고민할 수 있길 기대한다.

<사례>

제 아들인 손중기가 학교에서 왕따를 당해 힘들어 하여 어떻게 도움을 주어야 할지 걱정입니다. 제 아들은 초등학교 4학년 되면서 같은 반 친구인 김동수와 베프(Best Friend)가 되어 참 기쁜 마음으로 학교를 다녔어요. 어느 날 같은 반의 이현수라는 학생이 이유도 없이 자기를 선생님께 이른다며 힘들어 했어요. 예를 들어, 이현수가 옆에 있다가 선생님이 지나가면 소리를 지르며 “왜 때려.” 하면서 선생님께 이른다는 것입니다. 선생님에게 자신이 그렇게 한 것이 아니라고 말해도 이현수에게 사과하라고 말해서 너무 억울하다며 울더군요.

처음에는 ‘이상한 애네.’ 하면서 무시하라고 말하고, 이유를 알 수 없어 답답했지만 그 애 엄마한테 전화하기도 그렇고 선생님에게 말하기도 그렇고 해서 나서지도 못하고 있었어요. 조금 지나면 괜찮겠지 생각했는데, 1학기 내내 계속 반복되었나 봐요. 이현수가 다른 아이와 이야기하면서 제 아들을 째려본다든지, 귓속말로 다른 아이에게 무어라 말한든지…… 제 아들이 김동수와 손잡고 걸어가면 손을 탁치면서 김동수를 데리고 간데요. 제가 보기에 김동수란 아이가 제 아들과 이현수 사이에서 왔다 갔다 하는 것 같아요.

결국 일이 터졌어요. 현수가 장수와 장현이라는 아이에게 손중기를 왕따시키자고 말하는 것을 장수가 제 아들에게 전해 주었데요. 일이 좀 심각하다고 생각하여 담임선생님에게 전화를 해서 말을 하니, ‘아이들이 무슨 그런 말을 했을까요?’라며 무덤덤하게 반응하는 거예요. 제가 정말 후회되었어요. 좀 더 일찍 확인해 보고 나서는 것인데……

이현수 엄마에게 전화를 하니 확인해 보고 전화를 해 주겠다고 하더군요. 자기 아들 말로는 우리 아들이 이현수를 한 학기 동안 왕따시키고 괴롭혔다고 말했다는 것에요. 그리고 김동수가 주동자라고 말했다는 거예요. 김동수가 주동자라는 말을 들은 김동수 엄마도 이런 사실을 알고 난리가 났어요.

엄마들 사이에서 이런 이야기가 오고가면 아이들이 조심하고 좀 주춤할 것이라고 생각했는데…… 점점 더 심해지는 것 같아요.

이현수는 일만 있으면 선생님에게 가서 자기가 기분 나빴다고 이른다군요. 나중에 확인해 보니, 담임선생님이 기분 나쁜 일이 있으면 말하도록 교육을 시킨다고 하네요. 그리고 억지로 사과를 시키고 서로 껴안으면서 사랑한다고 말하도록 시킨데요. 이현수가 자꾸 하소연하니 선생님은 김동수를 불러 이현수는 참 좋은 친구이니 친하게 지내라 하고, 제 아들에게도 그러면 안 된다며 말한데요.

제 아들이 이제는 담임선생님을 믿지 못하겠데요. 이현수에게만 잘 해 준다고…… 너무 불공평하데요. 이현수는 더 당당하게 다니고요……

세상에는 이런 사람도 있고 저런 사람도 있으니 잘 견디라고 말하는 것이 좋을까요. 담임선생님은 이현수 엄마도 어떻게 하지 못하니 제 아들이 더 강해져야 한다고 말하네요. 제 아들에게도 다른 사람을 험담하면 못된 아이라고 훈육했데요.

제 아들은 담임선생님과 더 이상 이야기하기 싫데요. 제 아들이 좀 더 약삭 빠르게 행동하도록 가르쳐야 하나요? 어떻게 하면 좋을까요?

1) 피해학생에 대한 상담심리적 접근

이 사례는 손중기(가명) 엄마가 자녀의 왕따 문제로 도움을 요청하고 있는 것이다. 일반적으로 쉽게 접할 수 있는 기술로 엄마의 답답함과 걱정을 읽을 수 있다. 마지막 부분에서 손중기 엄마의 말처럼 참고 견디라고 혹은 강해지라고 말만 할 수 없는 것이 학교폭력이다. 참고 견뎌라 혹은 강해져야 한다 등의 접근은 학교폭력 문제를 터부시하거나 가능한 한 학교 외부로 노출되지 않게 덮도록 유도한다.

도움을 주기 위한 엄마의 노력을 읽을 수 있으면서도 문제 해결의 한계점도 볼 수 있다. 엄마는 문제와 문제 상황에 대해 이야기하고 힘듦을 이야기한다.

아쉬운 점은 손중기가 왕따로 힘들어 한다는 말은 있어도 어떤 상황에서 어떤 감정인지는 구체적으로 다루지 못하고 있다. 손중기와 이현수와의 관계에서 단편적 사건에 치우쳐 있다. 억울함이라는 다소 추상적인 감정 표현이므로 자신의 상황을 충분히 탐색하고 느낌을 표현하도록 하여 손중기 학생이 자신이 처한 상황을 제3자의 입장에서 이해할 수 있도록 도와주는 것이 필요하다. 왕따 문제 해결과 더불어 손중기 학생의 적응력을 향상시키기 위해 모색도 병행되어야 한다. 초등학교, 중학교, 고등학교 등 앞으로 살아가면서 겪게 될 다양한 인간관계에서 본인 스스로 상황을 인식하고 대처해 나아갈 수 있는 능력을 향상시키도록 관심을 가져 줄 필요가 있다.

사례에서 볼 수 있듯이, 왕따 문제는 왕따 문제로 끝난 것이 아니라 선생님에 대한 불신으로 확대되었다. 손중기 학생은 자신의 호소 혹은 도움 요청에도 불구하고 상황이 호전되지 않고 더 악화된다고 느끼면서 문제는 점점 더 악화되고 있는 것이다. 그 기간을 보아도 거의 1년을 지나고 있다. 이처럼 학교폭력은 표면으로 들어날 때는 이미 많은 시간과 사건이 경과한 후인 경우가 많다. 이러한 과정을 거친 피해학생과 상담을 할 때 신뢰관계를 형성한다는 것은 매우 힘들 수 있다. 손중기 학생의 억울함을 충분히 들어주고 무기력감을 공감해 주면서 손중기 학생에게 상담자가 자신의 이야기를 들어주고 있고 이야기할 수 있다는 신뢰를 주어야 한다.

충분히 형성된 신뢰관계를 바탕으로 상담전략들을 활용할 수 있을 것이다. 손중기 학생이 무엇을 원하는지 파악하고 이현수 학생과의 관계에서 대처하기 위해 어떤 행동을 하였고 그 행동이 효과가 있었는지 파악함으로써 새로운 대안을 모색할 수 있을 것이다(현실치료 참조). 손중기 학생의 자존감 상태를 확인하고 자신의 능력에 대한 의심 혹은 불신이 있다면 자존감 세우기를 위한 상담전략으로 손중기 학생의 장점을 찾고 인식하도록 하여 상황에 대처할 수 있는 힘을 키울 수 있도록 상담을 진행할 수도 있다.

피해학생에게 학교폭력 상황에서 어떻게 행동하라고 조언하기보다는 적절한 대처 행동을 연습하도록 하는 것이 더 중요하다. 회사에서 상사와 잘 지내지 못하는 직원이 상담실을 찾았다. 직원은 주말에 개인사정이 있는데 상사가 업무를 주말에 처리하도록 하는 부당함에 분노를 호소하였다. 상담자는 직원에게 상사에게 자신의 계획을 표현해 보도록 조언하였다. 이 직원은 상사에게 가서 "전 주말에 출근할 수 없어요. 상담자가 제 의사를 명확하게 밝히라고 했어요."라고 말한다. 이 말을 들은 상사는 아마도 많이 당황했을 것이고 상담자를 욕했을 것이다. 이 사례에서처럼 좋은 행동 방안이라도 내담자는 상담자의 의도와 다르게 행동할 수 있다. '자기표현'이라는 똑같은 용어를 상담자와 내담자가 사용했지만 실제 행동으로 나타난 양상은 다르다. '자기표현'이라는 말보다는 '자기표현하는 행동'을 연습시켜야 한다. 이처럼 학교폭력에서도 피해학생에게 개괄적 혹은 추상적으로 어떻게 하도록 말하는 것보다는 실제 상황을 가정하고 그 상황에서의 행동을 해 보도록 하는 것이 좋다. 이러한 행동연습을 통해 그 효과에 대해 점검해 보고 예상치 못한 돌발 상황에 대해 예측해보고 그 대처행동도 연습해 볼 수 있다.

2) 가해학생에 대한 상담심리적 접근

이 사례에서만 보면 가해학생인 이현수 학생에 대한 상담적 개입도 요구될 수 있다. 물론 상담을 통해 이현수 학생이 피해자인 것으로 나타날 수도 있다. 일단 양쪽 다 충분히 들어 볼 필요가 있다.

먼저 이현수 학생에게 자신의 행동과 감정에 대한 인식이 어느 정도인지 확인할 필요가 있다. 거짓말도 습관이 되면 자신이 거짓말을 하는지 모르는 경우가 있다. 이현수 학생이 김동수와 좋은 관계이었는지도 모른다. 자신의 친구를 손중기가 빼앗아갔고 김동수와의 관계를 유지하기 위해 그러한 행동을 했을 수도 있다. 이현수 학생도 할 말이 많을 수 있다. 그렇다고 넋두리나 변명은 안 된다. 이현수 학생에게 자신의 행동과 그 결과, 다른 사람에 대한 책임감을 인식시켜야 한다. 그리고 본인의 욕구를 충족시키는 좀 더 합당하고 효과적인 방법에 대해 이야기할 필요가 있다.

이현수 학생의 저항감에 대한 충분히 견뎌 주는 과정이 필요할 수 있다. 이현수 학생의 엄마가 개입하였지만 상황은 호전되지 않았다. 이미 여러 개입을 받은 이현수 학생은 지금까지 버틴 힘이 있고 그러한 버틴 것이 통한다는 것을 느끼고 있을 수 있다. 이러한 여러 개입(부모, 친구, 선생님)을 거친 내담자는 상담에서 강한 저항감을 볼 수 있다. 자신이 틀린 것이 아니라 상대방이 잘못되었거나 약해서 그렇다고 생각할 수 있다. 저항과 합리화를 보인다면 합리정서행동치료의 사건-신념-결과 이론(A-B-C theory)으로 사건과 생각을 구분하도록 하고 합리적 신념과 비합리적 신념을 다루는 것이 도움이 될 것이다.

3) 피해학생의 학부모에 대한 상담심리적 접근

피해학생 학부모는 자신의 자녀가 학교폭력의 피해자라는 사실 자체가 받아들이기 힘든 내용이다. 2차적으로 피해 사실을 인지한다고 하더라도 어떻게 대처해야 할지 막막해 한다. 특히, 자신의 자녀가 도움을 받지 못하고 피해를 당하고 있다는 생각은 피해학생 학부모를 더욱 힘들게 한다.

피해학생 학부모에게는 먼저 심리적 안정을 찾도록 도와주어야 한다. 제일 중요한 것은 피해학생 학부모에게 피해 구제를 위한 그리고 자녀의 행복한 학교생활을 위해 어떠한 절차를 밟게 되는지 명확하게 설명해 드려야 한다. 공평하게 대우를 받고 문제를 해결해 갈 수 있다는 신뢰가 있을 때 학교폭력을 제3자의 입장에서 볼 수 있고 자신의 학생들에게 가장 이익이 되는 방향으로 나아갈 수 있다. 공평하게 문제가 처리될 것이라는 기대와 달리, 피해학생 학부모들은 학교에서 문제를 덮으려 하거나 가해학생 학부모와의 어떤 관계가 있을 것이라는 불신이 생기게 되면 상담적 개입은 매우 힘들어진다. 이는 곧 피해학생에 대한 적절한 상담적 도움에도 영향을 주게 되므로, 피해학생 학부모에게 절차에 관한 구체적 정보를 제공되어야 한다.

피해학생 학부모 중에는 자녀의 피해에 대해 감정조절이 되지 않는 모습을 보이는 경우도 있다. '그렇게까지 반응할 필요가 없어요.'라는 선생님 혹은 다른 사람들의 말은 감정을 더 고조시킬 수 있다. 이미 감정적으로 악화되어 있는 상태에 대한 인정을 먼저 해 주고(공감해주기) 무엇을 어떻게 할 것인지를 이야기해야 한다. 충분히 감정을 다루지 않으면 가해학생만 비난하는 것이 아니라 학교 혹은 선생님도 비난할 수 있다.

4) 교사에 대한 상담심리적 접근

학교폭력 상담에서는 더 큰 피해를 볼 수 있는 교사에 대한 배려가 매우 중요하다. 피해학생 혹은 피해학생 학부모뿐만 아니라 가해학생, 가해학생 학부모도 교사를 비난할 수 있다. 피해 쪽은 예방 및 적절한 조치를 못 취한 것에 대해 비난하고, 가해 쪽은 문제를 키우고 적절하게 덮지 못한 것에 대해 비난할 수 있다. 바쁜 업무 중에도 학교폭력 예방 및 처리를 위해 많은 노력을 하였지만 알아주지 않을 수도 있다.

학교폭력 문제가 발생하면 외부로 노출되지 않도록 교사에게 압력이 가해질 수 있다. 피해학생에 대한 상담이 아니라 교사가 상담을 받아야 할 만큼 심리적 고통을 받을 수 있다. 학교폭력 문제를 여러 번 다루다 보면 교사는 학교폭력에 대해 무뎌질 수 있다. 감수성이 낮다는 것은 적절하게 대처하지 못할 수 있다는 의미가 된다.

교사는 학생들의 심리적 상태뿐만 아니라 자신의 심리적 상태도 챙기고 마음건강을 가꿀 수 있어야 한다. 학교폭력 처리에 관한 행정적, 법률적 절차에 대한 정보를 명확하게 이해한다면 좀 더 마음의 여유를 가질 수 있을 것이다. 교사는 자기 자신을 스스로 지킬 수 있어야 한다. 자신을 지킬 수 있을 때 피해학생을 지켜 줄 수 있고 가해학생에게도 인간적 성장을 도와줄 수 있다.

개인상담 상담기록지

사례번호 (내부번호)		상담자		상담일자	
상담자수		위기상담		상담시간	
상담방법	□ 내방 □ 이동 □ 전화 □ 팩스 □ E-mail			상담대상	□ 본인 □ 가족 □ 교사 □ 친구

1. 학생

이름		성별		생년월일	
소속/학교				학년/반	
집전화				휴대전화	
주소				전자우편	

2. 상담내용

상담내용	
상담원 의 견	
상담계획	
개입내용	□ 특별교육 □ 개인상담(내방) □ 개인상담(이동) □ 학부모상담 □ 지원(치료) □ 지원(사회) □ 지원(경제) □ 학습 □ 진로

[그림 6-3] 개인상담 상담기록지(한국교육개발원)

기대목표	· 래포와 신뢰감 형성 · 호소문제 및 원인파악 · 사례개념화 및 상담목표 수립

<table>
<tr><th>과정</th><th colspan="2">실행내용</th><th>체크</th></tr>
<tr><td rowspan="2">관계형성</td><td colspan="2">· 래포 및 신뢰감 형성, 편안하고 허용적인 분위기 형성</td><td></td></tr>
<tr><td colspan="2">· 상담에 대한 기대감 형성</td><td></td></tr>
<tr><td rowspan="5">상담에 대한 자발성 정도 확인</td><td>자발적</td><td>· 명확한 비밀보장의 한계 제시</td><td></td></tr>
<tr><td rowspan="4">비자발적</td><td>· 내담자와의 래포 형성과 신뢰형성을 우선으로 함</td><td></td></tr>
<tr><td>· 내담자의 불편한 마음을 수용, 표현할 기회를 제공</td><td></td></tr>
<tr><td>· 비밀유지 한계 결정 및 의뢰자에게 정보제공 고려</td><td></td></tr>
<tr><td>· 교사, 학생부, 학부모가 의뢰한 이유에 대해 밝힘</td><td></td></tr>
<tr><td rowspan="5">상담 구조화</td><td rowspan="2">상담</td><td>· 상담의 의미 설명 및 내담자의 상담의 의미 살핌</td><td></td></tr>
<tr><td>· 상담시간, 빈도, 회기 등에 대해 설명</td><td></td></tr>
<tr><td rowspan="2">상담관계</td><td>· 상담자의 역할 설명</td><td></td></tr>
<tr><td>· 내담자의 상담자에 대한 기대 살피기</td><td></td></tr>
<tr><td>비밀보장</td><td>· 비밀보장 및 예외상황에 대한 설명</td><td></td></tr>
<tr><td rowspan="5">문제이해 및 평가</td><td colspan="2">· 내담자에 대한 이해 (신체, 인지, 적성, 학업, 사회적 기능 등)</td><td></td></tr>
<tr><td colspan="2">· 자아와 자기의 평가 (현실검증기능, 판단기능, 현실감, 사고, 대상관계, 충돌통제, 적응적 퇴행, 방어기능, 자극장벽, 자율기능, 종합과 통합기능, 숙달감- 유능감)</td><td></td></tr>
<tr><td colspan="2">· 담임교사, 교과 담당교사, 학부모 등의 행동관찰정보</td><td></td></tr>
<tr><td colspan="2">· 문제해결에 도움이 되는 개인 내적과 환경특성</td><td></td></tr>
<tr><td colspan="2">· 문제를 유지시키고 해결에 방해가 되는 환경특성</td><td></td></tr>
<tr><td rowspan="5">사례 개념화</td><td colspan="2">· 상담자가 파악한 내담자 문제의 성격은 무엇인가?</td><td></td></tr>
<tr><td colspan="2">· 문제가 생기게 된 경로나 원인은 무엇인가?</td><td></td></tr>
<tr><td colspan="2">· 문제를 지속시키는 내적, 외적 역동은 무엇인가?</td><td></td></tr>
<tr><td colspan="2">· 문제를 해결을 위하여 내담자에게 필요한 것은 무엇인가?</td><td></td></tr>
<tr><td colspan="2">· 그래서 상담자인 나는 상담 장면에서 무엇을 할 것인가?</td><td></td></tr>
<tr><td rowspan="5">상담목표 설정</td><td colspan="2">· 1단계 : 목표설정의 목적과 필요성에 대해 설명</td><td></td></tr>
<tr><td colspan="2">· 2단계 : 내담자와 함께 목표 설정</td><td></td></tr>
<tr><td colspan="2">· 3단계 : 목표달성이 가져다 줄 이점과 손실검토</td><td></td></tr>
<tr><td colspan="2">· 4단계 : 목표 달성에 장애가 될 수 있는 요인 파악</td><td></td></tr>
<tr><td colspan="2">· 5단계 : 필요한 경우 상담과정 중 수정하여 새로운 목표 설정</td><td></td></tr>
</table>

유의사항	· 의뢰되어 온 경우 의뢰자의 의견보다는 내담자의 생각과 감정이 중요하고 관심있음을 표현함 · 사례개념화시 내담자에게 반복적으로 나타나는 주제와 역기능적인 측면뿐만 아니라 기능적인 측면도 파악하고 내담자의 환경적 특성(가족, 대인관계 등)에 대한 정보를 수집하고 활용

[그림 6-4] 초기상담 체크리스트(한국교육개발원)

참고 문헌

박경애(1997). **인지 · 정서 · 행동치료**. 서울: 학지사.

박태수 · 고기홍(2007). **개인상담의 실제 (2판)**. 서울: 학지사.

이근배(2008). 분노기분에서의 반추사고와 반추초점의 효과. 경북대학교 대학원 박사학위논문.

이근배 · 조현춘(2008). 한국판 분노반추척도의 타당화 연구. **정서 · 행동장애연구, 24**(1), 1-22.

이근배(2008). 긍정적 자기-특성의 인식이 자존감 향상에 미치는 영향. 경북대학교 대학원 석사학위논문.

이장호(1982). **상담심리학**. 서울: 박영사.

이형득(1982). **인간관계훈련의 실제**. 서울: 중앙적성출판사.

조현춘(1992). 진솔한 만남 통해 자신의 존재 확인. 영남일보, 1992년 3월 18일(수요일).

조현춘(1995). 행복을 배우면 행복하게 됩니다. KBS대구 평생대학, 1995년 9월 16일 KBS1 방송.

조현춘 · 이근배(2007). 한국판 분노행동척도의 타당화 연구. **한국심리학회지: 상담 및 심리치료, 19**(2), 489-503.

한국교육개발원. Wee 프로젝트 매뉴얼 1. 학교상담(Wee 클래스). 서울: 한국교육개발원.

홍경자(2001). **자기이해와 자기지도력을 돕는 상담의 과정**. 서울: 학지사.

Brems, C.(1999). *Psychotherapy: Processes and techniques.* Boston: Allyn & Bacon.

Brems. C.(2001). *Basic skills in psychotherapy and counseling.* 조현춘 · 이근배 역 (2005). **심리상담과 치료의 기본 기술**. 서울: 아카데미프레스.

Bruno, F. J.(1983). *Adjustment and personal growth: Seven pathways*(2nd ed.). Wiley.

Bushman, B. J., Bonacci, A. M., Pedersen, W. C., Vasquez, E. A., & Miller, N.(2005). Chewing on it can chew you up: Effects of rumination on triggered displaced aggression. *Journal of Personality and Social Psychology, 88*(6), 969-983.

Corey, G.(2013). *Theory and practice of counseling and psychotherapy.* 조현춘 · 조현재 · 문지혜 · 이근배 · 홍영근 역(2013). **심리상담과 치료의 이론과 실제(9판)**. Cengage Learning.

Corsini, R.(1988). *Current psychotherapies* (4th ed.). Peacock.

Egan, G.(1994). *The skilled helper*(5th ed.). Pacific Grove, Calif.: Brooks/Cole.

Egan, G.(2006). *Essentials of skilled helping: Managing problems and developing opportunities*. 제석봉 역(2008). **상담모델과 상담기술: 문제해결과 기회개발**. Cengage Learning.

Ellis, A. & MacLaren, C.(2005). *Rational emotive behavior therapy: A therapist's guide*(2nd ed.). 서수균 · 김윤희 역(2007). **합리적 정서행동치료**. 서울: 학지사.

Glasser, W.(1998). *Choice theory: A new psychology of personal freedom*. New York: HarperCollins

Glasser, W.(2001). *Counseling with choice theory: The new reality therapy*. New YOrk: HarperCollins

Hate, H. & Boniwell, I.(2011). Positive psychology: Theory, research & applications. McGraw-Hill. 정봉교 · 추선희 역(2013). **긍정심리학: 이론, 연구 및 적용**. 서울: 박학사.

Hill. C. E. (2012). *Helping skills*. 주은선 역(2012). **상담의 기술**. 서울: 학지사.

http://blogfiles.naver.net/20120510_58/filescs5904_1336640987970R8IMT_GIF/_.gif

http://t3.gstatic.com/images?q=tbn:ANd9GcTNUqFRmsKsHv-17cAa4h1T7R5eRpSbUCTHLePOqKRqgbrbi6An

Lazarus, R. S.(1976). *Patterns of adjustment*. New York: McGraw-Hill.

Magyar-Moe, J. L.(2009). T*herapist's guide to positive psychological interventions*. 이훈진 · 최현정 역(2012). **긍정심리치료: 치료자 가이드**. 서울: 시그마프레스.

Maslow, A.(1970). *Motivation and personlaity*(2nd ed.). New York: Harper & Row.

Patterson, L. E., and E. R. Welfel(1993). *The counseling process*. Pacific Grove, Calif.: Brooks/Cole.

Rogers, C.(1951). *Client-centered therapy: Its current practice, implications and theory*. Boston: Houghton Mifflin.

Rogers, C.(1961). *On becoming a person*. 주은선 역(2009). **진정한 사람되기**. 서울: 학지사.

Seligman, M. & Csikszentmihalyi, M.(2000). Positive psychology: An introduction. *American Psychologist, 55*(1), pp 5-14.

Wubbolding, R. E.(2000). *Reality therapy for the 21st century*. Philadelphia, PA: Brunner-Routledge.

제 7 장

학교폭력 예방과 대책 프로그램

1. 국내 프로그램
2. 외국 프로그램

제7장에서는 학교폭력 예방과 대책을 위해 우리나라에서 어떤 프로그램들이 마련되어 운영되고 있는지를 간단히 소개하고, 외국(미국 · 노르웨이 · 핀란드)에서는 어떤 프로그램들이 운영되고 있는지를 알아보기로 한다.

1. 국내 프로그램

1) 학교폭력 예방 우수 프로그램: 이 달의 우수사례

교육부에서는 2013년부터 각급 학교에서 운영하고 학교폭력 예방을 위한 프로그램 중에 우수한 사례를 선정(청소년폭력예방재단에서 주최)하여 학교폭력예방 종합포털사이트(http://stopbullying.or.kr)의 '이 달의 우수사례'에 탑재하고 있다[1]. 이 중에서 두 학교의 사례를 살펴보자.

(1) 인성교육 실천주간 학교폭력 예방 프로그램[2]

① 프로그램 개요

사례학교에서는 과도한 경쟁과 입시위주의 교육을 학생들의 소질과 끼를 키우는 행복교육으로 전환하고, 학생중심의 실천적 · 체험적 인성교육 활동을 강조하고 있다. 특히 사례학교에서는 인성교육 실천주간을 정하여 (a) 감성터치 하이파이브, (b) 행복출석부, (c) 런치타임콘서트를 운영하고 있다.

---

1) 2013년 12월 현재 '이 달의 우수사례'로 선정된 학교는 대구 매호중(1호) · 제주 세화중(2호) · 구미 원호초등학교(3호) · 예천 풍양초등학교(4호) · 구미 형남초등학교(5호)임.

2) 구미 형남초등학교 사례로, 교육부의 학교폭력 예방종합포털사이트(http://stopbullying.or.kr)에 탑재된 자료를 중심으로 기술함.

한편 사례학교에서는 2013학년도 상반기(4. 8~.19)에 소질과 끼를 키우는 인성교육 실천주간을 운영하였는데, 세부 추진과제로 (a) 프로젝트형 인성교육, (b) 바른 말 · 고운 말 수업 실천, (c) 마음을 담은 편지쓰기 행사, (d) 감성터치 하이파이브 운동 전개, (e) 사제동행 런치타임 콘서트(특색 프로그램 1), (f) 행복출석부(특색 프로그램 2)를 운영하였다.

② 프로그램 세부 내용

학교폭력 예방을 위한 인성교육 실천주간의 프로그램을 세부 과제별로 살펴보면 다음과 같다.

▸ 프로젝트형 인성교육

사례 초등학교에서는 전 학년 학생을 대상으로 교과 수업을 통한 체계적이고 구체적인 인성교육을 집중적으로 실시하여 학생들로 하여금 '바른 인성'을 함양하게 하여 학교폭력의 근본적 해결을 도모하고 있다. 특히 국어, 도덕, 사회 등의 교과에서 '프로젝트형 인성교육 교재'를 활용한 수업을 하는데 교과를 연계한 융합 형태로 실시되며 각 교과별 1~3차시 수준에서 집중적으로 실시하고 있다.

▢ 예시 : 교과 연계 융합형 인성교육 (국어+사회/도덕+체육/미술)

교과	활동 내용	
국어	◦프로젝트 수업의 필요성 공유하기(1교시) ◦고운 말, 바른 말 사용하기의 의미와 방법 수업(토론식)	배우기
	⇓	⇓
도덕/사회	◦바른 언어 사용과 관련된 학급 규칙 정하기(도덕) – 상점 및 벌점 카드 발급 방법 등 포함 ◦자치 법정을 통한 고운 말 바른 말 사용에 따른 상벌 처리(사회)	실천하기
	⇓	⇓
체육/미술	◦팀별 운동경기를 통해 규칙 준수의 필요성 및 중요성, 페어플레이 등 올바른 경기 자세를 학습(체육) ◦고운 말 바른 말 사용과 관련된 표어, 포스터 그리기(미술) – 다양한 표어와 작품 등을 구체적으로 만들어 전시	공유하기

▸ **바른 말 고운 말 쓰기 실천수업**

전교생을 대상으로 창의체험 및 도덕 과목을 활용하여 바른 말 고운 말 쓰기 수업을 전개하고 있다. 이때 학교폭력 예방을 위한 영상물을 시청하거나 학급 홈페이지에 친구들이 쓴 글을 칭찬하는 긍정적 메시지를 담은 선플달기(10개 이상) 운동을 병행하고, 아침 시간에 수업 주제와 관련된 시(예, 이해인- '나를 키우는 말)를 낭송하는 활동을 한다. 바른 말 고운 말 쓰기를 위한 수업을 위한 교수-학습과정안을 예시하면 다음과 같다.

□ **교수-학습 과정안**

주제	언어문화 개선	교과	국어
소주제	말의 힘	수업 대상	전교생
학습 목표	말이 미치는 영향을 알고, 바르고 고운 말을 쓸 수 있다.	학습 형태	모둠학습 / 개별학습

단계	학습과정	교수-학습활동	시간	유의점 및 학습자료
도입	동기유발	◈ 〈넌 할 수 있어 라고 말해 주세요.〉 노래부르기 ◈ '말의 힘' 동영상 시청하기 -칭찬하는 말의 힘과 비난하는 말의 힘이 미치는 영향을 생각하면서 듣기 -말의 힘은 인간에게 뿐만 아니라 무생물인 밥에게 조차 그 영향을 미친다. 그렇다면 인간에게 미치는 말의 힘은 얼마나 클까?	7'	영상 자료 (말의 힘 실험-칭찬과 짜증의 비밀 실험 3분, http://www.youtube.com/watch?v=9wMYbSG5TqM)
전개	<u>활동 1</u> 나 돌아보기	◈ 나의 하루 언어생활 돌아보기 -칭찬하는 말을 많이 썼는가? -짜증내거나 비난하는 말을 많이 썼는가? -내가 오늘 사용한 칭찬하는 말 두 가지와 그 때의 상황, 상대방의 반응, 칭찬하는 말을 해 주었을 때의 나의 감정 발표해 보기 -비난(욕설)하거나 짜증낸 말 두 가지와 그 때의 상황 상대방의 반응, 비난이나 짜증을 내고 났을 때의 나의 감정 발표해 보기	8'	

	활동 2 영상제시 나 돌아보기	◈ 동영상을 시청하고 욕 사용에 대해 반성하기 –EBS 다큐 "욕, 해도 될까요. 1부" 동영상 시청 :동영상 주제 –욕설과 인간의 기억에 관한 실험 (실험 대상자 : 서울대생)	15 '	동영상 자료 1부 (http://cafe.naver.com/knukfl/54)
정리	학습정리 약속하기	◈ 약속 정하기– 욕 장례식 (욕 버리기) –내가 버려야 할 부정적인 말, 욕설 5가지 기록해서 사용하지 않겠다고 다짐한다. 친구 2명으로부터 인증과 격려를 받는다.	10 '	욕 버리기 상자 약속 쪽지

▸ **마음을 담은 편지쓰기**

사례학교에서는 나눔과 배려의 정신으로 감사, 격려, 미안함 등의 내용이 담긴 편지를 쓰게 함으로써 학생들이 서로 따뜻한 마음을 나눌 수 있도록 하고 있다. 이에 앞서 교사가 학생들에게 정이 담긴 편지를 먼저 써서 학생들이 교사를 신뢰하고 존중하는 풍토를 조성함으로써, 학생들이 바른 인성을 함양할 수 있도록 추진하고 있다. 실천 내용과 방법은 아래와 같다.

○ 또래상담 학생, 동아리를 중심으로 격려, 관심, 감사, 미안함 등 자신의 감정과 생각을 글로 표현하여 전달하는 편지쓰기
○ 학교홈페이지의 '칭찬합시다' 코너와 연계하여 운영
 -(교사) 학급의 소외 학생, 부적응 학생에게 관심, 격려의 편지 작성
 -(학생) 칭찬, 격려, 사과, 고마움 등을 전하고 싶은 친구 또는 학급에서 가장 이야기를 나누어 보지 못한 친구에게 편지 작성
○ 감사 편지쓰기
 -친구에게 편지쓰기 : 인성실천주간 중
 -아버지 어머니께 편지쓰기 : 5월 어버이날
 -옛 선생님께 편지쓰기: 5월 스승의 날
 -이웃에게 편지쓰기
 -국군장병 아저씨께 편지쓰기: 10월 국군의 날
 -기타 도움을 받은 분에 대하여 편지쓰기

▶ **감성터치 하이파이브 운동**

감성터치 하이파이브는 교문 앞, 교실에서 선생님과 학생, 학생과 학생, 선생님 간에 하이파이브를 통해 친밀한 인간관계를 형성하고 학교생활에 대한 긍정적 인식과 태도 변화 등을 유도해 즐거운 학교생활의 계기를 마련해 주는 프로그램이다. 선생님과 학생, 학생과 학생, 선생님과 선생님 간에 하이파이브(오른손과 오른손을 높이 들어 박수를 크게 치는 것)를 하면서 '좋은 아침', '힘찬 하루 되세요', '힘내세요', '화이팅' 등의 긍정적인 말을 건네는 가운데 밝은 마음으로 학교생활을 시작할 수 있도록 하고 있다.

▶ **사제동행 런치타임 콘서트**(특색 프로그램 1)

'행복한 어울림-사제동행 런치타임 콘서트'는 매월 두 차례씩 점심시간을 이용해 운동장 조회대에서 열린다. 이 프로그램은 사례 초등학교의 특색사업으로, ① 학생의 끼와 소질을 키워 주는 교육을 통한 문화예술 역량 강화, ② 음악적 감성을 통하여 밝고 아름다운 학교 분위기 조성, ③ 인성 함양과 건전한 정서 생활로 학교폭력 제로(ZERO)화를 목표로 하고 있다. 운영 내용과 그 방법은 다음과 같다.

○ 사제동행 런치타임 콘서트
- -매달 둘째, 넷째 주 수요일 점심시간(13:00~13:20) 게릴라식 콘서트 실시
- -장소: 교내 정원, 로비, 조회대 등 길거리 공연 형식
- -방법: 학생, 학부모, 학생의 신청을 받아 점심시간 20분간 작은 음악회 개최
- -영역: 악기연주, 댄스, 중창, 마술, 연극 등
- -예술동아리 및 화랑문화제 참가희망 학생의 적극 참여 유도
- -교사 적극 참여 및 학부모 참여 유도

※ 공연가능 교사종목- 색소폰, 통기타, 성악 등
공연가능 예술동아리- 중창단, 오카리나 앙상블, 난타부 등
공연가능 학부모 모임 - 인성함양 교육연극

▶ **행복출석부**(특색 프로그램 2)

이 프로그램은 교사가 학생의 정서와 감정을 읽어 세심한 생활지도가 가능하도록 하며, 서로를 배려하는 따뜻하고 행복한 학교 분위기를 형성하여 학교폭력을 예방하는데 초점이 있다. 행복 출석부는 교사가 출석을 부르면 학생이 자신의 컨디션이나 기분을 말이나 숫자로 표현하고(예. “네, 저는 오늘 목이 아파 기분이 안 좋습니다.”), 교사는 출석부의 마음번호를 기록하며 학생의 질문이나 이야기를 들음으로써 교사가 학생의 정서와 감정을 읽고 세심하게 생활지도하며 배려하는 따듯하고 행복한 학교 분위기를 형성하는 프로그램이다.

이렇게 사례 초등학교에서는 인성교육을 중심에 두고 학교폭력 예방 프로그램을 실천하고 있다. 특히 교과 수업을 통해 바른 말 고운 말 쓰기 교육을 체계적으로 실천하는 것은 2012년 교육과학기술부(현재의 교육부)와 인천시교육청에서 공동으로 개발한 프로젝트형 인성교육 교수-학습 자료(초 · 중등학교용)를 학교현장에서 집중적으로 운영하는 사례로 볼 수 있다.

(2) 행복교실 프로그램[3)]

① 프로그램 개요

사례학교의 행복교실 프로그램은 우울, 무기력, 가출, 등교 거부, 수업 거부 등 정서적, 가정적, 사회적 취약계층 학생들의 중도탈락을 방지하고 일탈을 예방하기 위한 것으로, 학생들에게 다양한 성공경험의 기회를 제공하고 긍정적 대안행동을 강화하여 행복한 학교생활 복귀에 도움을 주고자 운영되고 있다.

Wee 클래스 형태로 운영되는 ‘행복교실’은 7주간 집중적으로 이루어지는데, 월~금요일까지 1~2교시에 전문상담교사와 특수교사, 심리치료 전문가, 음악

---

3) 대구 매호중학교 사례로, 교육부의 학교폭력 예방종합포털사이트(http://stopbullying.or.kr)에 탑재된 자료를 중심으로 기술함.

치료사, 미술치료사 등 교내외 전문가들이 팀을 이루어 진행한다. 프로그램은 고위험군 위기학생 및 학교 부적응 학생들 가운데 희망자를 대상으로 진행된다. 참가 학생의 강점 강화와 셀프리더십, 푸드테라피, 뮤지컬 & 보컬 음악치료, 세라믹 아트 미술치료, 시네마 테라피 감수성 훈련, 토요 체험학습, 또래 멘토링 등 학생 유형별 특성을 고려한 심리치료 프로그램을 운영하여, 학생들의 정서적 안정과 학교 적응력 향상, 그리고 위기극복 능력을 배양하고 있다.

② 프로그램 세부 내용

사례학교의 행복교실 프로그램은 다섯 가지인데 세부 내용을 보면 다음과 같다.

▸ **장점 강화 및 셀프 리더십 프로그램**

이 프로그램은 학생들이 자신의 심리적 특성을 이해하고, 긍정적인 자아와 자신의 가치를 발견하며, 긍정적인 미래설계와 비전을 설정하는데 초점을 두고, 총 14회기로 운영되었다.

▸ **음악치료 프로그램**

뮤지컬 감상과 보컬 활동 등 학생들이 선호하는 감성적 교육활동을 통해, 참여 학생들에게 심리적 무기력감 해소 및 성공경험의 기회를 제공함으로써, 학교 부적응 학생들의 행복한 학교생활 복귀를 촉진하는데 목표를 두고 운영되었다.

▸ **미술치료 프로그램**

세라믹 아트 등 예술활동을 통해 참여 학생들에게 심리적 무기력감 해소 및 성공경험의 기회를 제공함으로써, 학교 부적응 학생들의 자존감을 향상시키고 행복한 학교생활 복귀를 촉진하는데 초점을 두고 운영되었다.

▸ **푸드테라피 프로그램**

학생들이 선호하는 푸드테라피 체험활동을 통해 즐겁고 유쾌한 성공경험의 기회를 제공함으로써, 학교 부적응 학생들의 심리적 무기력감을 해소하여 행복한 학교생활 복귀를 촉진하고, 협동작업 활동을 통해 의사소통 및 대인관계 기술을 증진시키기 위한 프로그램이다.

▶ **독서 및 영상 프로그램**

학생 유형별 성향과 상황을 고려한 독서치료(영상치료) 활동을 통해 내면의 상처를 치유하고 통찰을 촉진하여 긍정적 대안행동을 강화하기 위한 프로그램으로 역할극과 협업활동을 통해 의사소통 및 대인관계 기술을 증진시키는데 목적이 있다.

□ **행복교실 프로그램의 세부 내용 예시**

세부 프로그램	주제(교재)	주요 활동
① 장점 강화 및 셀프리더십	내 인생의 사과나무 찾기	◦ 나의 인생그래프 그리기 ◦ 나의 강점 목록 작성 및 활용 계획표 만들기 ◦ 위풍당당 나의 성공 경험담 나누기 ◦ 사과나무 그리기
	내 삶의 내비게이션 '꿈'	◦ 꿈 목록 작성 및 꿈 실천계획하기 ◦ 비전보드 만들기 ◦ 나의 꿈 선포하기
		◦ 동기부여 관련 영상물 관람 ◦ 영상을 통해 느낀 점 공유하기 ◦ 프로그램 참여 목표 달성도 확인 ◦ 참여 소감 나누기
② 음악치료	Music History 앨범 만들기	◦ 자신이 살아온 연령대별 대표 곡을 스스로 선택해 그룹원들에게 소개 및 발표 ◦ 뮤지컬 Rent 'Season of Love' 곡 배우기
	칭찬과 격려하기	그룹원들끼리 각자의 장점을 칭찬하고, 스스로 Songwriting을 함
③ 미술치료	세라믹 아트 작품 활동	작품을 만들어 감상하고 소감 나누기

세부 프로그램	주제(교재)	주요 활동
④ 푸드테라피	푸드테라피	여러 음식을 만들고, 시식회 및 소감 나누기
⑤ 독서 및 영상	상처 없는 새가 있을까? (류일훈/꿀 바른 책)	◦ 독서치료: 철학동화 〈상처 없는 새가 있을까?〉 ◦ 정독 후 소감 나누기, 내 마음에 여운을 준 구절 소개 ◦ 통찰: 시련을 극복하는 의지
	너는 특별하단다 (맥스 루카르도/고슴도치)	◦ 독서 및 영상치료: 맥스 루카르도의 〈너는 특별하단다〉 ◦ 정독 및 영상 감상 후 소감 나누기, 내 마음에 여운을 준 장면 소개하기 ◦ 통찰: '소중한 나'

이렇게 운영되고 있는 사례학교의 행복교실 프로그램은 최근 정부 차원에서 발표한 학교 현장 중심의 학교폭력 대책(2013. 7. 23)의 내용과 매우 부합된다. 학교 현장의 다양한 자율적 예방활동을 내실화하여 학교폭력을 근절하겠다는 것이 정부 방침의 하나이다. 구체적으로 시·도교육청별로 유관 기관(문화체육부 등)과 협력하여 연극, 뮤지컬 등 공감형 프로그램을 개발하여 모든 학생들에게 참여할 수 있는 기회를 제공한다는 정부 구상이다. 이렇게 모든 학생들에게 연극이나 뮤지컬 등 예술활동의 기회를 줌으로 감성을 발달시키고 정서를 순화하는데 도움이 될 수 있는데, 사례학교에서 음악치료나 미술치료, 영상치료 등을 고위험군 위기학생들을 돕는 프로그램을 미리 운영한 경험은 다른 학교에서 유사한 프로그램을 설계하고 운영할 때 참고가 될 것이다.

2) 학교폭력 관련 기관의 프로그램

여러 기관에서 학교폭력을 예방하기 위한 프로그램을 개발하여 운영하고 있다.

(1) 교육부

우리나라는 범정부 차원에서 학교폭력을 예방하고 대처하고 있지만, 그 주무부처는 교육부이다. 특히 학교폭력예방 종합포털사이트(http://www.stopbullying.or.kr)를 통해 여러 프로그램을 운영하고 있다. 이 중에서 어울림 프로그램이 대표적이다.

① 어울림 프로그램

▶ **프로그램 개요**

교육부에서 '공감과 소통을 통한 행복한 학교 만들기 프로젝트'의 일환으로 운영하고 있는 '어울림 프로그램'은 2013년 7월 23일 발표된 '현장 중심의 학교폭력 대책'에서도 가장 우선적으로 언급되는 예방내책이다. 어울림 프로그램은 한국교육개발원의 '학교폭력예방연구지원특임센터'에서 전문 연구진과 교사들이 학교에서 적용하는데 목적을 두고 개발하고 있다. 즉 어울림 프로그램은 학생의 자기 이해, 자존감 향상 등 내적 성장을 지원하는 맞춤형 프로그램으로, 학교의 신청을 받아 교육부에서 지원하여 운영된다. 교육부에서 위촉한 전문위원의 컨설팅을 통해 학교의 특성을 파악한 다음에 학교별로 단기간에 집중적으로 실시(2일~5일)하거나 방과 후 활동(토요 방과 후 포함)으로 운영된다. 어울림 프로그램은 학생 대상 프로그램, 교사 대상 프로그램, 학부모 대상 프로그램으로 이루어졌다. 어울림 프로그램은 교육부의 학교폭력 예방종합포털사이트(http://www.stopbullying.or.kr)→자료 공간→교육부 자료실을 통해 제공되고 있는데, ① 교사용 지도안, ② 학생 학습활동지, ③ 참고자료(문서자료와 동영상)를 포함하고 있다.

▶ **프로그램 예시**(중학생)

어울림 프로그램은 초등학교 · 중학교 · 고등학교별로 나누어 개발되었다.

그 중에서 2013년도 9월에 개발하여 보급된 '어울림: 학교폭력 예방 프로그램 -중학교 학생용'을 예시하면 다음과 같다. 이 프로그램은 교육부의 지원을 받는 300개 학교에서 활용하기 위해 개발된 것으로, 4차시로 구성되었다.

중학생 프로그램의 개발 배경을 옮기면 다음과 같다. 중학생들은 심리 사회적으로 미성숙하기 때문에 스스로 감정을 조절하거나 행동을 억제하는 능력을 갖추고 있지 못하다. 따라서 친구들로부터의 압력과 같은 환경으로 쉽게 학교폭력에 가담하게 된다. 이 경우 학교나 학급 차원에서 교사가 학생들에게 학교폭력에 대한 경각심을 심어 주고 학교폭력을 유발시키는 다양한 환경요인들을 미리 제거함으로써 폭력행동을 예방할 수 있다. 그러므로 제시된 프로그램을 활용하여 학생들에게 학교 내 폭력문화에 대한 예민성과 의식을 고양시키고 학교폭력 예방은 물론 인성교육이나 생활지도 자료로 활용할 수 있다(한국교육개발원, 2013: 3).

☐ 중학생을 위한 어울림 프로그램 구성 체계

프로그램명(차시)	목표	세부 활동(내용 및 방법)
학교폭력! 멘사에 도전하다~(1)	학교폭력의 유형과 인식	· 개그콘서트 '아빠와 아들' 영상을 통한 다양한 학교폭력 인식 · 학교폭력 예방 퀴즈대회(정답 설명, 시상 등) · 장난은 둘 다 즐거운 것이지만 폭력은 혼자만 즐거운 것임을 지도 · 비폭력평화 학교 만들기 서약서(부록)
입장바꿔! 역할극(2)	학교폭력 가·피해자로서의 대처법	· 장난도 흉내도 학교폭력임을 지도 · 역할극 안내-활동 1) 몸으로 하는 왕따 체험 등 · 역할극 활동 후 이야기 나누며 활동지 작성 · 진정한 사과의 표현교육 · 사회적 기술학습지 '사과에도 법칙이 있다'(부록)
너라면 어떻게 할래?(3)	학교폭력 방관자로서의 대처법	· 제노비스사건 '방관자 효과' 유투브 영상과 학교 2013 드라마 시청 · 학교폭력 발생시 방관자가 아닌 방어자로서 대처할 수 있도록 지도 · 사회적 기술학습지 '고발과 고자질 차이'(부록)

프로그램명(차시)	목표	세부 활동(내용 및 방법)
학교폭력 예방홍보 신문 제작(4)	학교폭력예방을 위한 학급문화 조성	· 학교폭력 예방 홍보신문 제작법 안내 및 예시자료를 활동지와 함께 배부 · 학급 내 본인이 실천할 수 있는 3無3行 포함 · 사회적 기술학습지 '칭찬은 양파도 춤추게 한다.' (부록)

중학생을 위한 어울림 프로그램 중 1차시(학교폭력! 멘사에도전하다~)의 교사용 지도서를 보면 다음과 같다.

□ **어울림 프로그램 교사용 지도서 예시(중학생용 1차시)**

1차시: 학교폭력! 멘사에 도전하다 ~

목표	학교폭력의 심각성과 정확한 인식과 개념을 알아본다.	차시	1/4
관련 교과	창의적 체험활동 및 학급활동 시간		
준비물	학교폭력 및 언어폭력 퀴즈 문제(ppt자료), 해설자료, 활동지, 빔프로젝트, 관련 동영상, 사다리 OX판(코팅), 간단한 상품 사다리 OX판은 한 학급 학생 수 만큼 코팅하여 사용하면 타 교과 시간에도 유용하게 사용할 수 있다.		
단계	진행 절차 및 방법		
도입 (8분)	안녕하세요? 오늘부터 총 4차시에 걸쳐 학교폭력 예방교육을 실시하고자 합니다. 첫 시간은 요즘 학교폭력이 얼마나 심각하고 또한 나 자신이 얼마나 학교폭력에 대해 정확히 알고 있는지를 퀴즈를 통해 알아보는 시간을 갖도록 하겠습니다. 오늘의 프로그램명과 학습목표를 제시한다. [활동자료 1] 도입 PPT (PPT 파일 첨부 / 안내문 참고) 활동에 적극적으로 참여하는 학생이나 퀴즈를 풀어 가장 우수한 성적을 얻은 학생에게는 앞에 준비된 상품을 선물로 주도록 하겠습니다. 여러분들의 적극적인 관심과 참여가 있기를 바랍니다. (중간 생략) 그럼 우선 동영상을 통해 학교폭력의 심각성과 유형을 알아보도록 합시다. [활동자료 2] KBS 〈개그콘서트 "감사합니다"〉 동영상(아래 링크주소를 활용)		

전개 (30분)	[활동 1] 영상은 잘 시청했나요? 아들과 아버지와의 대화 속에서 학교폭력이 무엇인지, 학교폭력의 유형에는 어떤 것들이 있는지, 심각성 또한 알 수 있었나요? 그럼, 여러분들이 알고 있는 학교폭력의 유형에는 어떤 것이 있나요? 손을 들고 답해 주시기 바랍니다. 선생님의 질문에 답해 주는 친구들에게는 언제나 상품이 따름을 안내한다. 손을 들고 대답하는 친구들에게 상품을 준다. 네, 그렇죠. 학교폭력의 유형에는 신체폭력, 언어폭력 등이 있습니다. 그렇다면, 이번에는 여러분들이 학교폭력에 대해 얼마나 정확하게 알아보고 있는지를 퀴즈대화를 통해 알아보도록 하겠습니다. (중간 생략)
마무리 (7분)	지금까지 퀴즈를 통해 학교폭력의 다양성과 심각성을 인식할 수 있었나요? 그럼 활동지 뒷장에 오늘 수업을 통해 알게 될 것을 적어 보도록 합시다. [활동자료 7] 마무리 PPT (PPT 파일 첨부 / 안내문 참고) 강압적이 아닌 즐겁고 자발적인 마음으로 참여하도록 지도합니다. 다 적으셨나요? 앞에 상품이 좀 남아 있네요. 두 사람만 발표해 보도록 할까요? 발표할 친구는 손을 들어주세요. 네 ~ 감사합니다. 발표한 친구에게 바로 상품을 수여한다. 무엇보다도 남을 괴롭히고 상처 주는 일은 절대로 있어서는 안 되겠지요? 적어도 우리 학급에서는 힘들고 가슴 아픈 일이 발생되지 않으리라 믿습니다. 약속할 수 있지요? (대답을 듣고) 그럼, 우리 모두 구호를 큰 소리로 위치며 끝낼까요! [활동자료 7] 마무리 PPT (PPT 파일 첨부/ 안내문 참고) 다같이 시작~ 네 수고하셨습니다. (이하 생략)

〈이모티콘 표시〉
–교사의 진행멘트 및 설명, 질문, –학생 활동 및 교사 지도 활동
–활동자료(활동지 및 그림, 신문 등), –활동자료(PPT, 동영상 등), –유의사항 및 tip

② 블루밴드 캠페인 등

교육부에서 중점 사업으로 운영하고 있는 학교폭력 예방프로그램 중에는 어울림 프로그램 외에 단독으로 또는 유관 기관과 연합하여 운영하는 (a) 아주 사소한 고백, (b) 학교폭력 피해자가족캠프, (c) 블루밴드 캠페인 프로그램이 있다.

'블루밴드 캠페인'은 학생과 학부모가 직접 참여하여 학교폭력 예방 실천을

서약하는 프로그램이다. 블루(청소년의 미래, 희망, 꿈)+밴드(하나로 연결하기)의 의미로 "친구야 사랑해", "I'm not a Bully"가 프린트된 블루밴드 착용을 통해 학교폭력에 대한 인식을 제고하는데, 학교에서 단체로 참여할 수도 있다. 또한 학교폭력 예방 실천 서약을 위한 온 · 오프라인 캠페인을 전개하는데, 유명 연예인(개그 콘서트 출연자 등)이 홍보 역할을 수행하기도 한다. 학교폭력 예방 7대 실천 서약은 다음과 같다.

〈학교폭력 예방 7대 실천 서약〉

나는 친구들을 괴롭히거나 때리지 않겠습니다.
나는 장난으로라도 친구에게 욕을 하지 않겠습니다.
나는 친구의 비밀을 퍼트려 창피하게 하지 않겠습니다.
나는 괴롭힘을 낭하는 친구들을 보면 바로 신고하겠습니다.
나는 친구가 나에게 하고 싶지 않은 일을 시키면 싫다고 하겠습니다.
나는 고민이 있으면 부모님, 선생님과 상의하겠습니다.
나는 온라인상에서 친구들을 험담하지 않겠습니다.

'아주 사소한 고백'은 교육부가 현대해상, 청소년폭력예방재단과 공동으로 주최하는 학교폭력 예방 프로젝트이다. 학교폭력으로 어려움을 겪고 있는 청소년에게 자신의 고민을 드러낼 수 있는 기회를 제공함으로 상호간에 소통과 공감의 장을 마련하는데 목적이 있다. 고백엽서와 SNS를 통한 사연, 라디오 프로그램 등과 연계하여 운영하고, 연 4회 학교폭력 카운슬링 토크 콘서트도 진행한다.

(2) 한국교육개발원

정부 출연기관인 한국교육개발원에서는 교육부의 위탁을 받아 학교폭력에 관한 연구와 프로그램을 꾸준하게 진행하고 있다.

① 학교폭력 예방 DVD 프로그램

한국교육개발원에서는 2008년도에 학교폭력 예방 및 대처 프로그램 4종을 개발하였다(박효정, 2008). 이 프로그램은 초등학교 학생들에게서 쉽게 발생할 수 있는 집단 따돌림(왕따), 언어폭력, 신체폭력, 금품갈취 등의 학교폭력 예방프로그램인데, (a) 공감과 관점 채택 능력, (b) 사회적 정보처리, (c) 또래중재와 갈등해결, (d) 안전하고 즐거운 학교만들기에 관한 내용으로 구성되었다.

이 프로그램은 초등학교 4~6학년 학생들을 대상으로 한 것으로, 학생들의 발달 정도를 고려하고, 흥미와 관심을 불러일으키기 위해 애니메이션과 동영상 중심의 DVD로 제작하였다. 종래의 학교폭력 예방 프로그램은 학교 교사나 외부 인사(경찰, 상담 전문가 등)의 강의를 중심으로 한 것이어서 학생들의 흥미를 불러일으키는데 제한적이었고, 학습효과도 낮았기 때문이다.

프로그램 1종의 시청시간은 15분 내외이나 프로그램 시청 후에 교사가 학습활동을 전개하는 경우 동영상 시청을 포함하여 대략 40분 정도 소요된다. 한편 이 프로그램은 담임교사나 학교장의 재량에 따라 창의적 재량활동 시간에 활용할 수도 있고, 조회시간이나 종례시간, 점심시간 등 수업 이외의 시간에 학생들이 동영상만 시청할 수 있게 제작되었다. 이 프로그램의 교사 매뉴얼에 포함된 수업지도안 예시 중에 '프로그램 1: 입장 바꿔 생각해 봐!'의 교수-학습과정안을 예시하면 다음과 같다.

☐ **교수-학습과정안 예시**

제 목	입장 바꿔 생각해 봐!
학습목표	학생들이 다른 친구의 기분이나 생각, 입장을 충분히 이해하고 어려움에 처해 있는 학생을 놀리거나 괴롭히기보다는 도와주고 배려하는 마음을 갖게 한다.
활동과정	동영상 시청과 교사 진행의 학생 활동
학습자료	애니메이션
도입	– 만화 영화를 보게 된 배경이나 이유에 대해 간략히 설명해 준다. – 학생들의 주의나 흥미를 끌 수 있는 간단한 질문이나 사건을 제시함으로써 학급 친구들 간의 갈등에 대해 생각해 볼 수 있도록 한다.

전개	• 프로그램 동영상 시청(15분 내외) – 학생들이 집중할 수 있도록 환경적인 방해요소를 차단하고 조명이나 소리의 크기 등을 적당히 조정한다. – 학생들이 시청하는 동안 교사는 학생들의 반응을 주시하며 주의가 산만하거나 장난스럽게 반응하는 학생을 적절하게 통제한다.
활동: 토론	– 학생들이 만화 영화를 시청한 후 교사는 학생을 모둠으로 나누고 사전에 준비한 질문지를 돌려서 모둠 구성원들이 서로 의견을 충분히 나눌 수 있도록 한다. – 모둠 토론을 위한 예시 질문은 다음과 같다. ◦ 반친구들로부터 괴롭힘을 당하거나 따돌림당했을 때 서현이 마음이 어떠했을까요? ◦ 여러분이 서현이라면 이러한 상황에서 어떻게 했을까요? ◦ 서현이를 괴롭히는 반 친구들의 행동에 대해서 어떻게 생각하나요? ◦ 서현이처럼 괴롭힘을 당하는 친구가 주위에 있다면 어떻게 하면 좋을까요? ◦ 이 만화 영화를 보고 서현이의 마음과 기분, 생각을 이해할 수 있을까요? ◦ 어떻게 하면 다른 사람의 입장이나 기분, 생각을 이해할 수 있을까요? ◦ 서현이는 동훈이가 다가와 따뜻하게 대해 주고 함께 달리기 짝이 되자고 했을 때 어떤 마음이 생겼을까요? – 학생들이 모둠을 나누어 토론한 내용을 전체 학급에서 돌아가면서 발표하도록 하고 좋은 의견에 대해서는 칭찬을 아끼지 않는다.
정리	– 토론을 마친 후 학생들의 좋은 생각을 중심으로 정리할 수 있으며 경우에 따라서는 아래와 같은 학습메시지를 정리 활동으로 대신한다. – 학습메시지 자기 마음에 들지 않거나, 자기보다 열등해 보인다거나, 자기와 다르다고 해서 폭력을 행사하거나 왕따를 시키는 친구를 괴롭히는 것은 아주 좋지 않은 행동입니다. 나와 다른 사람도 똑같이 존중받을 권리가 있습니다. 친구의 단점이나 부족한 점에 대해 놀리지 말고, 장점에 관심을 갖고 칭찬해 주세요. 칭찬하는 자신도, 칭찬받는 친구도 즐겁고 행복해 집니다. – 학교폭력 예방을 위한 Tip, –괴롭힘을 당하는 친구의 입장이 되어 보고 마음 헤아리기 – 따돌림 당하거나 소외된 친구에게 먼저 손 내밀어 함께 하기

② 집단 따돌림 예방 프로그램

한국교육개발원에서는 2012년에 교육과학기술부(현, 교육부)의 의뢰를 받아 집단 따돌림 예방을 위한 프로그램을 개발하였다(박효정 외, 2012). 이 연구는 학교폭력의 한 가지 유형인 따돌림 현상은 신체폭행이나 금품갈취와 같이 소수의 가해 · 피해학생 간에 발생되기보다는 학급 전체, 심지어 학교의 상당수 학생들이 소수의 피해학생을 집단으로 괴롭히는 악성적인 문화 현상으로 보고, 다음과 같은 요소로 총 8회분의 프로그램을 개발하였다.

- 집단 따돌림에 대한 인식
- 집단 따돌림 가해자, 피해자, 방관자(관찰자) 관점 이해하기
- 집단 따돌림의 피해자 공감하기
- 학급 친구에 대한 이해와 존중
- 또래 갈등에 대한 이해와 해결
- 가해 · 피해 갈등상황에서 행동 규칙(지침)
- 집단 따돌림 예방을 위한 학급 규칙 제정 및 실행

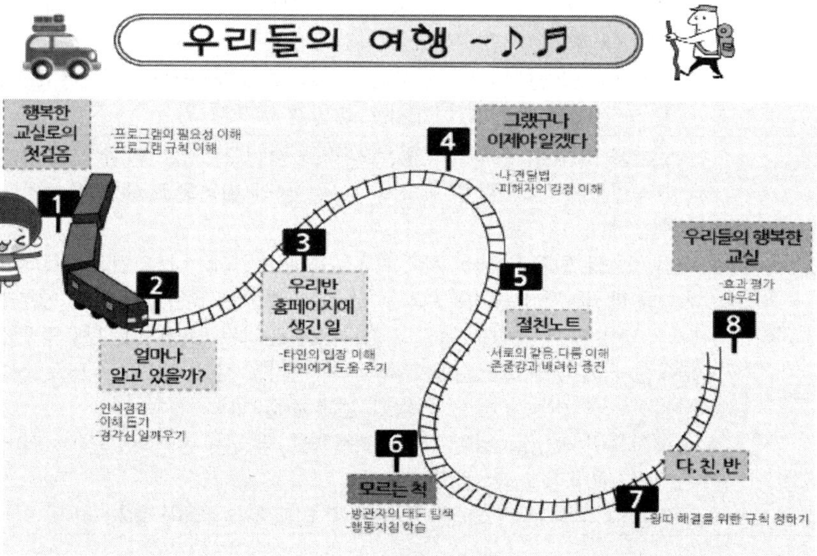

〈한국교육개발원의 집단 따돌림 프로그램 순서〉

이 중에서 1차시 진행과정의 일부를 예시하면 다음과 같다.

1. 사전 척도 작성(5분)

ㅇ 준비 : 프로그램 검사지 '우리 반은 얼마나 친한가요?'를 준비한다.

ㅇ 활동

① '우리 반은 얼마나 친한가요?'는 담임교사가 반 아이들에게 질문하고 해당되는 내용에 ㅇ표한다.

② 프로그램 시작 전과 시작 후 두 번을 실시하여, 점수를 비교한다.
 * 몇 점이나 높아졌는지 파악하여 프로그램 효과를 판단한다.

③ 담임교사는 질문의 답을 유도하거나 단정짓지 말고, 아이들이 스스로 대답할 수 있도록 유도한다.

④ 질문이 끝난 후 담임교사는 검사지의 총점을 계산한다.
 * ①은 1점, ②는 2점, ③은 3점으로 계산한다.
 * 3, 10, 11번 문항은 역채점 문항으로 ③은 1점, ②는 2점, ①은 1점으로 계산한다.

⑤ 총 60점 만점으로 점수가 높을수록 따돌림 위험이 높은 반이다.
 * 20~35점: 안전(반 아이들이 서로 친하게 지내며 따돌림에서 안전한 반이예요.)
 * 36~45점: 양호(아직은 양호하지만, 따돌림이 발생할 가능성이 있어요.)
 * 46~60 점: 위험(반에서 따돌림이 일어나고 있거나, 곧 발생할 거예요.)

2. 따돌림 실제 사례 제시(동영상) (5분)

ㅇ 준비: 따돌림 동영상(동영상 1 지식채널e : 오늘은 내가 죽는 날입니다.)가 담긴 PPT(2페이지)

ㅇ 활동

① 따돌림에 대한 동영상을 틀어 주겠다고 아이들에게 이야기한 후, 동영상을 재생한다.

② 학생들에게 느낌을 들어보고 집단 따돌림의 심각성에 대해 이야기한다.

③ 따돌림의 심각성을 인식시킨 뒤, 프로그램의 목적에 대해 학생들에게 간단하게 설명한다.

(3) 한국청소년상담원: 학교폭력 예방을 위한 배려 증진 프로그램

한국청소년상담원에서는 2008년에 보건복지부의 지원을 받아 품성교육을 통해 학교폭력을 예방하기 위한 초등학생 대상 '배려 증진 프로그램'을 개발하였다. ① 조망수용 및 조망전환, ② 공감, ③ 배려몰입 촉진활동 및 동기 전환을 배려 증진의 구성요소로 삼고, 이에 따른 활동 프로그램을 개발하였다. 이들 요소로 된 프로그램은 총 14회기로 된 종합편, 그리고 이 중에 반드시 수행해야 할 필수편(8회기)으로 구분되었으나 회기를 조정할 수 있는 모듈식 프로그램이다. 이 중에서 3회기(필수)의 일부를 예시하면 다음과 같다.

〈프로그램명: 3회기(배려맨) - 동기전환활동 영역 - 필수〉

I. 목표

첫째, 학급친구의 배려맨이 되어 배려활동을 하는 방법을 이해한다.

둘째, 배려받는 친구는 배려에 대한 표현을 함으로써 배려를 서로 주고받을 줄 안다.

셋째, 배려를 주고받는 과정에서 배려의 소중함과 즐거움을 경험하며 배려욕구를 증진한다.

II. 준비물

활동함, 투표용지 및 활동지(구성원 1인당 A4용지의 1/4 크기의 백지 2매), 펜

III. 진행과정

○ 활동 1 : 배려맨 선정

모든 구성원은 쪽지에 자기이름을 써서 접고, 활동함에 넣고 쪽지를 잘 섞어서 한 장씩 뽑고 누구의 이름이 쓰였는지 다른 사람이 볼 수 없도록 혼자서 확인한다.

쪽지를 뽑은 사람은 쪽지에 이름이 적힌 사람의 배려맨이 된다. 따라서 모든 구성원은 배려맨이 되고 동시에 배려받는 사람(받는 친구)이 된다.

배려맨의 활동: 우리학급에서 원하는 배려활동을 하되, 받는 친구 몰래 친구를 유심히 살펴보고 그에게 도움이 되는 행동을 '배려맨 3'회기까지 실시한다.

이때, 지도자는 배려를 주고받는 행동들이 원활하게 이루어지도록 촉진활동을 간간히 실행해야 한다.

예) 받는 친구의 표현방법: 국어시간에 배려맨이 보여준 행동에 대한 느낌이나 고마움을 담아 시나 수필로 작성하여 발표시간을 갖는다.

예) 배려맨의 배려 방법:

-받는 친구가 생일일 때 간단한 선물을 몰래 전달한다(신발주머니, 책상 속 등).

-받는 친구가 기분 나쁜 행동을 할 때 때리거나 욕하기보다는 존중적인 표현을 쓴다.

-받는 친구가 준비물을 가져오지 않으면 같이 나누어 쓴다.

받는 친구의 활동 : 배려맨의 자신에게 한 배려행동이 무엇인지 알아차리고, 배려맨에게 고마움을 표현하는 등 배려받는 순간의 자신의 마음을 표현한다.

(생략)

3) 가해학생 및 재발 방지 프로그램

(1) 가해학생 학생의 특성과 프로그램 구성

학교폭력 행동을 보이는 학생들은 우발적으로 경우도 있지만 품행장애 현상을 보이는 경우가 많다. 일반적으로 품행장애 학생들은 타인의 권리나 감정을 별로 고려하지 않으며, 잘못에 대한 죄의식 없이 남에게 비난을 잘한다. 욕구좌절과 인내력이 약하여 자신의 욕구가 관철되지 못하면 분노 폭발이나 공격적인 행동으로 대처하며, 학교에서 정학이나 퇴학 등을 당하기도 한다. 성문제, 음주, 흡연, 약물남용, 임신, 사고 등이 많고, 낮은 사회 경제적 수준과 평균보다 낮은 지적 능력과 학업성취도도 낮다. 이들은 주의력결핍, 과잉행동장애 및 적대적 반항장애와의 관계가 밀접하다(김규태 외, 2013: 263).

이러한 장애학생의 품행 특성에 비추어 김규태 등(2013: 263~283)은 학교폭력 가능성과 경험이 있는 품행장애 학생들의 재발방지를 위한 프로그램으로 ① 품성계발 프로그램, ② 도덕성 증진 프로그램, ③ 분노 조절 프로그램, ④ 시간 · 정신에너지 관리 프로그램, ⑤ 자기존중감 증진 프로그램, ⑥ 의지계발을 위한 프로그램이 요구된다고 보고, 가해학생들의 재발 방지를 위한 프로그램을 제시하였다.[4)]

한편, 한국청소년정책연구원에서는 2007년에 학교폭력 가해학생 선도와 피해학생 치유를 위한 프로그램(2종)을 개발하였다. 이 프로그램은 앞에서 살펴본 한국교육개발원의 '학교폭력 예방 DVD프로그램'과 협력사업으로 개발된

---

4) 김규태 등은 이들 프로그램이 여러 기관에서 개발한 프로그램을 종합한 것임을 밝히고 있다.: ① 품성계발 프로그램은 주로 한국청소년상담원(2000)의 '멋진 우리'의 내용을 발췌, 편집, ② 도덕성 증진 프로그램은 청소년대화의 광장(1997)의 '꿈을 이루는 생활의 길'을 전체적으로 발췌, 편집, ③ 시간 · 정신에너지관리 프로그램은 청소년대화의 광장(1996)의 '청소년 시간 · 정신 에너지 관리 훈련 프로그램(개정판)'을 주로 응용 편집, ④ 의지계발 프로그램은 청소년대화의 광장(1996)의 약물남용청소년상담 프로그램 (Ⅱ) 중 '내 인생 주인되기 프로그램'을 발췌, 편집함.

것인데, ① 부적 정서 조절, ② 자존감 향상, ③ 학교폭력 이해와 대처법, ③ 대인관계 기술 습득, ④ 선도 · 치유 프로그램 각 7회씩 총 14회기로 구성되었다.

(2) 가해학생 학생을 위한 분노 조절 프로그램

학교폭력 가해학생을 위한 재발방지 프로그램의 구성 요소 중에 김규태 등(2013)이 제시한 분노 조절 프로그램을 이해해 보자. 이들이 제시한 분노 조절 프로그램은 청소년(가해학생)들이 분노 시에 자신에게 일어나는 변화를 이해하고, 분노감정을 건전한 방법으로 표현하도록 하여 청소년기에 부적절한 분노감정의 표현으로 인해 겪게 되는 대인관계의 어려움을 해결하도록 도움을 주는데 목표를 두었다. 프로그램의 순서는 ① 분노 탐색하기, ② 분노 상황 인식하기. ③ 나의 변화 알기, ④ 분노 조절 방법, ⑤ 생각 바꾸기로 되었는데, 이 중에서 분노 조절 방법을 소개하면 다음과 같다.

□ 분노 조절 프로그램 예시

<table>
<tr><th colspan="4">분노 조절하기(4회분)</th></tr>
<tr><td rowspan="3">지도 목표</td><td rowspan="3">긴장 이완 훈련을 통해 분노의 감정을 지연하며 누그러뜨리는 법을 익힐 수 있다.</td><td>영역</td><td>분노 조절</td></tr>
<tr><td>대상</td><td>초 · 중 · 고</td></tr>
<tr><td>집단구성</td><td>중집단</td></tr>
<tr><td>준비물</td><td>마음을 안정시킬 수 있는 차분한 배경 음악</td><td>소요시간</td><td>60분</td></tr>
<tr><th>진행 과정</th><th colspan="3">활 동 내 용</th></tr>
<tr><td>도입</td><td colspan="3">화가 나서 자신에 생각과 신체적 활동이 통제가 되지 않을 때 감정대로 행동할 경우 서로에게 많은 상처를 주게 됩니다. 이렇게 감정을 억누르고 심리적인 안정을 취함으로써 분노의 폭발을 지연할 수 있고 자신의 심신을 평상시의 마음으로 돌릴 수가 있습니다.</td></tr>
<tr><td>전개</td><td colspan="3">○ 화가 난 상황을 잠시 피해 있기
어떤 방법으로 분노의 상황을 피할 수 있는지 서로 의견을 말해 봅시다.</td></tr>
</table>

	○ 심호흡을 통해서 분노의 감정을 누그러뜨리기, 다 같이 따라서 심호흡을 연습해 봅시다. – 숨을 들이쉬는 요령 : ① 어깨와 가슴이 움직이지 않도록 한다. ② 가슴으로 숨을 쉬지 않고 배가 볼록하게 나오도록 한다. ③ 숨을 들이쉴 때 가급적 큰 소리를 낸다. ④ 숨을 들이쉴 때 코로만 들이쉰다.(입을 다문다) – 숨을 내뿜는 요령 : ① 배가 볼록하게 숨을 들이마신 다음 멈춘다. ② 멈추는 시간은 2~3초간으로 한다. ③ 숨을 한꺼번에 몰아쉰다. ④ 숨을 몰아 내쉴 때는 입과 코를 동시에 사용한다. ⑤ 가급적 큰 소리로 내쉰다. – 숨을 들이마시고 내뿜는 요령 : ① 숨을 들이마시고 내뿜는 과정을 연속적으로 한다. ② 화가 가라앉을 때까지 여러 차례 반복한다. ③ 가급적 여유를 가지고 실시한다. ○ 구구단 외우기로 분노 폭발 지연시키기: 구구단 외우는 요령 ① 조용히 눈을 감는다. ② 구구단을 천천히 외운다. ③ 구구단 하나에 약 1~2초 정도 걸리게 한다. ○ 긴장된 근육을 이완시키기 ○ 간단한 스트레칭 – 주먹을 꽉 지었다 폈다 한다. ○ 편안한 자세를 취한다. – 팔과 다리를 쭉 펴면서 소리를 낸다. – 목을 돌리며 긴장을 푼다. ○ 가볍게 몸을 두드리며 긴장된 근육을 풀어 준다
정리	심호흡법은 분노가 일어날 때만 적용하는 것이 아니라 감정의 혼란과 심한 스트레스를 받을 때 등 감정의 안정을 요할 때 적용할 수 있습니다. 심호흡을 하고 난 느낌을 나누어 봅시다.
유의사항	• 장난으로 하지 않고 마음을 모아서 집중하여 실시하도록 한다.

(3) 관련 기관의 재발 방지 대책과 프로그램

최근에 학교폭력 예방과 대책에서 새로운 접근으로 가해학생을 위한 기관 차원의 대책과 프로그램이 중시되고 있다. 그것은 학교폭력과 관련하여 '무관용 원칙'에 입각하여 가해학생을 처벌하는 것만이 능사가 아니라는 인식에 뿌리를 두고 있다.

① Wee School 운영과 가해학생 대안교육 프로그램

교육부에서는 Wee 프로젝트를 운영하는 중에, 최근에 각 시 · 도교육청에 설치된 Wee 스쿨에 학교폭력 가해학생들을 위탁하여 그들을 돕는 프로그램을 운영하고 있다. 전국적으로 Wee 스쿨은 7개 교가 설립되어 운영되고 있다.

이와 아울러 2013년 7월에 정부에서 발표한 현장중심의 학교폭력 대책에서는 가해학생을 위한 맞춤식 선도와 교육체계를 구축하는 한편 특별 프로그램을 보다 내실화하기로 하였다(관계부처 합동, 2013). 즉 학교, 교육청, 교육부, 관계부처에서 가해학생의 위기 정도에 따른 특별교육 프로그램을 지원하는 체계를 다음과 같이 구축하기로 하였다.

□ **가해학생 맞춤형 특별교육 지원 체계**

교육감 지정 특별교육 기관

경미 (1차)	위기 (2차, 1~2주)	심각 (3차, 3개월 이상)
【Wee 클래스】	【Wee 센터】	【Wee 스쿨, 대안교육기관】
◦ 초기 신속한 심리상담, 치료지원 ◦ 학생진단 및 재발방지 교육	◦ 심층심리검사 ◦ 문제유형별 행동교정 치료	■ 장기위탁 교육프로그램 운영 ■ 체험위주 다양한 대안 교육

가해학생 특별교육 지역사회 연계 체계 구축

◦ 청소년단체, 청소년복지상담센터, 청소년비행예방센터, 종교계, 산림휴양림, 대안교육 위탁기관 등

가족단위 특별교육 프로그램 확대

◦ 가해학생과 학부모가 함께하는 '부자일체 공감 프로젝트'

또한 가해학생에게 전학이나 퇴학 조치를 내릴 시 대안교육 프로그램을 이수하도록 하는 대책을 새롭게 내놓았다. 이는 강제 전학에 따른 가해학생

의 부적응을 해소하기 위한 것인데, 제주교육청의 '전학 전 성찰교육 숙려기간 제도'(학교폭력 가해학생 전학 조치 전 5일간 특별교육 프로그램 이수)에서 참고한 것이다. 그리고 Wee센터(교육청, 교육부), 청소년 비행예방센터(법무부), 청소년상담복지센터(여성가족부) 등에 가족단위 특별교육 프로그램을 확대하여 운영하기로 하였다.

② 지역교육청 프로그램

충청남도교육청 산하의 부여교육청에서는 학교폭력 가해자들을 위한 프로그램(Bomb! Bomb!)을 운영하고 있다. 이 프로그램은 학교폭력 가해자들의 내적 치유와 자신에 대한 긍정적인 인식을 갖도록 하고, 내재되어 있는 분노를 표출하도록 하는데 목표가 있다. 2012년의 경우 가해학생 8명이 프로그램에 참여하였는데, 소집단 집난상담 형태로 이루어졌다. 프로그램의 내용을 보면 다음과 같다.

□ **가해학생 재발 방지 프로그램 예시**

회 기	주 제	내 용
1	오리엔테이션 (방가방가)	◦ 친사회적 게임을 통해 집단원들끼리 친해질 수 있다. ◦ 타인의 이야기에 집중하고, 그 사람에 대해 다른 사람들 앞에서 소개할 수 있다.
2	Bomb! Bomb!	◦ 화산폭발 작업을 통한 내담자들의 스트레스 해소 및 가해경험으로 인한 부정적인 감정을 해소한다.
3	학교폭력! 어떻게 할까?	◦ 학교폭력에 대한 실태 파악 및 역할극을 통한 피해자의 감정을 이해한다. ◦ 학교폭력의 정의, 종류, 피해자의 후유증에 대해 안다.
4	나의 기분은?	◦ 여러 가지 감정들이 있으며, 내가 많이 사용하는 감정단어를 안다.
5	잠깐 멈춰!	◦ 분노 조절을 할 수 있다.

회 기	주 제	내 용
6	나를 도와줄 사람은?	◦ 집단원들의 지지체계를 알아보며, 지지체계 유지를 위한 대처방법을 생각한다.
7	많이 아팠지?	◦ 자신의 잘못을 깨달을 수 있다.

2. 외국 프로그램

미국 · 노르웨이 · 핀란드를 사례로 하여 외국에 시행하고 있는 학교폭력 및 예방 및 대처 프로그램을 살펴보자. 이들 세 나라를 사례로 삼은 이유는 다음과 같다. 우선 미국은 일찍부터 총기사용 등 청소년의 폭력이 사회문제로 대두되어 이에 대한 대책이 주나 지역별로 다양하게 수립되어 시행되어 온 나라로 다양한 예방 프로그램을 운영하여 왔다. 한편, 노르웨이는 세계적으로 유명한 학교폭력 예방대책(예, 올베우스 프로그램 등)을 개발하여 많은 나라들에 보급하였고, 학교폭력 예방을 위한 연구와 국제 협력에도 주도적인 역할을 하고 있는 나라이다. 마지막으로, 핀란드는 키바 코울루(Kiva Koulu) 프로그램을 운영하고 있는데, 이는 최근 우리나라에서 학교폭력을 예방하기 위해 교육부차원에서 시행하고 있는 어울림 프로그램의 기반이 되고 있다.

1) 미국

미국은 주에 따라 다양한 학교폭력 프로그램을 운영하고 있기 때문에 프로그램의 특징을 하나로 특정지어 말하기 어렵다.[5] 따라서 대표적인 프로그램에 한해 살펴본다.

(1) 뉴욕시의 갈등 해결 프로그램

뉴욕 시 교육위원회에서는 1985년에 학생들에게 갈등을 창의적으로 해결하는 능력을 키워 주어 학교폭력을 예방하기 위한 '프로그램(Resolving Conflict Creatively Program: RCCP)'을 개발하였다. RCCP는 갈등 방지를 위한 12개의 하위 프로그램과 장기간에 걸쳐 적용되는 다수의 전략을 포함하고 있다. 학생들 간에 폭력적인 상황이 발생하지 않도록 하고, 갈등이 발생하였을 경우에 비폭력적인 방법으로 이를 해결하고, 다른 문화에 대한 이해를 촉진하기 위해 고안된 프로그램이다(문용린 외, 2006). 이는 유치원에서부터 시작하여 12학년에 걸쳐 학교를 대상으로 실시되는 일차적인 학교폭력 예방 프로그램으로 가장 오래되고, 대규모로 시행되는 학교폭력 예방 프로그램이다(문용린 외, 2006; 정재준, 2013).

RCCP는 아동들에게 갈등을 건설적인 방법으로 해결하도록 가르치고, 공격행동이나 폭력행동을 야기하는 정신적 과정이나 대인관계 행동전략을 변화시켜 긍정적인 집단관계를 형성하도록 돕는데 목표가 있다. 따라서 이 프로그램은 다음과 같은 활동들이 포함된다. 즉 아동들로 하여금 갈등을 해소하기 위해 그들이 할 수 있는 또 다른 선택이 있음을 깨닫게 해 주는 일, 아이들이 그러한 선택을 하기 위한 기술을 발전시키도록 돕는 일, 아이들이 그들 자신의 문화적 배경은 물론 다른 사람들의 그것에 대해서도 존중할 줄 아는 태도를 기르도록 장려하는 일, 아이들에게 편견을 알아차리고 버리는 법을 가르치는 일, 좀

5) 문용린 외(2006)는 미국에서 운영하고 있는 학교폭력 관련 프로그램을 예방 프로그램과 처치 프로그램으로 대별하였다. 예방 프로그램은 ① RCCP(Resolving Conflict Creatively Program), ② PATH(Promoting Alternative Thinking Strategies), ③ Second Step 프로그램을 들었고, 처치 프로그램으로는 ① Brain Program, ② Anger Coping 프로그램, ③ FAST Track 프로그램, ④ Forgiveness 프로그램을 소개하였다.

더 평화로운 세계를 창조하는데 있어 아이들의 역할이 무엇인지를 깨우쳐 주는 일 등이 그것이다(고성혜, 2003).

이 프로그램은 다음과 같이 진행된다. 우선, 교사훈련 및 코칭의 과정을 거친다. 갈등 해결 프로그램을 사용할 교사는 평균 23개의 과업으로 되어 있는 RCCP에 대한 충분한 훈련을 받는다. 다음으로, 훈련받은 교사가 학급아동들을 대상으로 수업 시간에 이 프로그램을 교육과정에 통합하여 실시한다. 이처럼 RCCP의 목표는 훈련받은 교사에 의해, 교과과정을 통해 달성되는 특징을 갖는다. RCCP는 51주 동안 전개되는데, 효과적인 감정표현 기법, 건설적인 의사소통 기법, 협동심 증진 전략, 자기주장하기, 상대방에 대한 존경과 감사 인식, 선입견 및 편견 억제 프로그램 등이 포함된다. 수업은 역할놀이나 인터뷰, 소집단 토론, 브레인스토밍 등의 방식으로 이루어지는데, 프로그램별로 30~60분 정도 진행된다.

(2) 뉴저지 주의 HIB 프로그램[6)]

뉴저지 주에서는 2011년 1월 5일 「집단따돌림방지법」(Anti-Bullying Bill of Rights Act: ABR)을 제정하였고, 주 교육부에서는 동년 9월부터 이를 반영하여 괴롭힘, 협박 및 집단 따돌림(Harrassment, Intimidation & Bullying: HIB) 예방 프로그램을 만들어 일선학교들이 시행하게 하였다.

① 법률과 HIB 시행의 주요 내용

집단따돌림방지법의 주요 골자를 보면 다음과 같다.

첫째, 각 학군에서는 교육감이 임명하는 괴롭힘 방지 코디네이터를 배치하여야 한다. 코디네이터들은 학교폭력 발생 현황을 조사하여 교육감에게 보고하고, 자신이 속한 학군의 HIB 정책, 즉 학교폭력의 예방, 발견, 대처에 관여하

6) 이 프로그램은 최근에 소개된 것으로, 한국초등상담학회 편(2013)에 의존하여 서술하였음.

며 학교폭력 전문가들과 회의를 한다.

둘째, 각 학교에 교장, 교사, 학부모, 학교폭력 전문가들로 학교안전팀을 구성한다. 이들이 HIB와 관련된 문제를 확인하고, 학교폭력을 예방하여 안전한 학교가 되도록 해야 한다. 또한 학교안전팀은 HIB를 예방하기 위하여 학생, 교사, 학부모 등을 교육하고 1년에 최소한 2회 이상의 회의를 해야 한다.

셋째, 각 학교마다 주로 진로교사, 학교심리치료사 또는 괴롭힘 방지 훈련을 받은 관계자들로 괴롭힘 방지 전문가를 둔다. 이들이 학교안전팀을 이끄는데, 일단 학교폭력이 보고되면 사건조사에 착수하고, 조사팀을 주도한다.

한편 HIB 프로그램을 효과적으로 시행하기 위해 관계자들이 해야 할 역할이나 의무는 다음과 같다(한국초등상담교육학회, 2013) 교육감이나 HIB 관련 전문가들은 학생들의 연령에 맞는 예방교육 콘텐츠를 계속해서 개발하여 각 학교에 제공할 의무를 진다. 새 교육법안은 교사나 HIB 전문가, 교직원들이 계속하여 경력을 개발하고, HIB 관련 교육을 받도록 의무화(1년 2시간)하였으며 자살예방 교육도 함께 받도록 하고 있다. 또한 모든 교사와 교직원은 학교폭력을 목격하거나 보고받은 즉시 보고서를 학교장에게 제출해야 하는 의무를 진다. 그리고 이를 보고받은 교장은 반드시 교육감에게 의무적으로 학교폭력 발생 사실을 보고하여야 한다. 마지막으로, 교육감은 매 학기마다(연 2회) 공청회에서 학교폭력과 관련된 모든 사건 사고를 교육위원회에 보고해야 한다. 이때 학교폭력 발생 횟수, 조사현황, 조사자명, 학교폭력의 형태와 발생 현황, 학교폭력을 줄이고자 실행한 연수프로그램 등을 빠짐없이 보고해야 한다. 주 교육부는 리포트 카드를 발행하여, 학교폭력의 발생 현황을 자세하게 공문서화할 의무를 진다.

② HIB 프로그램 운영

HIB 프로그램은 학교폭력을 예방하는데 우선을 둔다. 따라서 학생들의 연령에 적합한 학습을 제공하는데 관심을 기울이는데, 각 교육구에서는 '존중의

주(week of respect)'라는 일정한 날(시기)를 정해 놓고 학생들의 수준에 맞게 HIB 예방 프로그램을 시행한다. 나아가 각 교육구에서는 학생들이 소규모로 HIB 정책에 대해 토론하는 기회를 제공하는데, 이 과정에서 학생들은 HIB에 대해 이해를 확실하게 하고 학교폭력 예방기술을 습득하게 된다.

한편 학교폭력 예방 프로그램의 효과를 높이기 위해서 정기적으로 괴롭힘 행동과 교육환경을 평가한다. 학생들 간에 일어나는 학교폭력은 다양한 방식으로 이루어지기 때문에 그 배경이 되는 교육환경을 확인하는 것이 중요하다. 이 과정에서 학생들로부터 직접적인 정보를 얻는 절차를 중요하게 여긴다.

HIB 예방 프로그램의 다음 단계는 개입 및 대처인데, 집단 따돌림에 효과적으로 대처하기 위한 핵심요소는 다음과 같다(한국초등교육상담학회, 2013).

첫째, 상황을 정리하고 안전을 보장해 주기 위해서 집단 따돌림이 일어나는 그 순간에 반응해야 한다. 즉시 괴롭힘을 멈추고, 관련된 학생들을 격리시킨다. 그 자리에서 집단 따돌림 사건에 대한 이유를 묻거나 논하지 않는다. 이 시점에서는 관련 요인들을 구분하려고 애쓰지 않는다.

둘째, 희생자의 안전을 확실하게 한다. 희생자가 신체적 · 정서적으로 상처입지는 않았는지 살피고 안전에 대한 요구를 확인한다. 자리나 시간표를 바꾸는 것과 같은 단기적인 환경 정리를 한다. 집단 따돌림 사건이 일어날 만한 장소 부근에 어른의 감시를 증가시킨다.

셋째, 집단 따돌림의 목격자들을 가르칠 수 있는 순간으로 활용한다. 목격자들에게 목격자로서 부적절한 행동을 포함하여 사건의 해로운 영향에 대해서 이해시킨 다음, 행동 목표를 재진술하고 분명하게 한다. 예를 들어, "우리는 서로를 존중하고, 보호하고, 보살펴야 한다!"라고 말할 수 있게 가르친다. 또한 학교 규칙을 언급하고, 가해자를 관련 사무실로 보낸다.

넷째, 목격자들이 다음에 괴롭힘 사건을 목격하게 되었을 때 행할 수 있는 구체적인 제안을 함으로써 바람직한 행동을 하도록 격려한다. 학교폭력이 발생했을 때 '그만!'이라고 말하고, 즉각 어른의 도움을 청하고, 집단 따돌림이나 사이버 괴롭힘 등 잠재적인 상황을 보고하도록 한다. 또한 피해자 학생들이 빠져나갈 수 있게 돕는다.

다섯째, 해당 학군의 보고 절차를 따라 보고한다.

여섯째, 적극적인 감시 전략을 사용하여 집단 따돌림 사건이 계속될 수 있는 가능성에 대해 경계심을 유지한다. 학생들이 정기적으로 교류하는 지역으로 범위를 넓혀 주변 지역을 감시하고, 가능한 문제들과 사건들을 정기적으로 살펴본다. 래포를 형성하기 위해 정기적으로 학생들을 만나서 상호작용한다.

일곱째, 피해자에게 필요한 지원을 한다. 피해자의 관점을 더 잘 이해하고 적절히 개입하여 대처 효과를 개선하기 위하여 평가 과정을 개발한다. 또한 장기적으로 교육환경을 정비하고, 피해학생에게 사회적 기술을 교육한다. 멘토링을 제공하고, 미팅 시간을 정하여 어른과의 긍정적인 접촉을 증가시킨다. 적극적인 듣기 기술, 공감, 문제 해결, 연약하고 피해당하는 친구 돕기와 같은 건강한 관계 세우기와 또래지원에 대해서도 알려 준다.

2) 노르웨이

사회적 불평등과 양극화가 심하지 않고 사회복지정책을 적극적으로 시행하고 있는 노르웨이에서도 학교폭력은 국가적 과제로 중요시되어 왔다. 특히 노르웨이는 학교폭력에 관한 체계적인 연구, 예방과 대처를 위한 프로그램을 개발하여 인근지역의 국가들이 이를 활용하도록 도움을 주었고, 2004년에는 OECD 제74차 교육위원회에서 '국제 학교 괴롭힘과 폭력 전문가 네트워크 조직'을 출범시키는데 주도적인 역할을 하였다.

노르웨이 정부의 학교폭력 근절 노력을 촉발시킨 것은 1982년 3명의 학생이 학교폭력을 견디다 못해 자살을 시도하면서 사회적 파장을 초래했던 사건이었다. 이 사건을 계기로 노르웨이 정부는 학교에서의 폭력 행동을 엄격하게 감시하고 이를 강하게 제재함으로써 학교폭력을 예방하고 학교를 안전한 곳으로 만들자는 취지하에 집단 괴롭힘 등 학교폭력에 대처하기 위한 국가 수준의 캠페인을 전개하였다. 또한, 이 시기부터 본격적으로 교육부 주도하에 모든 초등학교와 중학교를 대상으로 국가 차원의 학교폭력 실태조사가 이루어지고 구체적인 학교폭력 예방 및 근절 프로그램이 개발 · 적용되기 시작하였으며, 학교폭력에 대처하기 위한 대책 및 방안에 관한 연구들도 수행되었다(박효정, 2012).

(1) 올베우스 프로그램

① 프로그램 배경

노르웨이에서 학교폭력을 예방하고 근절하기 위한 대표적인 프로그램은 베르겐대학교 심리학 교수인 올베우스(Olweus)가 주도한 '학교폭력 예방 및 근절 프로그램(Bullying Preventing Program)'이다. 올베우스는 1970년대부터 학교폭력 문제에 관심을 갖고 그 실태를 분석하고 예방을 위한 대책을 연구 · 제안하여 왔다. 올베우스의 학교폭력 예방 및 근절 프로그램은 세계적으로 가장 알려진 프로그램 중 하나인데 현재 전세계 16개국 이상에서 실시되고 있다. 이 프로그램은 노르웨이 학교의 4~7학년에 속하는 2,500명을 대상으로 그 결과가 검증된 바 있으며, 집단 따돌림에 초점을 둔 최초의 프로그램이다(곽금주, 2004).

올베우스 프로그램은 3단계로 구성되어 있는데, 1단계에서는 설문 조사를 통해 해당 학교에서 벌어지는 학교폭력의 방식을 구체적으로 파악한 뒤 '학교총회'를 통해 공론화하여 대책을 마련하여 시행한다. 2단계에서는 일반학생들에게는 학교폭력으로 인한 신체 상해의 심각성 등을 가르치는 예방교육을 한다. 마지막으로 3단계에서는 학교폭력이 발생한 학급에서 '교실개입'을 하는데, 가해자-피해자의 관계가 아닌 학생들도 폭력을 방관한 잘못을 한 것으로 보고, 참여와 인권 존중에 대한 민주주의를 가르친다.

② 프로그램 시행

올베우스 프로그램이라고 불리는 이 프로그램은 학교에서 폭력학생과 피해학생을 감소시키기 위해 학생들 간의 사회적 관계를 개선하는데 목표를 두고 있는데, (a) 학교 수준, (b) 학급 수준, (c) 개인 수준에서 학교폭력을 예방하고 대처하도록 운영되고 있다.

▶ **학교 수준**

학교 수준에서는 학교폭력 가해학생과 피해학생만을 대상으로 하지 않고 전체 학생을 대상으로 운영된다. 왜냐하면 학교폭력 예방은 학교 전체적으로 학생들의 태도와 환경 조성이 전제되어야 하기 때문이다. 학교 수준에서 이루어질 수 있는 예방활동과 대책은 다음과 같다(박효정, 2012).

첫째, 학교에서 일어나고 있는 학교폭력의 성격과 현황을 파악하기 위해 설문조사를 실시한다. 무기명으로 실시되는 설문조사는 학교에서 부모의 참여를 촉진하고 학교폭력 문제에 대한 관심과 인식을 고취시키기 위한 가장 간단하고 효과적인 방법이다.

둘째, 학교에서 발생하는 학교폭력 대책을 논의하기 위해 학교 협의회의 날(school conference day)을 정하고 운영한다. 학교 협의회의 중요한 한 가지 목적은 학교폭력 예방 프로그램을 제대로 수행할 수 있도록 장기 계획을 세우는 것이며, 이 협의회에는 교장, 교감, 학교폭력 전담교사, 학교폭력 위원회, 부모와 학생 등이 참여하여 학교폭력 대책에 대해 논의한다.

셋째, 학교의 프로그램을 조정하기 위한 학교폭력예방위원회를 구성하여 운영한다. 이 위원회는 학교폭력 예방과 관련된 모든 사항을 조정하는 역할을 담당하며 학교 행정가(교장이나 교감), 학년별 교사 대표, 상담가, 학교 정신건강 전문가 또는 학교 심리학자, 부모 및 학생 대표 등이 참여하게 된다. 교사 이외에 쉬는 시간에 학생들을 감독하는 직원의 경우 이 위원회에 참여하도록 하고 있다.

넷째, 학교폭력이 자주 일어나는 장소에 대한 감독을 강화한다. 이를 위해서

쉬는 시간과 점심시간 등 학교폭력이 발생할 수 있는 장소를 효과적으로 감독하고 지도하는 교사나 성인들을 충분히 확보하고, 조직과 체제를 구성한다.

다섯째, 학부모와 다양한 만남의 기회를 통해 학교폭력에 대한 학부모의 이해와 협조를 구한다. 학교폭력 문제의 예방을 위해서는 부모의 협력이 중요하다. 이를 위해 학교에서 부모와의 만남의 기회를 만들거나 교사와 부모가 전화 통화나 개별적인 면담을 하는 방법, 부모에게 학교폭력에 관한 정보를 우편으로 보내 주는 방법 등을 통해 학교가 학교폭력을 막기 위해 노력하고 있다는 것을 부모에게 알리고 이에 대한 이해와 협조를 얻고 있다.

▶ 학급 수준

학급 수준에서도 모든 학생이 참여하는데, 구체적인 활동은 다음과 같다(박효정, 2012; 한국초등교육상담학회, 2013).

첫째, 학생들이 괴롭힘에 반대하는 학급규칙을 만들어 시행한다. 학교폭력 문제를 해결하고 보다 나은 교실 분위기를 만들기 위해서는 교사와 학생들이 토론을 통해 괴롭힘 등 학교폭력에 대한 간단한 규칙을 함께 만들고 시행해 나가는 것이 중요하다. 이러한 과정을 통해 학생들로 하여금 규칙 준수에 대한 책임감을 느끼도록 하는 효과를 얻을 수 있다.

〈학급 수준의 집단 괴롭힘 예방을 위한 규칙〉

첫째, 우리는 다른 학생들을 괴롭히지 않을 것이다.
둘째, 우리는 괴롭힘을 당하는 학생들을 도울 것이다.
셋째, 우리는 따돌림을 당하는 학생들도 모든 학생들이 소외되지 않도록 노력할 것이다.
넷째, 누군가 괴롭힘을 당하고 있을 때, 우리는 선생님이나 어른에게 그 사실을 말할 것이다. 이것은 "고자질하는 것"과 다르다.

둘째, 정규적인 학급회의를 운영하도록 함으로써 학생들이 친사회적인 행동에 대한 공감능력과 지식을 함양하도록 한다. 학급회의를 통해 교사와 학생들은 괴롭힘과 같은 학교폭력에 대한 규칙을 분명히 하고 규칙을 위반했을 때 수반되는 부정적인 결과들에 대해 자연스럽게 이해할 수 있는 기회를 갖게 된다. 또한 학생들은 학급회의에서 학교폭력에 관한 비디오를 보거나 에세이 쓰기, 역할 놀이 등 다양한 활동을 함으로써 괴롭힘 등 학교폭력에 관한 피해 실상을 직 · 간접적으로 접하고, 그 대처 방법에 대해 토론하는 기회를 갖고 있다.

셋째, 부모와의 만남 등 부모의 적극적인 참여를 유도하고 교사와 회의를 자주 갖는다. 이때 학급 수준에서는 교사와 부모가 만나 학교폭력에 관해 토론하는 것이 필요하지만, 이때 누가 가해자이고 누가 피해자인지에 대한 언급은 되도록 하지 않는다. 특히 교사가 학부모를 초청할 때 이를 미리 알려주어야 한다.

넷째, 협동학습을 통하여 학생들 사이에 '적극적인 상호 의존성'이 조성되도록 한다. 협동학습 팀을 구성할 때 학생들 사이의 사회적 관계에 대한 자기 지식을 활용하는 것이 중요하다. 즉 학생들에게 같이 학습하기를 원하는 학생 세 명의 이름을 적게 하면 어떤 학생에게도 선택되지 않은 학생들을 쉽게 확인할 수 있다. 이를 바탕으로 교사는 고립된 학생 주위에 긍정적이고 우호적인 학생들을 배치할 수 있다. 또한 학생팀을 정할 때 폭력학생과 잠재적 희생자를 넣지 않고, 폭력학생 주위에 폭력을 용납하지 않을 안정적인 학생 2명을 배치하여 배려한다. 이렇게 교사는 협동학습을 통해 학생들 간에 긍정적인 상호관계성이 조성되도록 하고, 학습팀에서 어떤 일이 일어나고 있는지 예의 주시한다.

다섯째, 칭찬과 제재를 함께 활용한다. 교사의 친근함과 칭찬은 학생의 태도에 영향을 미치는 수단이다. 교사가 자기를 칭찬하고, 또 비교적 매우 좋아한다고 느끼는 학생은 바람직하지 않은 자기 행동에 대한 비판을 쉽게 받아들이고 행동을 고치려고 시도할 것이다. 다른 학생을 괴롭히는 학생이나 공격적이고 다루기 힘든 학생들도 칭찬을 자주 해 주거나 친근함을 표현하면 자신의 행동을 스스로 교정하려는 노력을 기울일 것이기 때문이다.

그렇다고 교사가 폭력을 행사하는 등 공격적인 학생들을 그냥 내버려 두라는 것은 아니다. 긍정적인 활동에 대해서는 칭찬을 해 주되 공격적인 행동이나 학급의 규칙을 심하게 위반할 때는 제재를 가하여 '해서는 안 되는' 행동을 알게 해야 한다. 이때 사용하기 쉬운 제재수단을 활용하는 것이 중요하며, 가능하면 행동과 학생은 구별되어야 한다. 따라서 교사가 어떤 행동에 대해서 제재하는지 말로 분명하게 설명해 주어야 한다. 또한 숙제와 같은 학교의 일상적 활동을 추가로 더 많이 부과하는 방법은 일반적으로 제재수단으로 사용해서는 안 된다. 제재에는 개별적으로 진지한 훈계하기, 휴식시간에 교장실 앞에 앉아 있도록 하기, 한 시간 또는 그 이상을 다른 학급에서 보내도록 하기, 휴식시간에 여러 번 감독 교사 곁에서 떠나지 못하게 하기, 교장에게 진지한 훈계 듣도록 하기, 몇 가지 특혜를 박탈하기 등이 있다.

▶ **개인 수준**

학교폭력 가해학생과 피해학생 및 그들의 부모를 대상으로 이루어지는데 학급에서 학교폭력 가해 및 피해의 문제가 발생하면 무엇보다 교사는 초기에 개입하여 즉각적으로 문제를 해결한다.

첫째, 가해학생이 다른 학생들을 괴롭히는 행동에 대해서는 단호히 대처해야 하며, 괴롭히는 행동을 더 이상 하지 못하게 한다. 여러 명의 가해학생들이 괴롭히는 행동을 하고 있다면 개별적으로 만나 상담하되, 빠른 시기에 만나도록 하고 있다. 이는 면담하는 동안 가해학생들이 그들끼리 만나서 이야기하고 다른 계획을 세우는 것을 방지할 수 있기 때문이다.

둘째, 피해학생과의 면담 시에는 피해자들이 폭력 발생 상황과 세부적인 경위에 대해 자세한 정보를 제공할 수 있도록 지지, 격려해 주는 것이 필요하다. 이때 괴롭힘을 당하는 학생이 교사로부터 각종 지원과 함께 추가적인 괴롭힘과 폭력으로부터의 보호를 받을 수 있을 것이라는 확신을 얻을 수 있도록 도와주는 것이 무엇보다 중요하다. 또한 이러한 목적을 달성하기 위해서는 학교와 해당 학생의 부모가 자주 정보를 교환하고 긴밀하게 협력하는 것이 필요하며, 만일 해당 학생이 또다시 괴롭힘을 당한다면 즉시 보고하도록 격려해 주어야 한다.

셋째, 교사가 학급에서 다른 학생을 괴롭히는 학생이나 괴롭힘을 당하는 학생을 발견했을 때에 해당 학생의 부모에게 즉각적으로 연락을 취해 그 상황에 대해 알리고, 교사와의 논의를 통해 문제를 해결할 방안을 모색하는 일이 필요하다. 또한, 다른 학생을 괴롭히는 가해학생의 부모에게 자녀의 그러한 행동을 심각하게 받아들일 필요가 있으며 앞으로 그러한 행동이 발생하는 경우 묵인하지 않을 것이라는 사실을 단호하게 말할 필요가 있다.

넷째, 가정에서도 폭력 행위와 관련된 규칙을 만들고 규칙을 따르는 행동을 하면 칭찬과 강화를 해주고, 규칙을 위반하면 일관되게 부정적인 반응을 보이도록 한다.

다섯째, 자녀와 더 많은 시간을 함께 보내고 자녀의 행동을 모니터한다. 예를 들어 자녀의 친구가 누구이며, 어디서 주로 시간을 보내며, 무슨 활동을 하는지 관심을 갖도록 하는 것이 필요하다.

여섯째, 자녀의 재능을 보다 적절한 방식으로 계발하도록 도와준다.

일곱째, 자녀가 새로운 친구들을 만나도록 도와준다. 새로운 환경은 괴롭힘을 당해왔던 아이들이 자신의 '가치'에 대한 고정적이고 부정적인 개념을 변화시킬 새로운 기회를 제공할 수 있다. 따라서 자녀가 학급의 친구들과 접촉하도록 도와주거나 스포츠 활동 등에 참여할 수 있도록 동기를 부여하는 것이 필요하다.

(2) Zero (반학교폭력) 프로그램

① 프로그램 개요

Zero 프로그램은 학교폭력 방지를 위한 정부의 지원으로 2003년부터 스타

방게르(Stavanger)대학의 행동연구센터에 의해 운영되었다. 이 프로그램은 지금까지도 많은 학교에서 운영되고 있는데, 운영기간은 17개월이다. 프로그램은 3~5개의 학교가 한 그룹단위로 구성되어 운영되는데, 각 학교에서 교장, 교사, 학부모, 학생회 대표 등이 참여한다. 이 프로젝트 그룹은 연 간 6번 정도 모임을 갖는데, 7개월에 걸쳐 외부의 전문컨설턴트로부터 지속적인 도움과 1년에 2회 정도 전문가 협의회를 통해 지원을 받는다.

② Zero 프로그램의 주요 원칙

Zero 프로그램은 다음과 같은 원칙을 기반으로 운영된다(고성혜 외, 2005).

첫째, 집단 따돌림에 대한 무관용 원칙이다. 학생들과 부모들은 학교 관계자들이 집단 따돌림에 대해서 묵인하지 않으며, 집단 따돌림의 문제를 은폐하지 않고 오히려 괴롭힘을 중단시킨다는 확신을 갖고 있다.

둘째, 프로그램에 대한 적극적인 참여이다. 프로그램 운영과 관련한 모든 사람은 프로그램에 참여해야 하며, 무관용 원칙에 따라 행동을 하도록 하고 있다. 그리고 프로그램에 부모들이 학생과 함께 참여하도록 한다.

셋째, 학교폭력(괴롭힘) 대처방안이 지속되어야 한다. 괴롭힘에 대응하기 위한 학교의 노력은 Zero 프로그램이 끝난 이후에도 지속되어야 한다는 것을 알아야 할 것이다. 그러므로 괴롭힘을 은폐하지 않으며, 학교 내에서도 괴롭힘을 근절하고 예방하기 위한 지속적인 노력이 이행되어야만 한다.

③ 프로그램 실행

Zero 프로그램은 다음과 같이 운영된다(박효성, 2012).

▶ **조직**

하나의 Zero 프로그램은 3~5개의 학교로 구성되어 있으며, Zero 프로그램 내 각각의 학교에는 교장, 담임교사, 학부모위원회의 부모, 학생회의 학생들 등으로 구성된 집단이 있다. 이 집단은 일년에 6번 정도 세미나를 통해 만난다.

외부의 자문가들은 학교의 세미나와 17개월간 지속되는 프로그램 마무리에 대한 협의를 통해 학교에 봉사한다. 또한 그들은 일년에 2번의 만남을 통해 전문적인 네트워크를 형성하고 있다.

▶ 개발 자료

프로그램을 활용하기 위한 교사지침서는 프로그램 운영을 위한 중요 자료이다. 이 지침서에는 집단 따돌림을 근절하고 예방하기 위한 측정(척도) 및 학생과 부모 간, 조력자와 교사, 부모, 학생과 학교, 사회와의 관계 형성을 강조하는 내용이 담겨 있다. 구체적으로 업무 절차 모형과 안내, 학교 활동, 부모가 괴롭힘을 어떻게 예방하며 어떻게 문제를 노출하고 근절시킬 것인가에 대한 방법을 강조하는 부모용 안내 등으로 구성되어 있다.

□ 프로그램 진행과정

시기	진행 과정
4월	프로젝트에의 참여
5월	프로그램 보완을 위한 프로젝트 그룹 형성 및 지도, 프로젝트 그룹이 준비해야 할 초기 주제에 대한 논의
8월	프로젝트에 참여한 모든 학교의 모든 교직원이 참석한 가운데 학교폭력을 방지하기 위한 대안 확보 1일 코스 진행(괴롭힘 근절과 예방 방안 모색에 초점을 두고 진행)
9월	학교폭력에 맞서기 위한 학교의 Action Plan과 첫 설문조사 결과를 토대로 논의, 학교폭력 근절을 위한 심층 강연과 토론
11월	각 프로젝트 그룹이 자신들의 학교에서 수행한 업무 결과를 보고
3월	학교에서 진행된 학교폭력 추방사업에 초점을 두고 프로젝트 그룹들을 위한 세미나 진행(학부모, 학생, 교장 및 교사의 요구 수렴)
9월	학교폭력에 맞서기 위한 그 동안의 작업과 두 번째 설문조사를 토대로 논의, Zero 프로그램이 시작된 이후 학교에서 어떤 작업이 진행되었는지를 보고(이는 학교폭력 추방 사업의 지속성을 확보하기 위해 필수적임)

3) 핀란드 : 키바 코울루 프로젝트

앞에서 살핀 대로 박근혜 정부에서 현장중심의 학교폭력 대책을 발표하면서 우리나라도 교육과정(수업)을 통하여 학교폭력을 예방하는 프로그램을 강화하기로 하였다. 그것이 앞에서 살펴본 어울림 프로그램인데, 바로 핀란드의 Kiva Koulu 프로젝트(프로그램)에서 아이디어를 얻은 것이다.

(1) 프로그램 개요

핀란드 투르쿠대학 심리학과와 교육연구소는 공동으로 핀란드 교육의 아킬레스건인 왕따 문제를 해결하기 위해 키바 코울루 프로젝트를 발족시켰으며 정부는 이 프로젝트에 약 70억 원의 연구자금을 지원하였다. 'KiVa'라는 말은 핀란드어 '왕따에 맞서다(kiusaamista vastaan)'는 말에서 앞 두 글자씩 따서 만들어졌고, 코울루는 '학교'라는 뜻이다. 결국 '왕따에 맞서는 학교'라는 뜻이 된다. 또 Kiva는 핀란드어로 '좋다'는 뜻이 있기 때문에 키바 코울루는 '좋은 학교'라는 뜻으로 해석될 수도 있다.

키바 코울루 프로젝트는 3년 간(2006-2009)의 연구 개발 과정을 거친 후, 2009년 가을부터 핀란드 학교에 본격적으로 실시되었다. 학교의 적극적 참여를 유도하기 위해 프로젝트가 처음 시행된 2009년과 2010년에는 참여를 결정한 모든 학교에 프로젝트 시행에 필요한 모든 자료와 교재를 무료로 제공하기도 했다. 현재 핀란드 초 · 중학교 90% 이상이 키바 코울루 프로젝트에 참여하고 있다.

키바 코울루 프로그램은 교육문화부의 재정지원으로 운영되며 단위 학교는 국가의 기본교육과정에서 이를 적용하여야 한다. 대개 한 달에 한 번씩 담임교사에 의해 진행되는데 1년에 20시간 정도 수업을 진행한다.

이 프로그램은 괴롭힘 행동에 대해 가해학생에게만 초점을 두는 것이 아니라 전체 학생을 대상으로 학생들의 태도와 자세를 심어 주는데 목적이 있다. 집단 따돌림은 개인의 문제이기보다는 교실 전체의 문제이기 때문이다. 따라서 모든 학생들에게 괴롭힘에 대해 보다 분명한 입장을 취할 수 있는 전략을 가르치고, 괴롭힘을 당하는 친구들을 어떻게 도와주어야 하는지를 알게 하는데 목표가 있다. 이 과정에서 괴롭힘이나 그 피해의 개별적인 사례에 초점을 두기보다는 공동체의 안녕을 위한 공동의 책임을 강조하며, 학교는 모든 학생들에게 안전한 곳이라는 확신을 심어 준다. 특히 이 프로그램은 학생들에게 집단 따돌림 등 학교폭력을 방관하는 사람이 되지 않도록 강조한다. 방관하는 학생들은 집단 따돌림이나 학교폭력 행위를 조장하거나 더 강화시킬 수도 있고, 침묵을 통해 가해행위를 묵인할 수도 있다는 것을 주지시킨다.

(2) 프로그램 구성 및 운영

괴롭힘 방지 프로그램인 키바 코울루 프로그램은 크게 두 가지 형태로 구성된다. 하나는 학생 보호와 관련된 일반적인 행동(general action) 프로그램이고, 다른 하나는 성인들의 도움을 받아 심각한 괴롭힘을 저지할 수 있는 절차와 관련된 구체적인 행동(indicated actions) 프로그램이다. 키바 코울루 프로그램의 근간은 학생들에게 제공하는 수업이다. 초등학교 1학년에서 중학교 3학년까지 학생들은 키바 수업을 매주 일주일에 한 번씩, 1년에 총 20시간을 받는다. 키바 수업은 학급 담임교사가 학기 중에 진행한다.

① 일반적인 행동(general actions) 프로그램

▶ 목적

일반행동 프로그램은 학교 내에 있는 모든 학생을 대상으로 하여 집단의 규범을 인식하고 지키도록 하고 피해자들을 도와줄 수 있도록 하는 역량을 길러 주는데 목적이 있다. 구체적으로 (a) 학생집단이 괴롭힘 행위를 유지시켜 주는 역할을 할 수 있다는 것에 대한 자각, (b) 괴롭힘을 당한 학생에 대한 공감대 형성 및 증대, (c) 괴롭힘을 당한 학생들을 도와주는 전략의 개발과 활용에 대한 자기효능감 증대를 목적으로 한다.

▶ **내용과 방법**

이 프로그램은 토론, 협동과업 수행, 역할극, 괴롭힘에 관한 영상 상영 등의 방법들로 구성되며 여기서 다룬 핵심적인 내용을 기반으로 학급규칙을 만들기도 하였다.

이 프로그램은 괴롭힘 방지를 위해 컴퓨터 게임을 활용한다는 특징이 있다. 학생들은 키바 수업 중에 혹은 수업 사이에 괴롭힘 방지 컴퓨터 게임을 할 수 있다. 이 컴퓨터 게임은 모두 다섯 단계로 이루어져 있는데, 각 단계는 다음과 같이 세 부분으로 구성되어 있다.

- I KNOW : 학생들은 괴롭힘에 관한 새로운 정보를 습득하고 자신들이 기존에 가지고 있던 괴롭힘에 관한 지식을 평가받는다.
- I CAN : 학생들은 괴롭힘이 벌어지는 상황에서 적절한 방식으로 대처할 수 있는 새로운 기술을 익힌다.
- I DO : 학생들은 실제 장면에서 괴롭힘 방지를 위한 지식과 기술을 활용할 수 있도록 격려를 받는다.

키바 코울루 프로그램 운영 과정에서는 쉬는 시간 감독자들로 하여금 밝은색 조끼를 입게 하여 쉬는 시간 감독자들의 가시권을 높일 뿐만 아니라, 학교에서 괴롭힘 행위를 매우 심각하게 보고 있음을 나타내고, 학생 및 기타 학교 구성원들로 하여금 지속적으로 경각심을 갖게 한다. 또한, 각 학교는 학교 구성원 및 학부모들에게 프로그램의 도입을 설명하기 위한 프리젠테이션 자료를 가지고 있다. 학부모들 또한 안내 교육을 받으며, 괴롭힘 문제를 줄이거나 해결하기 위해 학부모로서 어떤 노력을 해야 하는지에 대한 연수도 받는다.

② 구체적인 행동(indicated actions) 프로그램

▸ 목적

구체적인 행동 프로그램은 학교에서 폭력 문제가 발생했을 때 이를 적절하게 해결하고 피해학생과 가해학생 모두를 도와주는데 목적이 있다. 이를 위해 모든 학생들을 대상으로 사전 예방교육을 실시하고 문제 상황이 발생했을 때 문제를 해결하고 피해자를 보호하며 가해자를 적절히 선도하고 교정할 수 있는 능력을 기른다.

▸ 내용과 방법

구체적인 행동 프로그램은 괴롭힘 행위가 실제로 학교 담당자들에게 포착되었을 때를 상정하고 이루어지는 프로그램이다. 이 단계의 행위들은 학교의 키바학교팀과 관련된 학생들 사이의 지속적인 개별 및 그룹 토의 과정으로 이루어진다. 그리고 피해당한 학생을 도와주기 위한 동료 학생들의 적극적인 참여를 중시한다.

한편 핀란드의 각 학교에서는 세 명의 교사 혹은 학내 인사로 이루어진 팀이 있는데, 이 팀은 담임교사와 함께 학교에서 목격되고 드러난 괴롭힘 행위를 해결해 나가는 역할을 맡고 있다. 각 괴롭힘 사례들은 피해자 및 가해자와 함께 개별 또는 소그룹 토의를 통해 다뤄 나가는데, 좀 더 체계적인 후속 모임들이 수반된다. 여기에 더하여 각 학급 담임교사들은 2명 내지 4명 정도의 사교적이고 영향력 있는 학급 학생들을 통해 피해당한 학생을 도와줄 수 있도록 적극 격려해 준다.

③ 훈련 및 네트워크 프로그램

핀란드에서는 각 학교 및 교사들이 키바코울루 프로그램을 잘 실행할 수 있도록 다양한 지원이 이루어지고 있는데, 대표적인 것이 교사들을 위한 훈련 및 네트워크 프로그램이다(University of Turku, 2012). 교사 훈련 및 네트워크 프로그램 운영은 교사들이 학생들의 학교폭력 문제를 다룰 수 있는 역량을 길러줌

과 아울러 교사들이 키바 코울루 프로그램을 잘 운영할 수 있도록 도와주는데 목적이 있다. 이 훈련 및 네트워크 프로그램에서는 2일 동안 온종일 이루어지는 면대면 훈련 프로그램 이외에도 학교팀 네트워크가 만들어져 3명으로 이루어진 각 학교팀들이 참여하고 있다. 네트워크 모임은 학기 중 약 세 차례 정도 이루어지는데, 프로그램 담당자도 함께 안내하고 참여한다.

④ 프로그램의 특징

키바코울루 프로그램은 노르웨이의 올베우스 프로그램의 기본원리나 정신 등과 유사한 특성을 공유하고 있다. 예컨대 키바 코울루 프로그램과 올베우스 프로그램은 개별 학생이나 학급, 학교 차원에서의 구체적인 행동지침을 제시하고 있을 뿐만 아니라, 관련 학생들의 토론을 통해 심각한 괴롭힘 문제를 해결하고자 하며, 괴롭힘 방지를 위한 학급 규칙 제정을 적극 권장하고 있다는 점에서 공통적이다.

그런데 키바코울루 프로그램은 특별히 세 가지 면에서 올베우스 프로그램을 비롯한 기존 괴롭힘 방지 프로그램과 차이가 있다. 첫째, 학생, 교사, 학부모를 위한 보다 광범위하고 포괄적이며 전문적으로 준비된 자료들을 제공하고 있다. 학교 구성원들에게 철학이나 원리를 제공하는 수준에 그치는 것이 아니라 학생들과 함께 실행할 수 있는 총체적인 행동 패키지를 제공해 주고 있다. 둘째, 인터넷 및 가상 학습환경 등 강력한 학습미디어를 활용하고 있다. 셋째, 괴롭힘 행위에 대한 목격자로서 방관자에게 초점을 맞추면서도, 단순하게 방관자들의 역할을 강조하는 수준을 넘어선다. 즉 피해자들을 실질적으로 도울 수 있도록 피해자에 대한 공감, 자기효능감, 노력 등을 구체적으로 촉진하려고 한다. 특별히 "다른 사람들도 괴롭힘에 대해 대수롭지 않게 생각하네!" 등과 같은 잘못된 인식을 바꿔 주기 위한 개인적인 태도에 관심을 많이 기울이고 있다.

참고 문헌

김병찬(2012). 핀란드의 키바코울루(Kiva Koulu) 프로그램 및 한국교육에 주는 시사점(세계교육정책 인포메이션 현안보고, OR 2012-01-18). 서울: 한국교육개발원.

고성혜(2003). 미국의 학교폭력 프로그램. 서울특별시 · 자녀안심운동서울협의회.

관계부처 합동(2013. 7.). 현장 중심 학교폭력 대책-학교폭력, 현장에서 해결한다.

곽금주(2004). 학교폭력 예방 및 대처: 외국 사례와 국내 실시. 학교폭력대책국민운동 추진을 위한 단체 전문가 워크숍 자료집. 학교폭력대책국민협의회 · 청소년보호위원회.

문용린 외(2006). **학교폭력 예방과 상담**. 서울: 학지사.

박효정(2007). **학교폭력 예방 프로그램 개발 연구**. 서울: 한국교육개발원.

박효정(2013). **노르웨이의 학교폭력 실태와 대책, 그리고 한국교육에의 시사점**(세계 교육정책 인포메이션 현안보고, OR 2012-01-1). 서울: 한국교육개발원.

박효정(2013). **어울림 학교폭력예방 프로그램-중학생용(학교폭력 인식 및 대처)**. 서울: 한국교육개발원.

양미진 외(2008). **초등학생의 학교폭력 예방을 위한 배려증진 프로그램 개발**. 서울: 한국청소년상담원.

鄭栽駿(2012). 미국의 학교폭력 방지대책. 서울대학교 *法學* 제 53권 제 1호.

한국초등상담교육학회 편(2013). **학교폭력의 예방 및 대책**. 서울: 학지사.

충청남도 부여교육지원청(2012). 학교폭력 가해자 프로그램.

교육부 학교폭력 예방종합포털사이트(http://stopbullying.or.kr).

University of Turku(2012). KiVa antibullying program－Parents' guide KiVa Program.

부 록

학교폭력 예방 및 대책에 관한 법률

[시행 2014.1.31.] [법률 제11948호, 2013.7.30., 일부개정]

제1조(목적) 이 법은 학교폭력의 예방과 대책에 필요한 사항을 규정함으로써 피해학생의 보호, 가해학생의 선도 · 교육 및 피해학생과 가해학생 간의 분쟁조정을 통하여 학생의 인권을 보호하고 학생을 건전한 사회구성원으로 육성함을 목적으로 한다.

제2조(정의) 이 법에서 사용하는 용어의 정의는 다음 각 호와 같다. 〈개정 2009.5.8, 2012.1.26, 2012.3.21〉

1. "학교폭력"이란 학교 내외에서 학생을 대상으로 발생한 상해, 폭행, 감금, 협박, 약취 · 유인, 명예훼손 · 모욕, 공갈, 강요 · 강제적인 심부름 및 성폭력, 따돌림, 사이버 따돌림, 정보통신망을 이용한 음란 · 폭력 정보 등에 의하여 신체 · 정신 또는 재산상의 피해를 수반하는 행위를 말한다.

1의2. "따돌림"이란 학교 내외에서 2명 이상의 학생들이 특정인이나 특정집단의 학생들을 대상으로 지속적이거나 반복적으로 신체적 또는 심리적 공격을 가하여 상대방이 고통을 느끼도록 하는 일체의 행위를 말한다.

1의3. "사이버 따돌림"이란 인터넷, 휴대전화 등 정보통신기기를 이용하여 학생들이 특정 학생들을 대상으로 지속적, 반복적으로 심리적 공격을 가하거나, 특정 학생과 관련된 개인정보 또는 허위사실을 유포하여 상대방이 고통을 느끼도록 하는 일체의 행위를 말한다.

2. "학교"란 「초 · 중등교육법」 제2조에 따른 초등학교 · 중학교 · 고등학교 · 특수학교 및 각종학교와 같은 법 제61조에 따라 운영하는 학교를 말한다.
3. "가해학생"이란 가해자 중에서 학교폭력을 행사하거나 그 행위에 가담한 학생을 말한다.
4. "피해학생"이란 학교폭력으로 인하여 피해를 입은 학생을 말한다.
5. "장애학생"이란 신체적 · 정신적 · 지적 장애 등으로 「장애인 등에 대한 특수교육법」 제15조에서 규정하는 특수교육을 필요로 하는 학생을 말한다.

제3조(해석 · 적용의 주의의무) 이 법을 해석 · 적용함에 있어서 국민의 권리가 부당하게 침해되지 아니하도록 주의하여야 한다.

제4조(국가 및 지방자치단체의 책무) ① 국가 및 지방자치단체는 학교폭력을 예방하고 근절하기 위하여 조사 · 연구 · 교육 · 계도 등 필요한 법적 · 제도적 장치를 마련하여야 한다.

② 국가 및 지방자치단체는 청소년 관련 단체 등 민간의 자율적인 학교폭력 예방활동과 피해학생의 보호 및 가해학생의 선도 · 교육활동을 장려하여야 한다.

③ 국가 및 지방자치단체는 제2항에 따른 청소년 관련 단체 등 민간이 건의한 사항에 대하여는 관련 시책에 반영하도록 노력하여야 한다.

④ 국가 및 지방자치단체는 제1항부터 제3항까지의 규정에 따른 책무를 다하기 위하여 필요한 행정적·재정적 지원을 하여야 한다. 〈개정 2012.3.21〉

제5조(다른 법률과의 관계) ① 학교폭력의 규제, 피해학생의 보호 및 가해학생에 대한 조치에 있어서 다른 법률에 특별한 규정이 있는 경우를 제외하고는 이 법을 적용한다.

② 제2조제1호 중 성폭력은 다른 법률에 규정이 있는 경우에는 이 법을 적용하지 아니한다.

제6조(기본계획의 수립 등) ① 교육부장관은 이 법의 목적을 효율적으로 달성하기 위하여 학교폭력의 예방 및 대책에 관한 정책 목표·방향을 설정하고, 이에 따른 학교폭력의 예방 및 대책에 관한 기본계획(이하 "기본계획"이라 한다)을 제7조에 따른 학교폭력대책위원회의 심의를 거쳐 수립·시행하여야 한다. 〈개정 2012.3.21, 2013.3.23〉

② 기본계획은 다음 각 호의 사항을 포함하여 5년마다 수립하여야 한다. 이 경우 교육부장관은 관계 중앙행정기관 등의 의견을 수렴하여야 한다. 〈개정 2012.3.21, 2013.3.23〉

1. 학교폭력의 근절을 위한 조사·연구·교육 및 계도
2. 피해학생에 대한 치료·재활 등의 지원
3. 학교폭력 관련 행정기관 및 교육기관 상호 간의 협조·지원
4. 제14조제1항에 따른 전문상담교사의 배치 및 이에 대한 행정적·재정적 지원
5. 학교폭력의 예방과 피해학생 및 가해학생의 치료·교육을 수행하는 청소년 관련 단체(이하 "전문단체"라 한다) 또는 전문가에 대한 행정적·재정적 지원
6. 그 밖에 학교폭력의 예방 및 대책을 위하여 필요한 사항

③ 교육부장관은 대통령령으로 정하는 바에 따라 특별시·광역시·특별자치시·도 및 특별자치도(이하 "시·도"라 한다) 교육청의 학교폭력 예방 및 대책과 그에 대한 성과를 평가하고, 이를 공표하여야 한다. 〈신설 2012.1.26, 2013.3.23〉

제7조(학교폭력대책위원회의 설치·기능) 학교폭력의 예방 및 대책에 관한 다음 각 호의 사항을 심의하기 위하여 국무총리 소속으로 학교폭력대책위원회(이하 "대책위원회"라 한다)를 둔다. 〈개정 2012.3.21〉

1. 학교폭력의 예방 및 대책에 관한 기본계획의 수립 및 시행에 대한 평가
2. 학교폭력과 관련하여 관계 중앙행정기관 및 지방자치단체의 장이 요청하는 사항
3. 학교폭력과 관련하여 교육청, 제9조에 따른 학교폭력대책지역위원회, 제10조의2에 따른 학교폭력대책지역협의회, 제12조에 따른 학교폭력대책자치위원회, 전문단체 및 전문가가 요청하는 사항

[제목개정 2012.3.21]

제8조(대책위원회의 구성) ① 대책위원회는 위원장 2명을 포함하여 20명 이내의 위원으로 구성한다.

② 위원장은 국무총리와 학교폭력 대책에 관한 전문지식과 경험이 풍부한 전문가 중에서 대통령이 위촉하는 사람이 공동으로 되고, 위원장 모두가 부득이한 사유로 직무를 수행할 수 없을 때에는 국무총리가 지명한 위원이 그 직무를 대행한다.

③ 위원은 다음 각 호의 사람 중에서 대통령령이 위촉하는 사람으로 한다. 다만, 제1호의 경우에는 당연직 위원으로 한다. 〈개정 2013.3.23〉

1. 기획재정부장관, 미래창조과학부장관, 교육부장관, 법무부장관, 안전행정부장관, 문화체육관광부장관, 보건복지부장관, 여성가족부장관, 방송통신위원회 위원장, 경찰청장
2. 학교폭력 대책에 관한 전문지식과 경험이 풍부한 전문가 중에서 제1호의 위원이 각각1명씩 추천하는 사람
3. 관계 중앙행정기관에 소속된 3급 공무원 또는 고위공무원단에 속하는 공무원으로서 청소년 또는 의료 관련 업무를 담당하는 사람
4. 대학이나 공인된 연구기관에서 조교수 이상 또는 이에 상당한 직에 있거나 있었던 사람으로서 학교폭력 문제 및 이에 따른 상담 또는 심리에 관하여 전문지식이 있는 사람
5. 판사 · 검사 · 변호사
6. 전문단체에서 청소년보호활동을 5년 이상 전문적으로 담당한 사람
7. 의사의 자격이 있는 사람
8. 학교운영위원회 활동 및 청소년보호활동 경험이 풍부한 학부모

④ 위원장을 포함한 위원의 임기는 2년으로 하되, 1차에 한하여 연임할 수 있다.

⑤ 위원회의 효율적 운영 및 지원을 위하여 간사 1명을 두되, 간사는 교육부장관이 된다. 〈개정 2013.3.23〉

⑥ 위원회에 상정할 안건을 미리 검토하는 등 안건 심의를 지원하고, 위원회가 위임한 안건을 심의하기 위하여 대책위원회에 학교폭력대책실무위원회(이하 "실무위원회"라 한다)를 둔다.

⑦ 그 밖에 대책위원회의 운영과 실무위원회의 구성 · 운영에 필요한 사항은 대통령령으로 정한다.

[전문개정 2012.3.21]

제9조(학교폭력대책지역위원회의 설치) ① 지역의 학교폭력 문제를 해결하기 위하여 시 · 도에 학교폭력대책지역위원회(이하 "지역위원회"라 한다)를 둔다. 〈개정 2012.1.26〉

② 특별시장 · 광역시장 · 특별자치시장 · 도지사 및 특별자치도지사는 지역위원회의 운영 및 활동에 관하여 시 · 도의 교육감(이하 "교육감"이라 한다)과 협의하여야 하며, 그 효율적인 운영을 위하여 실무위원회를 둘 수 있다. 〈개정 2012.1.26〉

③ 지역위원회는 위원장 1인을 포함한 11인 이내의 위원으로 구성한다.

④ 지역위원회 및 제2항에 따른 실무위원회의 구성 · 운영에 필요한 사항은 대통령령으로

정한다.

제10조(학교폭력대책지역위원회의 기능 등) ① 지역위원회는 기본계획에 따라 지역의 학교폭력 예방대책을 매년 수립한다.

② 지역위원회는 해당 지역에서 발생한 학교폭력에 대하여 교육감 및 지방경찰청장에게 관련 자료를 요청할 수 있다.

③ 교육감은 지역위원회의 의견을 들어 제16조제1항제1호부터 제3호까지나 제17조제1항 제5호에 따른 상담 · 치료 및 교육을 담당할 상담 · 치료 · 교육 기관을 지정하여야 한다. 〈개정 2012.1.26〉

④ 교육감은 제3항에 따른 상담 · 치료 · 교육 기관을 지정한 때에는 해당 기관의 명칭, 소재지, 업무를 인터넷 홈페이지에 게시하고, 그 밖에 다양한 방법으로 학부모에게 알릴 수 있도록 노력하여야 한다. 〈신설 2012.1.26〉

[제목개정 2012.1.26]

제10조의2(학교폭력대책지역협의회의 설치 · 운영) ① 학교폭력예방 대책을 수립하고 기관별 추진계획 및 상호 협력 · 지원 방안 등을 협의하기 위하여 시 · 군 · 구에 학교폭력대책지역협의회(이하 "지역협의회"라 한다)를 둔다.

② 지역협의회는 위원장 1명을 포함한 20명 내외의 위원으로 구성한다.

③ 그 밖에 지역협의회의 구성 · 운영에 필요한 사항은 대통령령으로 정한다.

[본조신설 2012.3.21]

제11조(교육감의 임무) ① 교육감은 시 · 도교육청에 학교폭력의 예방과 대책을 담당하는 전담부서를 설치 · 운영하여야 한다.

② 교육감은 관할 구역 안에서 학교폭력이 발생한 때에는 해당 학교의 장 및 관련 학교의 장에게 그 경과 및 결과의 보고를 요구할 수 있다.

③ 교육감은 관할 구역 안의 학교폭력이 관할 구역 외의 학교폭력과 관련이 있는 때에는 그 관할 교육감과 협의하여 적절한 조치를 취하여야 한다.

④ 교육감은 학교의 장으로 하여금 학교폭력의 예방 및 대책에 관한 실시계획을 수립 · 시행하도록 하여야 한다.

⑤ 교육감은 제12조에 따른 자치위원회가 처리한 학교의 학교폭력빈도를 학교의 장에 대한 업무수행 평가에 부정적 자료로 사용하여서는 아니 된다.

⑥ 교육감은 제17조제1항제8호에 따른 전학의 경우 그 실현을 위하여 필요한 조치를 취하여야 하며, 제17조제1항제9호에 따른 퇴학처분의 경우 해당 학생의 건전한 성장을 위하여 다른 학교 재입학 등의 적절한 대책을 강구하여야 한다. 〈개정 2012.1.26, 2012.3.21〉

⑦ 교육감은 대책위원회 및 지역위원회에 관할 구역 안의 학교폭력의 실태 및 대책에 관한 사항을 보고하고 공표하여야 한다. 관할 구역 밖의 학교폭력 관련 사항 중 관할

구역 안의 학교와 관련된 경우에도 또한 같다. 〈개정 2012.1.26, 2012.3.21〉

⑧ 교육감은 학교폭력의 실태를 파악하고 학교폭력에 대한 효율적인 예방대책을 수립하기 위하여 학교폭력 실태조사를 연 2회 이상 실시하여야 한다. 〈신설 2012.3.21〉

⑨ 교육감은 학교폭력 등에 관한 조사, 상담, 치유프로그램 운영 등을 위한 전문기관을 설치·운영할 수 있다. 〈신설 2012.3.21〉

⑩ 교육감은 관할 구역에서 학교폭력이 발생한 때에 해당 학교의 장 또는 소속 교원이 그 경과 및 결과를 보고함에 있어 축소 및 은폐를 시도한 경우에는 「교육공무원법」 제50조 및 「사립학교법」 제62조에 따른 징계위원회에 징계의결을 요구하여야 한다. 〈신설 2012.3.21〉

⑪ 교육감은 관할 구역에서 학교폭력의 예방 및 대책 마련에 기여한 바가 큰 학교 또는 소속 교원에게 상훈을 수여하거나 소속 교원의 근무성적 평정에 가산점을 부여할 수 있다. 〈신설 2012.3.21〉

⑫ 제1항에 따라 설치되는 전담부서의 구성과 제8항에 따라 실시하는 학교폭력 실태조사 및 제9항에 따른 전문기관의 설치에 필요한 사항은 대통령령으로 정한다. 〈개정 2012.3.21〉

제11조의2(학교폭력 조사·상담 등) ① 교육감은 학교폭력 예방과 사후조치 등을 위하여 다음 각 호의 조사·상담 등을 수행할 수 있다.

1. 학교폭력 피해학생 상담 및 가해학생 조사
2. 필요한 경우 가해학생 학부모 조사
3. 학교폭력 예방 및 대책에 관한 계획의 이행 지도
4. 관할 구역 학교폭력서클 단속
5. 학교폭력 예방을 위하여 민간 기관 및 업소 출입·검사
6. 그 밖에 학교폭력 등과 관련하여 필요로 하는 사항

② 교육감은 제1항의 조사·상담 등의 업무를 대통령령으로 정하는 기관 또는 단체에 위탁할 수 있다.

③ 교육감 및 제2항에 따른 위탁 기관 또는 단체의 장은 제1항에 따른 조사·상담 등의 업무를 수행함에 있어 필요한 경우 관계 기관의 장에게 협조를 요청할 수 있다.

④ 제1항에 따라 조사·상담 등을 하는 관계 직원은 그 권한을 표시하는 증표를 지니고 이를 관계인에게 보여주어야 한다.

⑤ 제1항제1호 및 제4호의 조사 등의 결과는 학교의 장 및 보호자에게 통보하여야 한다.

[본조신설 2012.3.21]

제11조의3(관계 기관과의 협조 등) ① 교육부장관, 교육감, 지역 교육장, 학교의 장은 학교폭력과 관련한 개인정보 등을 경찰청장, 지방경찰청장, 관할 경찰서장 및 관계 기관의 장에게 요청할 수 있다. 〈개정 2013.3.23〉

② 제1항에 따라 정보제공을 요청받은 경찰청장, 지방경찰청장, 관할 경찰서장 및 관계기관의 장은 특별한 사정이 없으면 이에 응하여야 한다.

③ 제1항 및 제2항에 따른 관계 기관과의 협조 사항 및 절차 등에 필요한 사항은 대통령령으로 정한다.

[본조신설 2012.3.21]

제12조(학교폭력대책자치위원회의 설치 · 기능) ① 학교폭력의 예방 및 대책에 관련된 사항을 심의하기 위하여 학교에 학교폭력대책자치위원회(이하 "자치위원회"라 한다)를 둔다. 다만, 자치위원회 구성에 있어 대통령령으로 정하는 사유가 있는 경우에는 교육감의 보고를 거쳐 둘 이상의 학교가 공동으로 자치위원회를 구성할 수 있다. 〈개정 2012.1.26〉

② 자치위원회는 학교폭력의 예방 및 대책 등을 위하여 다음 각 호의 사항을 심의한다. 〈개정 2012.1.26〉

1. 학교폭력의 예방 및 대책수립을 위한 학교 체제 구축
2. 피해학생의 보호
3. 가해학생에 대한 선도 및 징계
4. 피해학생과 가해학생 간의 분쟁조정
5. 그 밖에 대통령령으로 정하는 사항

③ 자치위원회는 해당 지역에서 발생한 학교폭력에 대하여 학교장 및 관할 경찰서장에게 관련 자료를 요청할 수 있다. 〈신설 2012.3.21〉

④ 자치위원회의 설치 · 운영 등에 필요한 사항은 지역 및 학교의 규모 등을 고려하여 대통령령으로 정한다. 〈개정 2012.3.21〉

제13조(자치위원회의 구성 · 운영) ① 자치위원회는 위원장 1인을 포함하여 5인 이상 10인 이하의 위원으로 구성하되, 대통령령으로 정하는 바에 따라 전체위원의 과반수를 학부모전체회의에서 직접 선출된 학부모대표로 위촉하여야 한다. 다만, 학부모전체회의에서 학부모대표를 선출하기 곤란한 사유가 있는 경우에는 학급별 대표로 구성된 학부모대표회의에서 선출된 학부모대표로 위촉할 수 있다. 〈개정 2011.5.19〉

② 자치위원회는 분기별 1회 이상 회의를 개최하고, 자치위원회의 위원장은 다음 각 호의 어느 하나에 해당하는 경우에 회의를 소집하여야 한다. 〈신설 2011.5.19, 2012.1.26, 2012.3.21〉

1. 자치위원회 재적위원 4분의 1 이상이 요청하는 경우
2. 학교의 장이 요청하는 경우
3. 피해학생 또는 그 보호자가 요청하는 경우
4. 학교폭력이 발생한 사실을 신고받거나 보고받은 경우
5. 가해학생이 협박 또는 보복한 사실을 신고받거나 보고받은 경우
6. 그 밖에 위원장이 필요하다고 인정하는 경우

③ 자치위원회는 회의의 일시, 장소, 출석위원, 토의내용 및 의결사항 등이 기록된 회의록을 작성·보존하여야 한다. 〈신설 2011.5.19〉

④ 그 밖에 자치위원회의 구성·운영에 필요한 사항은 대통령령으로 정한다. 〈개정 2011.5.19〉

[제목개정 2011.5.19]

제14조(전문상담교사 배치 및 전담기구 구성) ① 학교의 장은 학교에 대통령령으로 정하는 바에 따라 상담실을 설치하고, 「초·중등교육법」 제19조의2에 따라 전문상담교사를 둔다.

② 전문상담교사는 학교의 장 및 자치위원회의 요구가 있는 때에는 학교폭력에 관련된 피해학생 및 가해학생과의 상담결과를 보고하여야 한다.

③ 학교의 장은 교감, 전문상담교사, 보건교사 및 책임교사(학교폭력문제를 담당하는 교사를 말한다) 등으로 학교폭력문제를 담당하는 전담기구(이하 "전담기구"라 한다)를 구성하며, 학교폭력 사태를 인지한 경우 지체 없이 전담기구 또는 소속 교원으로 하여금 가해 및 피해 사실 여부를 확인하도록 한다. 〈개정 2012.3.21〉

④ 전담기구는 학교폭력에 대한 실태조사(이하 "실태조사"라 한다)와 학교폭력 예방 프로그램을 구성·실시하며, 학교의 장 및 자치위원회의 요구가 있는 때에는 학교폭력에 관련된 조사결과 등 활동결과를 보고하여야 한다. 〈개정 2012.3.21〉

⑤ 피해학생 또는 피해학생의 보호자는 피해사실 확인을 위하여 전담기구에 실태조사를 요구할 수 있다. 〈신설 2009.5.8, 2012.3.21〉

⑥ 국가 및 지방자치단체는 실태조사에 관한 예산을 지원하고, 관계 행정기관은 실태조사에 협조하여야 하며, 학교의 장은 전담기구에 행정적·재정적 지원을 할 수 있다. 〈개정 2009.5.8, 2012.3.21〉

⑦ 전담기구는 성폭력 등 특수한 학교폭력사건에 대한 실태조사의 전문성을 확보하기 위하여 필요한 경우 전문기관에 그 실태조사를 의뢰할 수 있다. 이 경우 그 의뢰는 자치위원회 위원장의 심의를 거쳐 학교의 장 명의로 하여야 한다. 〈신설 2012.1.26, 2012.3.21〉

⑧ 그 밖에 전담기구 운영 등에 필요한 사항은 대통령령으로 정한다. 〈신설 2012.3.21〉

제15조(학교폭력 예방교육 등) ① 학교의 장은 학생의 육체적·정신적 보호와 학교폭력의 예방을 위한 학생들에 대한 교육(학교폭력의 개념·실태 및 대처방안 등을 포함하여야 한다)을 학기별로 1회 이상 실시하여야 한다. 〈개정 2012.1.26〉

② 학교의 장은 학교폭력의 예방 및 대책 등을 위한 교직원 및 학부모에 대한 교육을 학기별로 1회 이상 실시하여야 한다. 〈개정 2012.3.21〉

③ 학교의 장은 제1항에 따른 학교폭력 예방교육 프로그램의 구성 및 그 운용 등을 전담기구와 협의하여 전문단체 또는 전문가에게 위탁할 수 있다.

④ 교육장은 제1항부터 제3항까지의 규정에 따른 학교폭력 예방교육 프로그램의 구성과

운용계획을 학부모가 쉽게 확인할 수 있도록 인터넷 홈페이지에 게시하고, 그 밖에 다양한 방법으로 학부모에게 알릴 수 있도록 노력하여야 한다. 〈개정 2012.1.26〉

⑤ 그 밖에 학교폭력 예방교육의 실시와 관련한 사항은 대통령령으로 정한다. 〈개정 2011.5.19〉

[제목개정 2011.5.19]

제16조(피해학생의 보호) ① 자치위원회는 피해학생의 보호를 위하여 필요하다고 인정하는 때에는 피해학생에 대하여 다음 각 호의 어느 하나에 해당하는 조치(수 개의 조치를 병과하는 경우를 포함한다)를 할 것을 학교의 장에게 요청할 수 있다. 다만, 학교의 장은 피해학생의 보호를 위하여 긴급하다고 인정하거나 피해학생이 긴급보호의 요청을 하는 경우에는 자치위원회의 요청 전에 제1호, 제2호 및 제6호의 조치를 할 수 있다. 이 경우 자치위원회에 즉시 보고하여야 한다. 〈개정 2012.3.21〉

1. 심리상담 및 조언
2. 일시보호
3. 치료 및 치료를 위한 요양
4. 학급교체
5. 삭제 〈2012.3.21〉
6. 그 밖에 피해학생의 보호를 위하여 필요한 조치

② 자치위원회는 제1항에 따른 조치를 요청하기 전에 피해학생 및 그 보호자에게 의견진술의 기회를 부여하는 등 적정한 절차를 거쳐야 한다. 〈신설 2012.3.21〉

③ 제1항에 따른 요청이 있는 때에는 학교의 장은 피해학생의 보호자의 동의를 받아 7일 이내에 해당 조치를 하여야 하고 이를 자치위원회에 보고하여야 한다. 〈개정 2012.3.21〉

④ 제1항의 조치 등 보호가 필요한 학생에 대하여 학교의 장이 인정하는 경우 그 조치에 필요한 결석을 출석일수에 산입할 수 있다. 〈개정 2012.3.21〉

⑤ 학교의 장은 성적 등을 평가함에 있어서 제3항에 따른 조치로 인하여 학생에게 불이익을 주지 아니하도록 노력하여야 한다. 〈개정 2012.3.21〉

⑥ 피해학생이 전문단체나 전문가로부터 제1항제1호부터 제3호까지의 규정에 따른 상담 등을 받는 데에 사용되는 비용은 가해학생의 보호자가 부담하여야 한다. 다만, 피해학생의 신속한 치료를 위하여 학교의 장 또는 피해학생의 보호자가 원하는 경우에는 「학교안전사고 예방 및 보상에 관한 법률」 제15조에 따른 학교안전공제회 또는 시·도교육청이 부담하고 이에 대한 구상권을 행사할 수 있다. 〈개정 2012.1.26, 2012.3.21〉

1. 삭제 〈2012.3.21〉
2. 삭제 〈2012.3.21〉

⑦ 학교의 장 또는 피해학생의 보호자는 필요한 경우 「학교안전사고 예방 및 보상에

관한 법률」 제34조의 공제급여를 학교안전공제회에 직접 청구할 수 있다. 〈신설 2012.1.26, 2012.3.21〉

⑧ 피해학생의 보호 및 제6항에 따른 지원범위, 구상범위, 지급절차 등에 필요한 사항은 대통령령으로 정한다. 〈신설 2012.3.21〉

제16조의2(장애학생의 보호) ① 누구든지 장애 등을 이유로 장애학생에게 학교폭력을 행사하여서는 아니 된다.

② 자치위원회는 학교폭력으로 피해를 입은 장애학생의 보호를 위하여 장애인전문 상담가의 상담 또는 장애인전문 치료기관의 요양 조치를 학교의 장에게 요청할 수 있다.

③ 제2항에 따른 요청이 있는 때에는 학교의 장은 해당 조치를 하여야 한다. 이 경우 제16조제6항을 준용한다. 〈개정 2012.3.21〉

[본조신설 2009.5.8]

제17조(가해학생에 대한 조치) ① 자치위원회는 피해학생의 보호와 가해학생의 선도 · 교육을 위하여 가해학생에 대하여 다음 각 호의 어느 하나에 해당하는 조치(수 개의 조치를 병과하는 경우를 포함한다)를 할 것을 학교의 장에게 요청하여야 하며, 각 조치별 적용 기준은 대통령령으로 정한다. 다만, 퇴학처분은 의무교육과정에 있는 가해학생에 대하여는 적용하지 아니한다. 〈개정 2009.5.8, 2012.1.26, 2012.3.21〉

1. 피해학생에 대한 서면사과
2. 피해학생 및 신고 · 고발 학생에 대한 접촉, 협박 및 보복행위의 금지
3. 학교에서의 봉사
4. 사회봉사
5. 학내외 전문가에 의한 특별 교육이수 또는 심리치료
6. 출석정지
7. 학급교체
8. 전학
9. 퇴학처분

② 제1항에 따라 자치위원회가 학교의 장에게 가해학생에 대한 조치를 요청할 때 그 이유가 피해학생이나 신고 · 고발 학생에 대한 협박 또는 보복 행위일 경우에는 같은 항 각 호의 조치를 병과하거나 조치 내용을 가중할 수 있다. 〈신설 2012.3.21〉

③ 제1항 제2호부터 제4호까지 및 제6호부터 제8호까지의 처분을 받은 가해학생은 교육감이 정한 기관에서 특별교육을 이수하거나 심리치료를 받아야 하며, 그 기간은 자치위원회에서 정한다. 〈개정 2012.1.26, 2012.3.21〉

④ 학교의 장은 가해학생에 대한 선도가 긴급하다고 인정할 경우 우선 제1항 제1호부터 제3호까지, 제5호 및 제6호의 조치를 할 수 있으며, 제5호와 제6호는 병과 조치할 수 있다. 이 경우 자치위원회에 즉시 보고하여 추인을 받아야 한다. 〈개정 2012.1.26,

2012.3.21〉

⑤ 자치위원회는 제1항 또는 제2항에 따른 조치를 요청하기 전에 가해학생 및 보호자에게 의견진술의 기회를 부여하는 등 적정한 절차를 거쳐야 한다. 〈개정 2012.3.21〉

⑥ 제1항에 따른 요청이 있는 때에는 학교의 장은 14일 이내에 해당 조치를 하여야 한다. 〈개정 2012.1.26, 2012.3.21〉

⑦ 학교의 장이 제4항에 따른 조치를 한 때에는 가해학생과 그 보호자에게 이를 통지하여야 하며, 가해학생이 이를 거부하거나 회피하는 때에는 「초 · 중등교육법」 제18조에 따라 징계하여야 한다. 〈개정 2012.3.21〉

⑧ 가해학생이 제1항제3호부터 제5호까지의 규정에 따른 조치를 받은 경우 이와 관련된 결석은 학교의 장이 인정하는 때에는 이를 출석일수에 산입할 수 있다. 〈개정 2012.1.26, 2012.3.21〉

⑨ 자치위원회는 가해학생이 특별교육을 이수할 경우 해당 학생의 보호자도 함께 교육을 받게 하여야 한다. 〈개정 2012.3.21〉

⑩ 가해학생이 다른 학교로 전학을 간 이후에는 전학 전의 피해학생 소속 학교로 다시 전학 올 수 없도록 하여야 한다. 〈신설 2012.1.26, 2012.3.21〉

⑪ 제1항 제2호부터 제9호까지의 처분을 받은 학생이 해당 조치를 거부하거나 기피하는 경우 자치위원회는 제7항에도 불구하고 대통령령으로 정하는 바에 따라 추가로 다른 조치를 할 것을 학교의 장에게 요청할 수 있다. 〈신설 2012.3.21〉

⑫ 가해학생에 대한 조치 및 제11조제6항에 따른 재입학 등에 관하여 필요한 사항은 대통령령으로 정한다. 〈신설 2012.3.21〉

제17조의2(재심청구) ① 자치위원회 또는 학교의 장이 제16조제1항 및 제17조제1항에 따라 내린 조치에 대하여 이의가 있는 피해학생 또는 그 보호자는 그 조치를 받은 날부터 15일 이내, 그 조치가 있음을 안 날부터 10일 이내에 지역위원회에 재심을 청구할 수 있다. 〈신설 2012.3.21〉

② 자치위원회가 제17조제1항제8호와 제9호에 따라 내린 조치에 대하여 이의가 있는 학생 또는 그 보호자는 그 조치를 받은 날부터 15일 이내, 그 조치가 있음을 안 날로부터 10일 이내에 「초 · 중등교육법」 제18조의3에 따른 시 · 도학생징계조정위원회에 재심을 청구할 수 있다. 〈개정 2012.3.21〉

③ 지역위원회가 제1항에 따른 재심청구를 받은 때에는 30일 이내에 이를 심사 · 결정하여 청구인에게 통보하여야 한다. 〈신설 2012.3.21〉

④ 제3항의 결정에 이의가 있는 청구인은 그 통보를 받은 날부터 60일 이내에 행정심판을 제기할 수 있다. 〈신설 2012.3.21〉

⑤ 제1항에 따른 재심청구, 제3항에 따른 심사 절차 및 결정 통보 등에 필요한 사항은 대통령령으로 정한다. 〈신설 2012.3.21〉

⑥ 제2항에 따른 재심청구, 심사절차, 결정통보 등은 「초 · 중등교육법」 제18조의2제2항부터 제4항까지의 규정을 준용한다. 〈개정 2012.3.21〉

[본조신설 2012.1.26]

제18조(분쟁조정) ① 자치위원회는 학교폭력과 관련하여 분쟁이 있는 경우에는 그 분쟁을 조정할 수 있다.

② 제1항에 따른 분쟁의 조정기간은 1개월을 넘지 못한다.

③ 학교폭력과 관련한 분쟁조정에는 다음 각 호의 사항을 포함한다.

1. 피해학생과 가해학생간 또는 그 보호자 간의 손해배상에 관련된 합의조정
2. 그 밖에 자치위원회가 필요하다고 인정하는 사항

④ 자치위원회는 분쟁조정을 위하여 필요하다고 인정하는 때에는 관계 기관의 협조를 얻어 학교폭력과 관련한 사항을 조사할 수 있다.

⑤ 자치위원회가 분쟁조정을 하고자 할 때에는 이를 피해학생 · 가해학생 및 그 보호자에게 통보하여야 한다.

⑥ 시 · 도교육청 관할 구역 안의 소속 학교가 다른 학생 간에 분쟁이 있는 경우에는 교육감이 해당 학교의 자치위원회위원장과의 협의를 거쳐 직접 분쟁을 조정한다. 이 경우 제2항부터 제5항까지의 규정을 준용한다.

⑦ 관할 구역을 달리하는 시 · 도교육청 소속 학교의 학생 간에 분쟁이 있는 경우에는 피해학생을 감독하는 교육감이 가해학생을 감독하는 교육감 및 관련 해당 학교의 자치위원회위원장과의 협의를 거쳐 직접 분쟁을 조정한다. 이 경우 제2항부터 제5항까지의 규정을 준용한다.

제19조(학교의 장의 의무) 학교의 장은 교육감에게 학교폭력이 발생한 사실 및 제16조, 제16조의2, 제17조, 제17조의2 및 제18조에 따른 조치 및 그 결과를 보고하고, 관계 기관과 협력하여 교내 학교폭력 단체의 결성예방 및 해체에 노력하여야 한다. 〈개정 2012.3.21〉

제20조(학교폭력의 신고의무) ① 학교폭력 현장을 보거나 그 사실을 알게 된 자는 학교 등 관계 기관에 이를 즉시 신고하여야 한다.

② 제1항에 따라 신고를 받은 기관은 이를 가해학생 및 피해학생의 보호자와 소속 학교의 장에게 통보하여야 한다. 〈개정 2009.5.8〉

③ 제2항에 따라 통보받은 소속 학교의 장은 이를 자치위원회에 지체 없이 통보하여야 한다. 〈신설 2009.5.8〉

④ 누구라도 학교폭력의 예비 · 음모 등을 알게 된 자는 이를 학교의 장 또는 자치위원회에 고발할 수 있다. 다만, 교원이 이를 알게 되었을 경우에는 학교의 장에게 보고하고 해당 학부모에게 알려야 한다. 〈개정 2009.5.8, 2012.1.26〉

⑤ 누구든지 제1항부터 제4항까지에 따라 학교폭력을 신고한 사람에게 그 신고행위를

이유로 불이익을 주어서는 아니 된다. 〈신설 2012.3.21〉

제20조의2(긴급전화의 설치 등) ① 국가 및 지방자치단체는 학교폭력을 수시로 신고받고이에 대한 상담에 응할 수 있도록 긴급전화를 설치하여야 한다.

② 국가와 지방자치단체는 제1항에 따른 긴급전화의 설치 · 운영을 대통령령으로 정하는 기관 또는 단체에 위탁할 수 있다. 〈신설 2012.1.26〉

③ 제1항과 제2항에 따른 긴급전화의 설치 · 운영 · 위탁에 필요한 사항은 대통령령으로 정한다. 〈개정 2012.1.26〉

[본조신설 2009.5.8]

제20조의3(정보통신망에 의한 학교폭력 등) 제2조제1호에 따른 정보통신망을 이용한 음란 · 폭력 정보 등에 의한 신체상 · 정신상 피해에 관하여 필요한 사항은 따로 법률로 정한다.

[본조신설 2012.3.21]

제20조의4(정보통신망의 이용 등) ① 국가 · 지방자치단체 또는 교육감은 학교폭력 예방 업무등을 효과적으로 수행하기 위하여 필요한 경우 정보통신망을 이용할 수 있다.

② 국가 · 지방자치단체 또는 교육감은 제1항에 따라 정보통신망을 이용하여 학교 또는 학생(학부모를 포함한다)이 학교폭력 예방 업무 등을 수행하는 경우 다음 각 호의 어느 하나에 해당하는 비용의 전부 또는 일부를 지원할 수 있다.

1. 학교 또는 학생(학부모를 포함한다)이 전기통신설비를 구입하거나 이용하는 데 소요되는 비용
2. 학교 또는 학생(학부모를 포함한다)에게 부과되는 전기통신역무 요금

③ 그 밖에 정보통신망의 이용 등에 관하여 필요한 사항은 대통령령으로 정한다.

[본조신설 2012.3.21]

제20조의5(학생보호인력의 배치 등) ① 국가 · 지방자치단체 또는 학교의 장은 학교폭력을 예방하기 위하여 학교 내에 학생보호인력을 배치하여 활용할 수 있다.

② 다음 각 호의 어느 하나에 해당하는 사람은 학생보호인력이 될 수 없다. 〈신설 2013.7.30〉

1. 「국가공무원법」 제33조 각 호의 어느 하나에 해당하는 사람
2. 「아동 · 청소년의 성보호에 관한 법률」에 따른 아동 · 청소년대상 성범죄 또는 「성폭력범죄의 처벌 등에 관한 특례법」에 따른 성폭력범죄를 범하여 벌금형을 선고받고 그 형이 확정된 날부터 10년이 지나지 아니하였거나, 금고 이상의 형이나 치료감호를 선고받고 그 집행이 끝나거나 집행이 유예 · 면제된 날부터 10년이 지나지 아니한 사람
3. 「청소년 보호법」 제2조제5호가목3) 및 같은 목 7)부터 9)까지의 청소년 출입 · 고용금지업소의 업주나 종사자

③ 국가 · 지방자치단체 또는 학교의 장은 제1항에 따른 학생보호인력의 배치 및 활용 업무를 관련 전문기관 또는 단체에 위탁할 수 있다. 〈개정 2013.7.30〉

④ 제3항에 따라 학생보호인력의 배치 및 활용 업무를 위탁받은 전문기관 또는 단체는 그 업무를 수행함에 있어 학교의 장과 충분히 협의하여야 한다. 〈개정 2013.7.30〉

⑤ 국가 · 지방자치단체 또는 학교의 장은 학생보호인력으로 배치하고자 하는 사람의 동의를 받아 경찰청장에게 그 사람의 범죄경력을 조회할 수 있다. 〈신설 2013.7.30〉

⑥ 제3항에 따라 학생보호인력의 배치 및 활용 업무를 위탁받은 전문기관 또는 단체는 해당 업무를 위탁한 국가 · 지방자치단체 또는 학교의 장에게 학생보호인력으로 배치하고자 하는 사람의 범죄경력을 조회할 것을 신청할 수 있다. 〈신설 2013.7.30〉

⑦ 학생보호인력이 되려는 사람은 국가 · 지방자치단체 또는 학교의 장에게 제2항 각 호의 어느 하나에 해당하지 아니한다는 확인서를 제출하여야 한다. 〈신설 2013.7.30〉

[본조신설 2012.3.21]

제20조의6(영상정보처리기기의 통합 관제) ① 국가 및 지방자치단체는 학교폭력 예방 업무를 효과적으로 수행하기 위하여 교육감과 협의하여 학교 내외에 설치된 영상정보처리기기(「개인정보 보호법」 제2조제7호에 따른 영상정보처리기기를 말한다. 이하 이 조에서 같다)를 통합하여 관제할 수 있다. 이 경우 국가 및 지방자치단체는 통합 관제 목적에 필요한 범위에서 최소한의 개인정보만을 처리하여야 하며, 그 목적 외의 용도로 활용하여서는 아니 된다.

② 제1항에 따라 영상정보처리기기를 통합 관제하려는 국가 및 지방자치단체는 공청회 · 설명회의 개최 등 대통령령으로 정하는 절차를 거쳐 관계 전문가 및 이해관계인의 의견을 수렴하여야 한다.

③ 제1항에 따라 학교 내외에 설치된 영상정보처리기기가 통합 관제되는 경우 해당 학교의 영상정보처리기기운영자는 「개인정보 보호법」 제25조제4항에 따른 조치를 통하여 그 사실을 정보주체에게 알려야 한다.

④ 통합 관제에 관하여 이 법에서 규정한 것을 제외하고는 「개인정보 보호법」을 적용한다.

⑤ 그 밖에 영상정보처리기기의 통합 관제에 필요한 사항은 대통령령으로 정한다.

[본조신설 2012.3.21]

제21조(비밀누설금지 등) ① 이 법에 따라 학교폭력의 예방 및 대책과 관련된 업무를 수행하거나 수행하였던 자는 그 직무로 인하여 알게 된 비밀 또는 가해학생 · 피해학생 및 제20조에 따른 신고자 · 고발자와 관련된 자료를 누설하여서는 아니 된다. 〈개정 2012.1.26〉

② 제1항에 따른 비밀의 구체적인 범위는 대통령령으로 정한다.

③ 제16조, 제16조의2, 제17조, 제17조의2, 제18조에 따른 자치위원회의 회의는 공개하지 아니한다. 다만, 피해학생 · 가해학생 또는 그 보호자가 회의록의 열람 · 복사 등

회의록 공개를 신청한 때에는 학생과 그 가족의 성명, 주민등록번호 및 주소, 위원의 성명 등 개인정보에 관한 사항을 제외하고 공개하여야 한다. 〈개정 2011.5.19, 2012.3.21〉

제22조(벌칙) ① 제21조제1항을 위반한 자는 300만원 이하의 벌금에 처한다. 〈개정 2012.3.21〉

② 제17조제9항에 따른 자치위원회의 교육 이수 조치를 따르지 아니한 보호자에게는 300만원 이하의 과태료를 부과한다. 〈신설 2012.3.21〉

부칙 〈법률 제8887호, 2008.3.14〉

이 법은 공포 후 6개월이 경과한 날부터 시행한다.

부칙 〈법률 제9642호, 2009.5.8〉

이 법은 공포 후 3개월이 경과한 날부터 시행한다.

부칙 〈법률 제9932호, 2010.1.18〉 (정부조직법)

제1조(시행일) 이 법은 공포 후 2개월이 경과한 날부터 시행한다. 〈단서 생략〉

제2조 및 제3조 생략

제4조(다른 법률의 개정) ①부터 〈125〉까지 생략

〈126〉 학교폭력예방 및 대책에 관한 법률 일부를 다음과 같이 개정한다.

제8조제3항제2호를 삭제한다.

〈127〉부터 〈137〉까지 생략

제5조 생략

부칙 〈법률 제10642호, 2011.5.9〉

이 법은 공포 후 6개월이 경과한 날부터 시행한다.

부칙 〈법률 제11223호, 2012.1.26〉

제1조(시행일) 이 법은 2012년 5월 1일부터 시행한다. 다만, 제17조제5항의 개정규정은 공포한 날부터 시행하고, 제2조, 제13조제2항, 제15조제1항 및 제4항, 제16조, 제17조(제5항은 제외한다), 제20조제4항의 개정규정은 2012년 4월 1일부터 시행한다.

[전문개정 2012.3.21]

[시행일:2012.4.1]

제2조(재심청구에 관한 적용례) 제17조제1항제8호의 개정규정에 대한 재심청구는 이 법 시행 후 최초로 전학조치를 받은 학생부터 적용한다.

부칙 〈법률 제11388호, 2012.3.21〉

제1조(시행일) 이 법은 2012년 5월 1일부터 시행한다. 다만, 제2조, 제4조제4항, 제13조제2항, 제15조제2항, 제16조, 제16조의2, 제17조, 제20조제5항, 제20조의3의 개정규정 및 법률 제11223호 학교폭력예방 및 대책에 관한 법률 일부개정법률 부칙 제1조의 개정규정은 2012년 4월 1일부터 시행한다.

제2조(학교안전공제회 등의 비용부담 및 구상권 행사에 관한 적용례) 제16조제6항의 개정규정은 학교폭력으로 피해를 받아 같은 개정규정 시행 당시 치료 등을 받고 있는 사람부터 적용한다.

부칙 〈법률 제11690호, 2013.3.23〉 (정부조직법)

제1조(시행일) ① 이 법은 공포한 날부터 시행한다.

② 생략

제2조부터 제5조까지 생략

제6조(다른 법률의 개정) ①부터 〈77〉까지 생략

〈78〉 학교폭력예방 및 대책에 관한 법률 일부를 다음과 같이 개정한다.

제6조제1항, 같은 조 세2항 각 호 외의 부분 후단, 같은 조 제3항, 제8조제5항 및 제11조의3제1항 중 "교육과학기술부장관"을 각각 "교육부장관"으로 한다.

제8조제3항제1호 중 "교육과학기술부장관"을 "미래창조과학부장관, 교육부장관"으로, "행정안전부장관"을 "안전행정부장관"으로 한다.

〈79〉부터 〈710〉까지 생략

제7조 생략

부칙 〈법률 제11948호, 2013.7.30〉

제1조(시행일) 이 법은 공포 후 6개월이 경과한 날부터 시행한다.

제2조(학생보호인력에 대한 적용례) 제20조의5제2항 및 제5항부터 제7항까지의 개정규정은 이 법 시행 후 최초로 배치하는 학생보호인력부터 적용한다.

내용

저자 소개

✍ 정종진

건국대학교 대학원 교육학박사
뉴질랜드 크라이스트처치교육대학 연구교수
호주 퀸즈랜드대학교 교육학부 객원교수
한국초등상담교육학회 회장, 고문
현, 대구교육대학교 교육학과 교수

✍ 문은식

충남대학교 대학원 교육학박사
한국영재교육학회 편집위원장, 부회장
한국교육심리학회 학술위원장, 부편집위원장
현, 강원대학교 유아교육과 교수

✍ 신붕섭

충남대학교 대학원 교육학박사
나사렛대학교 교육개발센터장
한국직업교육학회 이사
현, 나사렛대학교 중등특수교육과 교수

✍ 이근배

경북대학교 대학원 심리학박사
행복훈련원 전문상담원
한국상담심리학회 영남분회 부회장
현, 영진사이버대학 상담심리학과 교수

✍ 조영종

충남대학교 교육대학원 교육학석사
공주교육청, 충청남도교육청 장학사
학교문화 개선 중앙컨설턴트
충청남도교육청 인성교육중심 수업컨설팅단 단장
현, 천안부성중학교 교장

학교폭력의 예방과 대책

2018. 8.

초판발행 2014년 2월 20일
5판발행 2018년 8월 30일

저 자 정종진 · 문은식 · 신붕섭 · 이근배 · 조영종
발행인 김현태
발행처 태영출판사

주 소 (08301) 서울 구로구 구로동 104-10 동남오피스텔 201호
전 화 02 · 839-3757, 839-3752
팩 스 02 · 837-3754
등 록 2005년 5월 30일 제12-421호
http://www.taeyeongbook.co.kr
E-mail tys2005@hanmail.net
ISBN 978-89-6302-132-4 93370
정 가 16,000원
값18,000원

* 잘못 만들어진 책은 교환해 드립니다.

NAVER 태영출판사

불법복사는 지적재산권을 훔치는 범죄행위입니다.

저작권법 제97조의 5(권리의 침해죄)에 따라 위반자는 5년 이하의 징역 또는 5천만원 이하의 벌금에 처하거나 이를 병과할 수 있습니다.